삶의 현장에서 깨달음을 실현해 가는
단계적 불교수행교본·성인 – 중급과정(상)

무소의 뿔처럼

김재영 지음

불광출판부

무소의 뿔처럼 · 상

김재영 지음

책머리에

불교 수행 교본은

① 가정, 직장 등 삶의 현장에서 홀로 공부하는 청년·대학생·직장인·주부 등의 불자들, 법회에서 함께 정진하는 대중들을 위한 실천적이며 단계적인 수행 교본입니다.
② 성인 과정은 다음 3단계로 구분됩니다.
  • 1단계 : 성인−수계과정 4개월~'수계불자'가 됨
  • 2단계 1년차 : 성인−기초과정 상·하(1년)
          2년차 : 성인−중급과정 상·하(1년)
          3년차 : 성인−고급과정 상·하(1년)
            ~'선우(善友)'가 됨
③ 성인−중급과정(상) 「무소의 뿔처럼」은 보살의 일상적인 수행을 규명하고 실천의 구체적 방안을 모색하는 보살수행의 행로입니다. 우리는 이 과정을 이수하고 '선우(善友)불자'의 단계로 한 발 가까이 다가서게 됩니다.
④ 「무소의 뿔처럼」(상)은 대중불교신론 3부 「무소의 뿔처럼」을 상·하로 나누고 많이 고치고 새로 써서 수행교본으로 개편한 것입니다.

공부하는 방법은

① 이 「수행교본」은 자학자습하거나, 법회에서 법사님의 지도를 받으며 함께 공부할 것입니다.
② 먼저 본문을 공부하고, 각 장 말미에 있는 '내용익힘'을 풀면서 요점을 정리할 것입니다. 한 달에 한 번씩 법사님이나 선배 불자님에게 보이고 조언을 받으면 더욱 좋을 것입니다.
③ 깨달음을 실현하는 불교수행은 단순한 교리·이론 공부가 아닙니다. 각 장마다 한 가지씩 제시되어 있는 '실천수행'을 힘껏 실행하고 각 장의 '창작', '법담의 시간'을 대중들이 함께 열심히 시도할 것입니다.
④ 이 교본은 6개월 과정입니다. 매월 1장씩, 매주 1과씩 차례따라 공부할 것입니다.

차례

책 머리에

1장 ·· 보살은 무엇으로 사는가?

　불타는 집 12
　1과 알파와 오메가 14
　2과 그대는 법신(法身), 진리의 몸 30
　3과 니르바나, 우리들의 영원한 희망 42
　4과 믿음·지혜·자비의 삶으로 57
　　단원정리

2장 ·· 이 몸 버려서 부처님 찾는 까닭은?

　연꽃 스님의 아름다운 죽음 80
　1과 절대신앙의 고백 84
　2과 믿음은 보리씨앗 95
　3과 한 우물을 파라 106
　4과 아름다운 죽음 120
　　단원정리

3장 ·· **무엇이 참된 기도인가?**

천지를 다시 얻다 140
1과 기도 성취의 장엄한 물결 144
2과 기도는 보살의 서원 155
3과 기복불교는 버릴 것인가? 168
4과 감사와 참회와 기쁨으로 180
단원정리

4장 ·· **무엇이 법다운 공양인가?**

옹기장이의 기쁜 공양 202
1과 꽃 한 송이, 향 하나라도 204
2과 중생공양이 곧 법공양 215
3과 우리 시대의 가장 긴급한 불공은? 228
4과 자나 깨나 앉으나 서나 241
단원정리

5장 ·· **무엇이 부처의 씨앗인가?**

아들과 함께 죽으려는 어머니 260
1과 오로지 진리〔正法〕가 있어서 263
2과 지혜가 없는 까닭에 276
3과 번뇌로써 부처의 씨앗을 삼으라 288
4과 지혜를 드러내는 세 가지 공부 301
단원정리

6장 ·· **불경공부는 어떻게 할 것인가?**

　사슴동산의 초전 법륜 318
　1과 불경이 곧 진리의 바퀴 321
　2과 경전의 역사를 찾아서 332
　3과 티끌 속에서 만난 금강의 섬 344
　4과 기본 경전과 불경 생활 357
　　단원정리

부록

독송

　예불문 376
　반야심경 380
　나의 기원 382
　불자 하루송(頌) — 아침기도 383
　평화를 위한 발원 — 저녁기도 384

찬불가

　꽃공양 386
　은혜 속의 주인일세 388

아름다운 사바여 389
부처의 씨앗일레 390
우리의 기도 391
염불 392
보디스바하 394
무소의 뿔처럼 395
예불가 396
보현행원 399
대비관세음을 배우고저 400
뉘우치오니 402
헌화의 노래 403
자비방생의 노래 404
오라, 친구여 406
부처님 마음일세 408
부처님께 기원합니다 410
밝은 태양 412
나는 태양 414
진리행진곡 416
오, 이 기쁨 417
님의 숨결 418
연등 420
감로법을 전하자 421

제 1 장

보살은 무엇으로 사는가?

●

"제일 먼저 부처님〔佛〕을 섬겨 받들라.
가장 높아 위없으니, 누가 미치랴.
거룩한 진리〔法〕를 섬겨 받들라.
탐욕 떠나고 얽맴 떠나니, 으뜸이라.
거룩한 대중〔僧〕을 섬겨 받들라.
이는 정녕 가장 좋은 행복의 길이라."
―증일아함경 12삼보품―

제1장 보살은 무엇으로 사는가?

이끄는 말

불타는 집에서 어서 달려 나오세요

❶ 어찌하여 이 세상은 이토록 끊임없이 불타오르고 있는가? 왜 이 세상은 우리를 편안히 머물도록 내버려 두지 않는가? 이렇게 흔들리며 불안해 하며, 나는 끝내 사라져가야 하는 것인가? 정녕 우리에게 평화는 없는 것인가?

❷ 1장은 '해탈열반의 장'입니다. 불사불멸(不死不滅)의 희망에 관하여 공부할 것입니다. 여기서 우리는 죽음과 고통의 근본 원인을 발견하고, 죽을래야 결코 죽을 수 없는 내 생명의 실상을 깨닫게 될 것입니다.

❸ 벗이여, 그 불타는 고통의 집에서 어서 달려 나오세요. 여기에 출구가 열렸습니다. 평화와 자유가 넘치는 구원의 땅, 니르바나 동산으로 달려갈 희망의 문이 당신 앞에 크게 열렸습니다. 믿으며, 배우며, 함께 나누며……. 벗이여, 이렇게 새 삶의 문을 활짝 열어젖히지 않으렵니까.

머리 이야기

불타는 집 〈법화경 비유품〉

　어느 마을에 큰 장자(長者, 재가의 유력한 신자)가 살았는데, 매우 늙었으나 재산이 한량없고, 토지 가옥 일꾼들이 매우 많았다. 거처하는 집은 무척 크고 넓었으나, 대문은 하나밖에 없고, 또 집이 고옥(古屋)이라 모두 낡아서, 썩고 허물어진 데가 많았다.
　어느 날 장자가 잠시 외출한 사이에 갑자기 불이 나서, 그 큰 집이 불길에 휩싸였다. 멀리서 그 불길을 보고 장자가 달려왔을 때, 다른 권속들은 요행히 빠져나왔으나, 장자의 어린 자식들만 놀이에 빠져서 불난 줄도 모르고 장난감에 매달려 있었다. 여기 저기 흩어져 있어서 한꺼번에 데리고 나올 수도 없었다.
　장자는 다급하게 외쳤다.
　"애들아, 집에 불이 났다. 위험하니 어서 이 문 밖으로 나오너라."
　그러나 어린 자식들은 여전히 장난에만 정신이 팔려서, 불났다고 해도 믿지 아니하고, 놀라지도 아니하고, 두려워하지도 아니하여 집 밖으로 나오려는 마음이 전혀 없었다. 또 불이 어떤 것이며, 무엇이 잘못되어 가는지도 모르고, 다만 동서로 내달리며 놀기에 바빴다.
　장자는 자식들이 장난감을 좋아하는 것을 문득 생각해 내고, 꾀를 내어 이렇게 소리 질렀다.
　"애들아, 너희들이 좋아하는 장난감들이 여기 있다. 양이 끄는 수레·사슴이 끄는 수레·소가 끄는 수레들이 지금 대문 밖에 있으니, 빨리 나와서 너희들이 원하는 대로 가져라. 달라는 대로 나누어 주마."

그제서야 자식들은 아버지가 말하는 장난감이 마음에 들었으므로 기뻐하면서 서로 다투어 불타는 집을 빠져 나왔다.

자식들이 말했다.

"아버지, 어서 수레를 주세요. 양이 끄는 수레·사슴이 끄는 수레·소가 끄는 수레가 어디 있습니까?"

그때 장자는 자식들에게 흰 소가 끄는 훌륭한 수레들을 평등하게 나눠 주었다. 그 수레는 크고 높아, 여러 가지 보배들로 장식되었으며 주위에는 난간을 두르고, 사면으로 풍경을 달았고, 그 위에 휘장을 쳤는데 모두 보배로 꾸며졌다. 흰 소〔白牛〕는 빛깔이 깨끗하고, 몸이 충실하며, 힘이 세서 걸음이 평탄하고 빨랐으며, 여러 시종들이 호위하고 있었다. 왜냐하면, 이 장자의 재물은 한량없어 창고마다 가득찼기 때문이다.

이때 자식들은 각각 흰 소가 끄는 큰 수레〔大白牛車〕[1]를 타고 기뻐하면서 저마다 힘차게 달려갔다.

---

1) 이것이 유명한 '불타는 집〔火宅〕의 비유'로서, 불타는 집은 우리들의 고통스런 현실을 뜻하고, 양 수레〔羊車〕, 사슴 수레〔鹿車〕는 자기 해탈만 추구하는 소승인, 소 수레〔牛車〕는 자기 희생에 나서는 보살의 삶을 각각 비유하면서, 이 모든 차원의 사람들이 마침내는 흰 소 수레〔大白牛車〕를 함께 타고 한 부처님의 세계로 나아가고 있다는 진실을 설하고 있다. 이러한 사상을 '회삼귀일(會三歸一), 셋이 모여 하나로 돌아간다.' '일불승(一佛乘), 참으로 존재하는 것은 부처님의 길뿐이다.'라고 일컫는다. (김동화,『大乘佛敎思想』, 寶蓮閣, 1974 pp.101~103)

1과 • 알파와 오메가

"오직 하나의 종자가 있어서 한량없고 가없는 꽃과 과일과 가지와 잎 등 일체를 출생함과 같이, 근본 무명(無明)도 이와 같아서 오직 하나의 무명이 능히 모든 한량없고 가없는 번뇌와 어둔 세계를 만들어 내느니라."
　　　　　　　　　　　　　　　　　　　　　　　　　－석마하연론－

탐구과제
- '불타는 집'의 비유가 무엇을 의미하는가를 명상합니다.
- 죽음과 고통의 제1원인이 무엇인가를 관찰합니다.
- 부처님께 공양 올리는 바른 법도를 배우고 실천합니다.

세상은 모두 불타고

1 '84년 1월 어느 날 아침.

　텔레비전에서 부산 대아 호텔의 불타는 장면을 보고, 충격과 안타까움으로 우리는 말을 잊고 말았습니다.

　내뿜는 독한 연기, 창문을 부수며 터져 나오는 시뻘건 불길, 창가에서 수건을 흔들며 구원을 호소하는 여인의 눈물, 질식해 죽어가는 사람, 한 가닥 줄에 매달려 바둥거리는 여인의 가냘픈 팔, 추락하여 깨어지는 생명, 생명들…….

　"나 좀 살려주세요."

　저 처절한 울부짖음을 들으면서, 나는 문득 또 하나의 강한 불길을 느끼고 놀라 일어섰습니다. 아파트 창문을 열었을 때, 이 불길은 이미 이 세상의 대들보를 태우고 내 발 밑으로 몰려들고 있었습니다.

2 무엇인가?

이 세상을 태우고 우리 발 밑을 흔드는 이 사나운 불길은 무엇인가?

『법화경(法華經)』의 대 화재가 문득 생각납니다.

낡고 허물어지는 집, 사방에서 타오르는 불길, 장난감에 취하여 놀고 있는 자식들….

"아무렇기로서니 집이 불타는 줄도 모르다니, 저렇게 어리석은 사람들도 있을라구."

벗이여, 행여 이렇게 웃지 마세요. 저 어리석은 자식들이 바로 나와 당신일지도 모릅니다. 사방에서 불타는 저 집이 바로 우리 인생의 현주소일지도 모릅니다.

"아니 그럼, 내 인생이 불타고 있다는 것인가? 저 장자는 나를 향하여 부르고 계시단 말씀인가?"

벗이여, 옳습니다. 바로 그러합니다. 불타는 것은 실로 나와 당신의 인생입니다.

"나오너라, 불타는 집에서 어서 나오너라."

이것은 바로 우리를 부르시는 자부(慈父, 부처님)의 다급한 음성입니다.

3 이제 세존(하늘과 땅, 신과 사람 가운데 홀로 존귀하신 분)께서 이렇게 선포하십니다.

"이 삼계(三界, 세 갈래 세상)의[2] 불안함이

---

2) 삼계는 욕계(慾界)·색계(色界)·무색계(無色界). 욕계는 욕심으로 사는 세계, 색계는 물질과 형상에 얽매여 사는 세계, 무색계는 정신과 영혼으로 사는 세계, 삼계는 이 우주의 세 갈래 세계이고, 우리 생존의 세 단계 차원일 수도 있다.

불타는 집 같으며
뭇 고통 충만하니
두려움이 오죽하랴.
나고 늙고 병들고 죽는
근심 항상 있어
이러한 불길들이 맹렬하여
쉬지 않는데
삼계의 불타는 집
여래(如來, 진리에서 오신 분)는 일찍 떠나
고요한 데 있으면서
숲과 들에 편안커니

이 삼계가 모두
지금 나의 것이요,
그 안의 중생들
다 나의 자식이라.
환난이 가득찬 이 세상을
오직 나 아니면
능히 구할 자 없으리라."

-법화경 비유품-

4 "이 삼계(三界)의 불안함이
불타는 집과 같으며
뭇 고통 충만하니
두려움이 오죽하랴."

이 간곡하신 자부(慈父)의 염려를 들으면서, 우리는 조용히 우리 삶의 현실을 되돌아 봅니다.

우리는 한결같이 건강하게 살기를 염원합니다. 언제까지나 젊

제1장 보살은 무엇으로 사는가?   17

은 모습으로 인생을 패기있게 살고 싶습니다. 그러나 뜻대로 되질 않습니다. '암'이란 말만 들어도 가슴이 철렁하고, 겉으로는 신체 건강한데, 속으로는 노이로제이고 신경성입니다. 뽐내던 젊음도 순간, 머리털부터 나이에 앞서 세어오고, 하루 아침에 눈이 침침해집니다. 주변 친구들이 하나 둘씩 사라지는 걸 보면서, '이제 내 차례인가?' 빈 하늘 바라보며 눈만 껌뻑입니다.

5 우리는 밤낮 없이 가정의 행복을 추구해 왔습니다. '자식들의 성공, 가정의 번영.' 이것은 실로 나와 당신의 신앙입니다. 우리는 순교자가 되어서 몸 아끼지 않고 부딪혀 왔습니다. 자식을 애타게 키워서 진학시키고, 출세시키고, 짝지어 보냅니다. 어버이로서 당연한 도리를 다한 것이지만, 웬지 허망합니다. 그리고 노후가 불안합니다. 먹고야 살겠지만, '텅 빈 집에 늙은이들만 어찌 살까?'라고 생각하면 허전하고 쓸쓸합니다.

부모 자식이 함께 살지 아니하는 가정은 이미 가정이 아닙니다. 그것은 한낱 시한부(時限附) 합숙소에 불과합니다. 자식을 잃어버린 어버이는 이미 어버이가 아닙니다. 그들은 한낱 양로원의 노인들에 불과합니다.

탑골 공원[3] 대문 옆에 앉아서 졸고 있는 노인네들을 바라보면서, 나는 반문하고 있습니다.

'나는 무엇하러 왔는가? 자식 낳아 기르는 생식 본능의 충족이 내 삶의 가치인가?'

---

3) 서울 종로에 있는 원각사(圓覺寺) 터. 경내에 다층석탑이 있기 때문에 '탑골 공원'이라 한다. 70여 년 전 영국인 브라운이 설계. 3·1만세 운동 때 민족 봉기의 진원지. 언제부터인지 '파고다(pagoda) 공원'이라 부르지만, 마땅히 '탑골 공원'이라 부르는 것이 옳다. (이희승 편, 『국어대사전』, 민중서관, p. 2937)

6 우리는 오랜 세월, 자유로운 사회를 갈망해 왔습니다. 남을 해치지 않는 한(限)에서 자유롭게 생각하고, 자유롭게 말하고, 저 푸른 하늘을 자유롭게 바라보면서, 간섭받지 않고 살 수 있는 지극히 평범한 자유의 마을을 그리며 수고해 왔습니다. 그러나 인류의 이 오랜 염원은 그리 쉽게 이루어질 것 같지 않습니다.

유태인이라는 실로 보잘것 없는 이유 때문에 2년 동안 어둔 골방 속에 갇혀 살아야 했던 15살의 어린 안네(Anne Frank)는 이렇게 쓰고 있습니다.

1944년 6월 15일(목요일)
자연을 그리며 사랑하는 마음이 요즈음 갑자기 그리워지는 것은 아무래도 밖에 자주 나가지 못하는 탓이 아닐까요. 높푸른 하늘, 지저귀는 새소리, 달빛에도, 꽃에도 조금도 매력을 느끼지 못했던 시절이 있었던 것도 나는 똑똑히 기억합니다. 그러던 것이 여기 와서는 변해가고 있습니다.

예를 들자면, 강림제 휴가 동안은 무더웠는데, 어느 날 나는 달빛 구경을 하기 위해서 밤 11시까지 잠을 자지 않은 적이 있습니다. 그렇지만 그런 노력도 아무 보람이 없었습니다. 그것은, 달빛이 휘영청 너무 밝기 때문에 창문을 열지 못하기 때문입니다……

그러나 유감입니다. 정말로 슬픈 일입니다. 나는 특별한 날을 제외하고는 흐린 발[簾]을 통해 밖을 내다볼 수 있을 뿐입니다. 이런 것을 통해 바라본다는 것은 정말로 슬픈 일입니다. 자연은 순수해야만 하기 때문입니다.[4]

---

4) 안네 프랑크, 『안네의 일기』, 유림당, 1978, pp.278~280. 이 때 안네 일가는 히틀러의 나찌스를 피해서, 네델란드 암스텔담의 낡은 건물 골방에 숨어 있었다.

제1장 보살은 무엇으로 사는가? 19

7 그러나 이 소녀는 휘영청 밝은 달을 끝내 구경하지 못하고, 16살 어린 나이로 죽어 갔습니다. 아니, 나찌(Nazi) 독일의 집단 수용소가 그를 죽였습니다.

안네는 이렇게 쓸쓸하게 독백하며 눈을 감았습니다.

"아빠도 엄마도 틀림없이 죽었을 테니까, 난 이제 집으로 돌아갈 아무런 이유도 없어졌어."[5]

8 안네에게서 높푸른 하늘과 지저귀는 새소리, 달빛…… 목숨마저 앗아간 나찌스(Nazis, Hitler의 전체주의자)는 결코 사라지지 않았습니다. 오히려 더 강한 힘과 완전무결한 조직과 논리적인 정당성(正當性)으로 무장한 채, 지금 이 지구 도처에서 번식하고 있습니다. 비단 공산주의자들만이 아닙니다. 아르헨티나의 우익 군사 독재자들만이 아닙니다. 소위 서방 자유진영에서도 사태는 더욱 악화되어가고 있습니다. 인간을 지배하는 것은 인간 자신의 자유의지가 아닙니다. 그것은 거대한 권력구조, 관료체제, 자본주의, 매스컴, 컴퓨터…… 궁극적으로 핵무기입니다.

핵시계(核時計) 3분 전.

우리가 작은 장난감에 정신이 팔려 있을 때, 핵시계의 초침은 거대한 불기둥을 향하여 재깍재깍 달려 가고 있습니다. 우리가 편히 잠든 사이, 저 무서운 불길이 이미 대들보와 기둥으로 몰려오고 있는지 모를 일입니다.

9 "이 삼계(三界)의 불안함이
불타는 집과 같으며."

자부(慈父)의 이 말씀이 한가한 종교적 비유가 아님을 우리는

---

5) 앞의 책, p.316. 1945년 2월 베르젠 수용소에서 언니 마르코트와 함께 장티프스에 걸려 자매가 나란히 사망하였다.

절감하고 있습니다.
 "나 좀 살려주세요."
 아파트 창가에서 눈물 흘리는 저 여인의 부르짖음이 남의 일이 아님을 우리는 이제 깨닫습니다.
 저 시뻘건 불길이 바로 나 자신과 우리 가정과 이 세상을 태우는 무서운 화재임을 직감합니다. 그래서 우리는 저 수행자 우파챠라를 쫓아 이렇게 외치고 있습니다.

"세상은 모두 타고
세상은 모두 불 타고
세상은 모두 불꽃에 싸이고
세상은 모두 뒤흔들리나니

그러길래 뒤흔들리지 않는 곳
세상 사람들이 으레 가려하지 않는 곳
악마가 이르지 않는 곳
거기에 가서 내 마음은 즐기리라."

― 잡아함경 45 ―

원죄(原罪)의 샤머니즘을 타파하라

10 "세상은 모두 타고
세상은 모두 불타고……."
 이 불은 대체 무엇 때문인가? 나와 세상은 무슨 불로 인하여 타고 있는가? 왜 나는 병들어 죽어가고, 이 지상에는 불화와 증오와 살육이 끊임없는가?
 이 물음에 대한 가장 오랜 대답의 하나는 그것들이 '신(神)의 뜻, 신의 징벌'이라는 것입니다. 이러한 관념은 원시 샤머니즘 이래, 모든 다신교와 일신교들의 공통된 생각이 되어 왔습니다.
　그러나 우리는 이러한 샤머니즘적 관념에 대하여 심각한 의문을 제기하지 않을 수 없습니다.
　무엇보다 그들은 신(神)의 본질을 훼손하고 있습니다. 신이 무엇입니까? 자비, 사랑 아닙니까? 무한한 자비, 크나큰 사랑 아닙니까? 자식이 상처입고 피 흘리는 것은 조그마한 어머니 아버지의 사랑으로도 차마 할 수 없는 일인데, 어찌 거룩하신 신의 뜻으로, 이것을 허용할 수 있습니까? 수백만의 생명을 죽이고도 그것이 신의 뜻, 신의 징벌이라면, 그런 잔인한 신을 두어서 무엇하겠습니까? 대체 신의 선의(善意)란 것이 무슨 의미를 갖는 것입니까? [6]

11 '원죄설(原罪說) ― 신벌의식 인간은 본래 죄인이기 때문에, 신의 용서를 받지 못하면 심판 받고 지옥의 불 속으로 떨어질 것이다.'
　이 어둔 샤머니즘적 '잔인의 교리'로부터 신(神)과 선량한 동포들을 구출해내는 것이 이 시대의 더 긴급한 구원일지 모릅니다.
　이제 20세기의 위대한 지성 러셀(B. Russel, 영국의 과학자, 평화주의자)경은 이렇게 말합니다.

　"재림할 때에 양과 산양을 분간하기 위하여 어떻게 산양에게 말하려고 했는지 들어 봅시다. '너 저주받을 자여, 내게서 떠나 영원의 불 속으로 들어가라…….' 이 말을 예수는 되풀이하고 또 되풀이합니다. 이 전체 교리, 불이 죄에 대한 형벌이라고 하는 이 교리를 나는 '잔인의 교리'라고 보고 있음을 말하지 않을 수 없습

---

6) B. 러셀(B. Russel), '나는 왜 크리스찬이 아닌가?'(『世界의 大人 全集 11』, 翰林出版社, 1974, p.354).

니다. 이는 잔인성을 이 세상에 퍼뜨린 교리이며, 여러 세대의 잔인한 고문을 이 세상에 남겼습니다."[7]

12 저러한 샤머니즘적 사고(思考)에 동의할 수 없는 보다 심각한 이유는, 저러한 생각이 나와 당신의 존재 가치를 파괴하고 생명의 자존(自尊), 자유성(自由性)을 훼손하고 있다는 사실 때문입니다. 신의 뜻, 신의 권능을 강조하다 보면, 인간은 단순한 하나의 도구로 전락하고, 나와 당신은, 로보트와 같은, 자기 의지를 가질 수 없는 무의미한 한갓 종〔奴隷〕이 되고 맙니다.

우리는 정말 흙으로 빚은 한낱 도구가 되어서, 신의 영광을 위해서 필요하다면 성전(聖戰)에 나가 기꺼이 죽어야 합니다. 세계사의 가장 잔인한 살육전쟁이 신의 이름으로 자행되었었고,[8] 지금 이 순간에도 계속되고 있다는 현실을 직시하면서, 자존(自尊), 자유성(自由性)을 상실할 때, 인간이 얼마나 초라하고, 비참해질 수 있는가를 깨닫고 있습니다.

13 우리는 자유없는 종의 신분을 결코 받아들일 수 없습니다. 왜? 생명의 본질은 자유이기 때문입니다. 저 미미한 한 마리 하루살이마저도 우리와 더불어 평등한 생명의 자유를 지녔음을 믿기 때문입니다. 신의 권능으로도 이 존엄한 생명의 자유를 침해할 수 없는 것이 생명의 대진실임을 믿기 때문입니다.

우리는 스스로 일어서기를 원합니다. 넘어지고, 실패하고, 멸망할지라도, 우리 자신의 뜻대로, 우리 자신의 책임으로 걸어가기를 염원합니다. 성공의 기쁨과 더불어 패배의 고통마저도, 우리 자신의 것으로 짊어지기를 우리는 갈망합니다. '우리는 자신의

---

7) 러셀, 앞의 책, p.354.
8) 러셀, 앞의 책, p.355

두 다리를 딛고 서서, 이 세상을 똑바로 보아야 하겠습니다. 그 좋은 면이나 나쁜 면이나, 그 아름다움이나 흉함을 보아야 하며, 이 세상을 있는 그대로 보아 겁내지 말아야 하겠습니다. 지혜로써 이 세상을 정복할 것이며, 이 세상에 있는 공포에 그저 비굴하게 굴복함으로써 정복하려고 해서는 안 되겠습니다.'[9]

그래서 젊은 싯다르타는 왕자의 안락을 박차고 나와 6년 고행의 험한 길을 스스로 선택하였습니다.

14 젊은 고행자 싯다르타.

그는 낡은 관념의 장벽을 깨뜨리기 위하여 몸을 던져 부딪쳤습니다. '원죄(原罪)-신벌(神罰)', 이 강인한 샤머니즘적 관념의 장벽에 전신으로 부딪쳤습니다. 그는 누구도 경험하지 못한 고행을 감내하며 이 대결에 목숨을 던졌습니다.

싯다르타는 이렇게 고백하고 있습니다.

"나는 그때 대추알만을 먹었다. 그래서 내 몸은 극히 수척해졌다. 내 사지는 마치 갈대나 칼라풀같이 되었다. 내 볼기는 마치 낙타의 발과 같고, 내 척추는 마치 자리틀의 고드랫돌같이 들고 나고 하였으며, 내 갈빗대는 허물어진 집의 낡아 부러진 서까래와 같았다."　　　　　　　　　　　　　-중부경 12/사자후대경-

15 낡아 부서진 서까래같이 무너져 내리는 고행자 싯다르타.

마침내 그는 승리하였습니다. 수만 년 낡은 샤머니즘적 관념의 장벽을 여지없이 부수고, 동해의 일출같이, 인류사의 새벽을 크게 열었습니다.

납월(섣달) 팔일 첫 새벽.

---

9) 러셀, 앞의 책, p.357.

붓다가야(Buddhagaya, 성도하신 곳) 보리수 아래.

눈을 열어 동녘 하늘의 샛별〔明星〕을 보는 순간, 싯다르타는 생명의 대진실〔法, Dharma〕을 여실히 깨치고 성도(成道, 진리를 깨침)하셨습니다. 성불(成佛)하셨습니다. 부처님(Buddha, 佛陀)이 되셨습니다. 석가모니불(Sakyamuni-Buddha, 釋迦牟尼佛)이 되신 것입니다.

이때 1만 세계가 바다 끝까지 12번이나 은은히 진동하고, 나무마다 꽃 피고 열매 맺히며, 줄기와 가지와 넌출과 공중에 연꽃이 피어올랐습니다. 눈 먼 자는 빛을 보고, 귀 먹은 자는 자는 소리를 들으며, 절름발이는 걷고, 자둘쇠와 차꼬(죄수 묶는 도구)는 깨어졌습니다.[10] 석가모니께서 문득 사자처럼 한 소리 외치십니다.

"이제 어둠은 영영 사라졌도다.
어둠의 흐름도 모두 사라졌도다.
이제 다시 생사의 길 따르지 않으리.
이것을 고뇌의 최후라 선언하노라."

－자설경－

오직 무명(無明)으로 말미암아

16 "이제 어둠은 영영 사라졌도다.
어둠의 흐름도 모두 사라졌도다."

우리는 이 말씀을 주목할 것입니다. 정신 차리고 경청할 것입니다. 왜? 부처님께서 깨치신 생명의 진실이 바로 이 말씀 속에

---

10) 방광대장엄경 『은혜 속의 주인일세』 佛光出版部, 1984, pp.261~268.

있기 때문입니다. 이 세상을 태우는 최초의 불씨가 바로 여기에 드러났기 때문입니다.

'이 세상을 태우는 최초의 불씨.'

벗이여, 저 불씨가 무엇입니까? 나와 당신을 질병과 죽음으로 몰고가는 무서운 불씨, 우리 가정과 이 세상을 불행과 파탄으로 휩쓸어 가는 저 공포의 불씨가 대체 무엇입니까?

우리는 다시 첫 새벽의 사자후를 경청합니다.

"이제 어둠은 영영 사라졌도다.
어둠의 흐름도 모두 사라졌도다."

옳습니다. 그것은 곧 '어둠'입니다. 나와 당신의 어둔 생각, 무지(無知), 곧 무명(無明)입니다. '무명(無明, Avidyā),[11] 무지(無知), 우리들의 어둔 생각'이 나와 이 세상을 태우는 태초의 불씨입니다.

17 '대체 싯다르타는 무엇을 깨치셨는가? 붓다가야 보리수 아래에서 깨치신 진리〔法〕의 구체적인 내용은 무엇일까?'

우리는 흔히 이렇게 묻거니와, 부처님께서는 "나는 연기의 진리〔緣起法〕를[12] 깨달았다. 십이연기의 진리〔十二緣起法〕를 깨달았다."고 명쾌히 밝히고 계십니다.

---

11) "무명이란 것은 알지 못하는 것〔無知〕을 일컬음이요, 알지 못한다는 것이 곧 무명이다."(『잡아함경』 10)
김동화, 『佛教學槪論』 pp.224~229.
12) 연기법은 이렇게 정의한다.(『상응부경전』 12, 21)
"이것이 있으므로 말미암아 저것이 있고
이것이 생기므로 말미암아 저것이 생긴다.
이것이 없으므로 말미암아 저것이 없고
이것이 멸(滅)하므로 말미암아 저것이 멸한다."
增谷文雄/이원섭, 『阿含經 이야기』玄岩社, 1979, pp.124~136.

'십이연기법'이 무엇인가?
세존께서는 보리수 아래에서 이렇게 관찰하고 계십니다.

"무명(無明)으로 말미암아 행(行)이 있고, 행으로 말미암아 식(識)이 있고, 식으로 말미암아 명색(名色)이 있고, 명색으로 말미암아 육처(六處)가 있고, 육처로 말미암아 촉(觸)이 있고, 촉으로 말미암아 수(受)가 있고, 수로 말미암아 애(愛)가 있고, 애로 말미암아 취(取)가 있고, 취로 말미암아 유(有)가 있고, 유로 말미암아 생(生)이 있고, 생으로 말미암아 노사(老死)와 우비고애(憂悲苦哀)와 절망이 있다.

욕심을 떠나 수행함으로써 무명이 멸(滅)하고, 무명이 멸하면 행(行)이 멸하고…… 노사(老死)가 멸한다."

―대품 수계편 1―

18 "무명으로 말미암아 행(行)이 있고……."
이것이 나와 우주의 실존(實存)을 해명하는 유명한 '12연기법(Dvāda Sānga-Pratitya-Samutipāda)'이거니와,[13] 여기에서 중요한 것은 시작과 끝, 알파와 오메가입니다.
무엇이 알파(시작)인가? 곧 무명(無明, 無知)입니다.
무엇이 오메가(끝)인가? 곧 죽음(死, 老死)입니다.
여기에 이르러 생사(生死)의 의문은 명쾌히 밝혀졌습니다. 나와 세상을 태우는 거센 불길의 최초 원인이 백일하에 드러났습니다.

19 "무명으로 말미암아 죽음이 있다.
무명을 없게 함으로써 죽음이 사라진다."
무명은 분석심리학의 소위 '그림자'라는 개념과 비슷한 것으로

---

13) 김동화, 앞의 책, pp.103~108.
　　김동화,『原始佛敎思想』寶蓮閣, 佛敎思想大全 2, 1973 pp.57~78.

서, 우리들 인성(人性)의 어두운 면, 의식(意識)의 그림자, 곧 무의식(無意識)을 가리킵니다. 이 무명, 그림자는 우리 생활과 이 세상에 온갖 형태, 온갖 색깔의 거짓을 만들어 내고 있습니다.

이제 한 정신과 교수는 이렇게 지적하고 있습니다.

"'그림자'는 반드시 어두운, 인색한, 혹은 우울한 모습으로만 나타나지 않는다. 현대의 그림자는 테러리즘의 어둠뿐 아니라, 화려한 환상 속에 펼쳐진다. 진지하고 심각한 토론을 알아듣지 못하고 바보처럼 웃고 앉은 마네킹 같은 T·V의 여인과 격에 안 어울리는 요란한 조명과 무대장치, 생각하는 힘, 비판하는 지성의 예각을 부드럽게 솜방망이처럼 감싸는 미소의 위선, 상업주의, 기회주의, 공리주의, 빈곤을 감싸는 미사여구의 낙관주의와, 위장된 해탈의 황홀경, 그것이 모두 진실과 진리의 빛을 감추는 현대의 그림자요, 무명이다."[14]

20 '무명(無明)'

무지(無知), 어둔 '마음의 그림자.'

이것이 실로 이 거짓과 혼돈과 고통의 세계, 어둠의 천지를 창조하는 제1 원인이고, 태초의 씨앗입니다.

선사(先師)께서 통렬히 일깨우고 계십니다.

"마치 오직 하나의 종자가 있어서, 한량없고 가없는 꽃과 과일과 가지와 잎 등 일체를 출생함과 같이, 근본무명(根本無明)도 이와 같아서, 오직 하나의 무명이 능히 모든 한량없고 가없는 번뇌와 어둔 세계를 만들어 내느니라. 모든 번뇌가 무명으로 말미암아 생기는 것을 어떻게 아는가? 번뇌와 모든 어둔 세계가 다 깨치지 못한 현상이기 때문이니라."

―석마하연론―

---

14) 이부영, '無明'「佛敎會報」64호 (1978. 12. 15) 1면

회향발원　(삼보님께 꽃을 올리옵고)

　자비하신 부처님.
　이제 저희 청보리들, 푸르른 부처의 씨앗들,
　부처님 앞에 꽃을 올립니다.
　부처님 진리 앞에 꽃을 올립니다.
　부처님 성중(聖衆) 앞에 꽃을 올립니다.
　청정한 꽃을 올리옵고, 다시 맹세합니다. 저희 불자들 이 길, 거룩한 부처님의 길에서 물러서지 않기를 맹세합니다. 저희들 발밑을 태우며, 온 세상을 태우는 이 거대한 죽음의 불길 속에서 벗어나는 길은 오로지 부처님 길 한 길뿐인 줄 굳게 믿으면서, 이 길에서 결단코 물러서지 않기를 맹세합니다.　　　　　　　－나무석가모니불－

찬불가　꽃공양

내용익힘

1. 다음 문장을 완성해 봅니다.
   ① 오직 하나의 (   )이 능히 모든 한량없고 가없는 (   ) 와 (   ) 세계를 만들어 내느니라.
   ② 이제 (   )은 영영 사라졌도다. (   )의 흐름도 모두 사라졌다. 이제 다시 (   )의 길 따르지 않으리. 이것을 (   )의 최후라 선언하노라.
   ③ (   ), 어둔 (   )의 그림자, 이것이 실로 이 거짓과 혼돈과 (   )의 세계, 어둠의 (   )를 창조하는 (   )이고 태초의 (   )입니다.

2. 다음 물음에 간결하게 답합니다.
   ④ '불타는 집'은 무엇을 가리키고 있는가?

   ⑤ 원죄설은 무엇이 문제인가?

   ⑥ 12연기의 근본 뜻을 알파와 오메가로 정리하였다. 무엇이 알파이고 무엇이 오메가인가?

교리탐구 무명(無明)이란 무엇인가?
   1. 무명의 뜻
   2. 무명의 종류
   3. 무명의 작용

실천수행 꽃과 과일을 정성껏 부처님 앞에 공양 올립니다.
   1. 아껴 모은 돈으로 깨끗한 꽃과 과일을 준비한다.
   2. 부처님께 공양 올리며 새로운 발심 수행을 맹세한다.
   3. 이러한 공양을 정기적으로 실천한다.

2과 · 그대는 법신(法身), 진리의 몸

"신기하고 신기하구나. 그대들 몸 가운데 여래의 한량없는 지혜가 본래 갖추어져 있건만, 어찌 이를 깨치려 하지 않는가."
― 화엄경 성기품 ―

탐구과제
- 내 생명, 내 몸이 본래 진리광명임을 관(觀)합니다.
- '생명의 진실 5장'을 구체적으로 이해합니다.
- '생명의 진실 5장'을 항상 외우고 관(觀)합니다.

신기하고 신기하구나

21 '무지(無知, 無明)로 말미암아 죽음이 있다.
　눈을 떠서 진리를 보면 죽음은 사라진다.'
　이 12연기의 법〔十二緣起法〕을 앞에 놓고, 눈을 뜨는 것, 눈을 떠서 진리를 보는 것, 곧 깨침〔Bodhi(菩提)〕이 얼마나 긴급한 삶의 과제인가를 절감합니다.
　'눈을 뜨는 것,
　깨침, 곧 Bodhi를 성취하는 것.'
　이것은 실로 유일한 출구입니다. 이 불타는 집을 박차고 나와 영생 불멸의 니르바나로 달려갈 오직 하나의 문입니다. 알파와 오메가, 무지에서부터 죽음에 이르기까지, 저 숙명적인 악순환 〔윤회(輪廻)〕의 사슬을 끊고, 나와 당신이 자유의 주인으로서 사슴처럼 껑충껑충 내달릴 수 있는 한 줄기 길입니다.

왜?

저 악순환은 무지의 불씨로부터 비롯되었고, 무지의 불씨는 깨침의 물로써만 영영 소멸될 수 있기 때문입니다. 빛(깨침)이 밝아야 어둠(무지)은 사라지고, 장님은 눈을 떠야 코끼리를 볼 수 있기 때문입니다.

22 붓다가야 보리수 아래, 저 찬란한 성도의 새벽, 이제 Buddha (깨치신 분, 깨치게 하시는 분)께서 나와 당신을 향하여 큰 소리로 권청하고 계십니다.

"신기하고 신기하구나. 그대들 몸 가운데 여래(Buddha)의 한량없는 지혜가 본래 갖추어져 있건만, 어찌 이를 깨치려 하지 않는가."
－화엄경 성기품－

23 벗이여, 저 말씀 듣고 놀라지 마세요. '내게 부처님의 찬란한 지혜가 본래 있다니, 어찌 그럴 수가 있을까? 그건 아무래도 종교적 이상론일 게야.'

벗이여, 행여 이렇게 물러서지 마십시오. 이것은 한갓 교리나 철학이 아닙니다. 명백한 생명의 진실입니다. 우리 삶의 현실입니다. 부처님께서는 바로 이 진실을 선포하고 증거하시기 위하여 이 세상에 오셨고, 지금도 우리 곁에서 간곡히 깨우치고 계십니다.

"너희 모든 중생들이 불성(佛性, 부처의 지혜)을 다 지니고 있느니라.〔一切衆生 悉有佛性〕[15]
－열반경 사자후보살품－

---

[15] "모든 중생이 불성(佛性, 지혜)을 지녔다."는 불교 사상의 핵심 가운데 하나.
　・김동화,『佛敎學槪論』, pp.447～453.
　・김동화,『原始佛敎思想』, pp.217～229.

이 찬란한 햇빛으로 나오라

24 김광윤 선생님은 40대의 고등학교 교사로서 건강하고 행복한 나날을 살아 왔다. 그러나 1978년 5월 어느 날, 이 행복은 산산히 깨어졌다. 정기 건강 검진에서 고혈압과 만성 간염의 통고를 받은 것이다. 통지서를 본 순간 눈앞이 캄캄했다.

'이젠 죽었구나.'

정밀 검사 결과 장기 요양의 판정을 받고 그는 6개월 휴직원을 내고 드러누웠다. 평화로웠던 가정에 근심과 불안으로 먹구름이 끼고, 병세가 차도없이 악화되어 가자, 그는 심한 불면증과 우울증에 빠져 들었다. '마귀에게 씌웠다'는 주변의 염려로 기도원에 가서 빌기도 했었지만 '정성이 부족하니 더욱 열심히 빌어야 한다'는 성화만 거듭될 뿐, 상태는 급속히 악화되고 있었다.

김 선생님은 심신이 지쳐 허탈 상태에 빠졌다. 꺼져가는 자기 생명의 등불을 응시하며 깊이 모를 절망의 늪으로 침몰해 갔다. 부인도 몸져 눕고, 아이들도 웃음을 잃었다.

25 그러던 어느 날 동료 박 선생님이 문병차 왔다. 인사를 나누고 책상 위를 살펴보는 박 선생님 눈에 이런 낙서 메모가 보였다.

'신(神)이여, 거듭하는 슬픔으로
내 육신을 불태워
나의 영혼을 정화하소서.'

"김 선생, 이게 무슨 말인가?"
"여보게, 난 정말 신의 시험을 받고 있는 걸세. 난 아무래도 죄값을 치루고 있는 거야. 이게 마귀의 장난이 아니고서는……."
순간, 박 선생님은 큰 소리로 웃었습니다.

"하하하……"
"아니 이 사람, 죽어가는 사람 놀리는 건가?"
"놀려? 암— 그래, 자네같이 어리석은 자는 놀림을 당해야 마땅해."
"뭣이? 어리석은 자라구?"
"그럼 아닌가? 이 대명천지(大明天地) 밝은 날에 마귀 생각, 벌 받는 생각으로 두려워 떨면서 자기 처벌, 자기 학대에 열중하고 있으니 자네같이 어리석은 자가 어디에 또 있겠나?"
"아니 그럼 내가 지금 벌받고 있는 게 아니란 말인가? 마귀 장난이 아니란 말인가?"

26 박 선생님은 정색을 하고 고요히 말했다.
"여보게, 어서 그 어둔 상념을 떨쳐 버리고 일어나게. 이 밝은 햇빛으로 나오게. 저 밝게 빛나는 하늘을 바라보게. 어디에 마귀가 있겠나? 자네같이 착한 사람에게 벌줄 신이 어디 있겠나? 그건 모두 자네의 마음 약한 번뇌망상 때문일세."
"번뇌망상이라니?"
"어리석은 생각, 어둔 생각 말일세. 햇빛을 외면하고 어둠 속으로만 움츠러드는 자네의 그 어둔 상념이 바로 번뇌망상이야. 그 번뇌망상이 마귀도 만들어 내고, 벌주는 신도 만들어 내고, 죽을 병도 만들어 내고, 죽음도 만들어 내는 것일세."

27 김 선생님은 너무도 큰 충격 때문에 한동안 말을 잊었다.
"정녕 내가 벌받는 게 아니란 말이지?"
"당연한 말씀. 자네는 바로 신의 아들일세. 부처님의 자식이란 말일세."
"신의 아들? 부처님의 자식?"
"허허, 이 사람 놀라긴. 자네가 자네 자식들을 온 몸으로 사랑하듯, 부처님께서도 자네를 온 몸으로 사랑하고 계신다네. 이 사랑은 어떤 조건도 개입할 수 없는 크나큰 사랑일세. 믿고 따른다고 복주고, 안 믿고 버린다고 벌주는 그런 불완전한 사랑이 아닐세. 헌금의 양에 따라 달라지는 그런 축복이 아닐세."
"그럼?"
"하늘에서 내리는 비가 산천 초목 위에 어느 것 하나 가림없이 부어지듯, 티끌만한 차별도 없는 무한 사랑의 비가 자네 생명 위에 지금 부어지고 있다네. 그래서 대자대비(大慈大悲)라 하지 않는가."

28 "그렇다면 나는 왜 이렇게 병들어 죽어가고 있는가? 부처님의 대자대비도 말뿐이 아닌가?"
"김 선생, 물러서지 말게. 진실을 외면하려 하지 말게."
"외면하다니?"
"여보게, 저 산천 초목을 바라보게. 한 흙에 뿌리 내리고, 한 비를 맞으며 자라는데, 붉고 푸르고, 크고 작고, 성하고 쇠하고 …… 저 천차만별은 왜 생기겠나?"
"그거야 저 많은 풀과 나무들의 종류와 성질과 조건이 다르기 때문 아닌가."
"맞았네. 바로 그걸세. 문제는 하늘의 비에 있는 것이 아니라, 나 자신, 자네 자신에게 있는 게 아니겠나."[16)]
"그럼 내 조건이 잘못되었다는 건가?"
"옳으이, 벌써 자네는 이치를 깨달은 거야. 진리란 원래 그렇게 단순한 것 아닌가.
본래 우리 생명은 무한하신 부처님의 생명, 절대자의 생명과 직결되어 있다네. 아니, 우리 생명이 곧 부처님 생명의 한 분신

---

16) 『법화경』 「약초유품」

(分身)이란 게 더 정확한 표현일 거야."

29 "내 이 하잘것 없는 생명이 절대자와 한 생명이라니? 어찌 그럴 수가?"

"'벌주는 신'을 두려워해 온 자네가 그렇게 놀라는 것도 무리가 아니야. 그러나 이것은 엄연한 진실일세. 자네 생명은 곧 부처님 생명일세. 자네는 곧 법신(法身)이고, 불성생명(佛性生命)이란 말일세."

"법신? 불성생명?"

"진리〔法〕의 몸, 진리 생명이란 뜻일세."

"진리의 몸, 진리 생명……."

"왜 믿기지 않는가? 하하하…….

김 선생, 눈을 크게 뜨고 똑똑히 보게. 저 찬란한 햇빛 광명을 보란 말일세. 저 빛을 받지 못하면, 나무도 꽃도 사슴도 참새도 자네도 나도 다 시들어 죽고 말아. 왜 그러는지 아는가?"

"………."

"생명은 곧 빛이기 때문일세. 생명은 곧 진리 광명이기 때문에, 빛을 받지 못하면 죽는 거라네. 진리를 거역하면 죽는단 말일세."

30 "내가 병든 것도 진리를 거역했기 때문인가?"

"그렇게 보아야 하네. 생명은 불성 광명, 진리 광명이란 진실에 무지하기 때문에, 어둡고 부정적인 상념으로 자신의 생명에 한계의 껍질을 씌우고 재난을 스스로 불러들이는 것이지. 또 살기에 골몰하다 보니, 본의 아니게 탐욕〔貪心, 탐심〕도 부리고, 성질내고 미워도 하고〔瞋心〕, 어리석게 고집도 부리고〔癡心〕…….

이런 번뇌(煩惱)들이 불성(佛性)의 빛을 가리기 때문에 우리는 병들고, 싸우고, 죽어가는 거라네."

"나는 그렇게 욕심부리지도 않았고, 남을 미워한 적도 없네마는……"
"옳으이, 자네 착한 줄 내가 잘 알지. 그러나 우리는 동업중생(同業衆生)일세."
"동업중생이라니?"
"공동 운명체란 말일세. 우리 이웃들과 함께 살고, 함께 일하고, 그 결과도 함께 나누는, 더불어 한 형제란 말일세. 우리 공동체 안에 불의(不義)가 있고 죄악(罪惡)이 방치된다면, 우리는 그 과보(果報)의 고통을 함께 받는 것이지."[17]
"억울하지 않은가?"
"하하, 그렇게 생각할 수도 있네만, 그것이 불성 생명의 본질인 것을 어찌하겠나. 자네 가족에 문제가 생겼는데 자네는 '내 몰라라.' 할 수 있겠나?"
"안 될 일이지. 그건 곧 내 문제야."
"우리 직장에 문제가 생겼다면?"
"그것도 내 문제지."
"그것 보게, 우리는 그렇게 서로 얽혀서 사는 거라네."

31 "박 선생, 그럼 어찌할까? 이제 나는 어찌해야겠나?"
"김 선생, 자네 정말 살고 싶은가?"
"이 사람이 누굴 약올리나."
"좋아 좋아, 암 살아나야지. 우리 함께 멋있게 살아봐야지. 학교의 아이들도 자네를 기다리고 있네."
"그래, 나도 어서 아이들 곁으로 달려가고 싶어."
"김 선생, 무엇보다 먼저 이렇게 소리치게.

---

17) 이렇게 공동체 전체에 영향을 끼치는 행위〔業, Kalma〕를 '공업(共業)'이라 한다. (水野弘元/무진장 역, 『佛教槪說』, 弘法院, 1980, p.33)

'나는 진리 생명의 주인이다. 불성 생명의 주인이다. 나는 불멸이다. 나는 영생이다. 나는 은혜 속의 주인이다. 부처님께서 내게 풍성한 은혜의 생명수를 부어주고 계신다.'"

"소리치면?"

"그 순간에 막힌 물줄기가 트이고, 부처님의 생명수가 자네 심장으로 콸콸 쏟아져 들어온다네."

"정말인가? 내가 살아날 수 있을까?"

"또 의심하나?"

"아냐, 믿네."

32 "우리 생명은 본래 영생 불멸일세. 원래가 진리 광명인데, 어찌 어둔 죽음이 깃들겠나? 한때 무지와 번뇌로 병들고 시들지라도, 우리 생명은 본래청정(本來淸淨)하기 때문에 놀라운 자생력(自生力)을 발동하는 법이라네."[18]

"자생력이라니? 스스로 살아난다는 것인가?"

"맞았어, 자네 이제 탁 틔였구만. '약 먹고 낫는다' '신의 힘으로 낫는다'고들 하지만, 실상 우리 생명은 불가사의한 자기 치유 능력을 갖고 있다네. 닫힌 문만 열면, 그 자생력이 봇물처럼 터져 나온다네."

"정말 그리 될까?"

"암, 그렇구 말구. 보게, 이 사람! 자네 얼굴이 벌써 달라지기 시작했어. 생기가 넘치고 있네. 은혜로운 생명수가 이 순간 자네 몸 가득히 넘쳐 오고 있어.

---

18) "마음의 본성은 청정하여 오염시킬 수 없나니, 비유컨대 허공에 연기와 먼지와 구름이 끼여 밝지 못하나, 허공 자체는 더럽힐 수 없음이라. 모든 중생도 잘못된 생각이 생겨 온갖 번뇌를 일으키나, 마음 그 자체는 청정하여 가히 더럽히지 못할지라. 더럽히지 못하는 까닭에 마음의 본성은 청정하여 해탈을 얻나니라."(『승사유범천소문경』)

김 선생, 어서 일어나게. 문을 열고 나오게나. 지금 이 문 밖에 큰 수레가 기다리고 있어. 흰 소가 끄는 큰 수레가 자네를 싣고 니르바나 동산으로 달려가기 위해서 기다리고 있네."

"뭣이? 니르바나 동산이라니?"

"이 사람아, 이제 그만하고 어서 일어서게. 툭툭 털고 달려 나오게. 이 찬란한 햇빛으로 나오게나."

생명의 진실 5장

33 저 두 분의 대화를 들으면서 우리는 부처님께서 깨우쳐 보이신 '생명의 진실'을 차근차근 생각해 봅니다.

'생명의 진실'이 무엇인가?

첫째, 나는 진리의 몸, 불성생명의 주인, 광명이 무한하고 영원하듯, 내 생명이 또한 무한하고 영원하다.[19]

둘째, 우리는 은혜 속의 주인, 부처님은 우리 생명의 뿌리, 우리는 부처님의 풍성한 은혜를 선용하면서, 우리 자신의 자유의지에 따라 스스로 인생을 창조해 간다.[20]

셋째, 무지(無知, 無明)가 최초의 불씨

우리가 일상에 휘말려 이 무지와 번뇌에 빠질 때, 우리는 본래 자신을 상실하고, 고통과 죽음의 진흙 수렁에서 돌고 돈다(윤회).[21]

넷째, 불성은 본래청정(本來淸淨).

---

19) 『은혜 속의 주인일세』 pp.151~157.
10) 앞의 책, pp.136~147.
21) 앞의 책, pp.164~177.

어떤 번뇌로서도 결코 오염될 수 없으니, 열심히 수행하여 이 생명의 진실을 깨칠 때, 우리는 거짓 자신의 껍질을 벗고, 대자유의 주인(成佛)되어 지금 여기에서 건강하고 행복하게 살아간다(해탈열반, 성불).[22]

다섯째, 우리는 동업중생(同業衆生), 함께 가는 형제들.

우리는 크나큰 상호관계의 인연으로 얽혀 있는 공동 운명체, 나 홀로 갈 수 없고 나 홀로 행복할 수 없다. 그런 까닭에 우리는 서로 사랑하고 함께 나눈다.[23]

34 내 생명은 진리 광명이다. (제1장)
  우리는 은혜 속의 주인이다. (제2장)
  무지(無知)가 최초의 불씨다. (제3장)
  우리 생명은 본래청정하다. (제4장)
  우리는 함께 가는 동업중생이다. (제5장)

이것이 부처님께서 밝혀 보이신 '생명의 진실'이거니와, 이 '생명의 진실'이 곧 '우리들의 대전제(大前提)'입니다. 이 명백하고 엄연한 대전제를 딛고 서서, 우리는 이제 새 인생의 문을 열 참입니다. 문 밖에서 지금 부처님께서 우리를 부르고 계십니다. 흰 소가 끄는 큰 수레를 대기시킨 채, 나와 당신의 이름을 부르고 계십니다.

"여러 가지 양이 끄는 수레, 사슴이 끄는 수레, 소가 끄는 수레들이 지금 대문 밖에 있으니, 너희들이 이 불타는 집에서 빨리 나와 가져라. 너희들이 달라는 대로 나누어 주겠노라."

-법화경 비유품-

---

22) 앞의 책, pp.187~194, 245~273.
23) 앞의 책, pp.279~287.

회향발원 (광명의 문을 엽니다)

　자비하신 부처님,
　이제 저희 청보리들, 푸르른 부처의 씨앗들.
　저희는 실로 지금까지 어둠 속에 갇혀 있었습니다. 저희의 실패와 질병과 불화를 남의 탓으로 돌려 원망하며, 자신을 괴롭히고, 가족을 괴롭히고, 또 친구와 동료를 괴롭혀 왔습니다.
　광명으로 빛나는 부처님,
　이제 저희는 부처님의 대광명이 저희 몸 속에서 찬란히 빛나는 광경을 보고 있습니다. 괴롭고 원망스런 이 순간에도 저 창 밖에는 진리광명이 가득히 빛나는 광경을 보고 있습니다. 이제 저희는 자리를 박차고 일어나 광명의 문을 엽니다. 불성광명의 문을 열어제낍니다.

　　　　　　　　　　　　　　　　　　　　－나무석가모니불－

찬불가　은혜속의 주인일세

내용 익힘

1. 다음 문장을 완성해 봅니다.
    ① 신기하고 신기하구나. 그대들 (　　) 가운데 (　　)의 한량없는 (　　)가 본래 갖추어져 있건만, 어찌 이를 (　　) 하지 않는가.
    ② 눈을 뜨는 것, (　　), 곧 (　　)를 성취하는 것, 이것은 실로 유일한 출구입니다. 이 불타는 (　　)을 박차고 나와 영원불멸의 (　　)로 달려갈 오직 하나의 (　　)입니다.
    ③ 생명은 (　　), (　　)이란 진실에 무지하기 때문에, 어둡고 부정적인 상념으로 자신의 생명에 (　　)의 껍질을 씌우고 스스로 (　　)을 불러들이는 것이지.

2. 다음 물음에 간결하게 답합니다.
    ④ 붓다가야 보리수 아래서, 붓다 석가모니께서는 우리들을 보고 왜 '신기하고 신기하구나'하셨는가?

    ⑤ 번뇌망상이란 무엇인가?

    ⑥ '은혜 속의 주인'이란 무슨 뜻인가?

교리탐구 '생명의 진실 5장'이란 무엇인가?

실천수행 '생명의 진실 5장'을 항상 기억하고 외웁니다.

    1. '생명의 진실 5장'을 깨끗하게 써서 방과 사무실에 붙인다.
    2. 하루 한 번씩 소리내어 읽고 그 뜻을 관한다.
    3. 어려움에 당면했을 때, 고요히 '생명의 진실'을 명상한다.

3과 • 니르바나, 우리들의 영원한 희망

"탐욕이 다하여 영영 사라지고
성내는 마음이 다하여 영영 사라지고
어리석음이 다하여 영영 사라지고
일체의 번뇌가 다하여 영영 사라지고
이것을 이름하여 니르바나라 한다."

―잡아함경 18―

탐구과제
• 불교의 궁극적인 희망이 무엇인가를 발견합니다.
• 니르바나의 참뜻이 무엇인가를 관찰합니다.
• 오늘 하루 어떻게 사는 것이 니르바나를 실현하는 것인가를 생각하고, 작게나마 실천해 갑니다.

니르바나는 최상의 행복

35 경희는 이화여대 미술과 1학년에 재학하던 총명한 미술학도였지만 어느 7월 마지막 날, 부모님과 같이 강릉 경포대로 피서 갔다가 언니와 함께 불의의 재난을 당하고 말았다. 홍제동 화장터에서 그 몸을 한 줌 가루로 흩뿌리고 돌아오면서 친구 은자는 김 선생님에게 눈물을 뿌리며 말했다.
 "선생님, 경희가 불쌍해요. 산다는 것이 너무 허망합니다."
 "그래, 불쌍하지. 그러나 산다는 것이 결코 허망한 것은 아니야."

"사흘 전에 만난 친구가 이렇게 한 줄기 검은 연기가 되고 말았는데, 어째서 허망하지 않다고 하십니까?"
"너무 갑작스런 변화이니까, 그런 감정도 무리는 아닐테지. 그러나 경희는 한 줄기 검은 연기로 사라진 게 아니야."
"선생님께서는 영혼을 말씀하시려는 거죠? 영혼의 부활을 믿으시는 거죠?"
"부활이 무엇인데?"
"죽어서 살아난다는 것 아닙니까."
"죽어서 살아난다? 아냐, 그런 게 아냐. 죽어서 살아나는 게 아냐."
"네? 그럼 어찌 되는 것입니까?"
"결코 죽지 않는 거야. 경희는 결코 죽지 않았단 말이야. 아니, 모든 생명이 본래 죽지 않는 것이야. 죽을 수 없는 것이지."
"선생님, 어찌 그럴 수가?……"
"그래, 그럴 수가 있어. 아니, 그런 거야. 본래 불생불멸(不生不滅)이야. 바로 이것이 니르바나의 세계란 것을 깨달아야 돼."

36 '불교의 희망이 무엇인가?
 불교를 믿는 목적이 무엇인가?'
 누가 이렇게 물어온다면 벗이여, 당신은 무엇이라고 대답하겠습니까?
 '해탈(解脫)·열반(涅槃)·성불(成佛)·정토(淨土)·깨침·견성(見性)….'
 옳습니다. 다 훌륭한 대답이고, 우리들의 거룩한 염원입니다. 그러나 이 가운데 가장 뿌리깊은 하나의 단어를 택하라면, 우리는 응당 '열반', 이 한 말씀을 선택할 것입니다.
 왜?
 '열반, 니르바나.'

이것은 석가모니께서 확립하신 일체 중생의 최고이상(最高理想)이며 희망으로서, 원시불교 이래 전 불교사상의 공통된 지표(指標)가 되어왔기 때문입니다.[24] '해탈·성불·깨침……'은 '니르바나'에 이르는 한 과정, '니르바나'의 한 측면, 또는 동의어(同義語)가 되기 때문입니다.

'니르바나'

이것은 실로 우리 불자들의 영원한 궁극의 이상입니다.

세존께서 밝혀 보이십니다.

"근심 없는 것이 더없는 이익
족함을 아는 것이 더없는 재물
신뢰야말로 더없는 친구
열반은 바로 최상의 안락이니라."

―법구경 안락품―

깨침이 곧 니르바나

37 '열반(涅槃)'은 'Nirvāṇa(Skt, Pāli어로는 Nibbāna)'를 중국인들이 옮겨 쓴 것인데, 이 말은 '끄다, 불어서 끄다'이런 뜻입니다. 뜻으로 옮겨서는 '적정(寂靜), 적멸(寂滅), 소멸(消滅)'이라 하는데, '사라지다'라는 뜻이지요.[25] 그런데 이런 해석 때문에 많은 오해가 생겨났습니다. '끄다, 불어서 끄다'가 '끝, 종말'이란 생각으로 이어지고, '적정, 적멸'이란 한자의 뉘앙스와 더불어 '열반은 종말이다, 죽음이다, 사라지는 것이다, 허무다.' 이런 생각으로 인식되었습니다. '부처님께서 열반에 드셨다, 큰스님께서

---

24) 김동화, 『佛敎學槪論』 pp.454~460.
25) 김동화, 『原始佛敎思想』 p.338.

열반에 드셨다'라는 표현이 쓰여지면서, '열반=죽음'이란 인식이 더욱 굳어지게 된 것입니다.

후세 일부 소승 교파에서는 열반을 '유여열반(有餘涅槃), 불완전한 열반'과 '무여열반(無餘涅槃), 완전한 열반'의 둘로 구분하면서, '무여열반은 육신까지 소멸되는 것'이라고 주장함으로써, '열반=죽음, 열반은 육신의 소멸 뒤에 도달하는 것'이란 생각을 한층 더 굳혔습니다.[26]

38 그러나 이것은 천만 착각입니다. 열반은 종말이 아닙니다. 더더구나 죽음이 될 수 없습니다. 이것은 실로 마설(魔說)입니다. 악마의 주장입니다. 어찌 죽음을 이상(理想)으로 삼는 생물들이 있겠습니까?[27]

세존께서 단호히 선언하십니다.

"악마는 중생을 교화하지 않고 침묵하고 있는 것을 열반이라 생각한다. 그는 말하지 않고, 이야기하지 않고, 죽은 모양이 되는 것을 열반이라고 보아, 여래가 열반에 드셨다는 것도 그렇게 생각한다. 그러나 현실의 차별상을 버리고, 침묵한 채 말하지 않는 것이 열반이 될 리 없는 것이다."

- 열반경 고귀덕왕보살품 -

39 이제 우리는 이 잘못된 고정 관념을 부수고 니르바나의 참뜻을 드러낼 때를 맞이하였습니다. '니르바나'를 '죽음'의 함정에서 구하여 살려낼 때를 맞이하였습니다.

---

26) 김동화, 앞의 책, pp.347~349.
27) 무여열반은 진리를 깨친 성자(聖者)인 아라한(阿羅漢)의 경지이고, 유여열반은 아라한의 경지에 이르는 과정을 뜻할 뿐, 육신과는 아무 상관 없다. (앞의 책 pp.349~352)

'니르바나'가 무엇인가?
우리들의 최고 이상, '니르바나'는 어떤 세계인가?
세존 스스로 명쾌히 선포하십니다.

"탐욕이 다하여 영영 사라지고
성내는 마음이 다하여 영영 사라지고
어리석음이 다하여 영영 사라지고
일체의 번뇌(어둔 생각)가 다하여 영영 사라지고,
이것을 이름하여 열반이라 한다."
―잡아함경 18―

"탐욕이 다하여 영영 사라지고……."
이것이 유명한 '니르바나의 정의'이거니와, 우리 불자들은 이 정의를 깊이 명심하고, 다시 혼란에 빠지는 일이 없을 것입니다. 다른 말, 다른 해석에 귀기울이지 말 것입니다. 이것이 부처님의 직설(直說)이고 진언(眞言)인데, 무슨 말이 또 더 필요합니까?

40 "탐욕이 다하여 영영 사라지고……."
벗이여, 이것이 대체 무엇을 뜻하는 것입니까? '탐(貪)·진(瞋)·치(癡), 삼독심(三毒心)을 영영 없애 버리고, 일체 번뇌를 영영 털어 버린다'는 것이 무슨 뜻입니까?

'깨침.'
옳습니다. 이것은 곧 '깨침'입니다.
'니르바나'는 곧 '깨침, 진리의 자각'입니다. '바른 깨침〔正覺〕, 평등한 깨침〔等覺〕, 위없는 깨침〔無上正等正覺, Anuttara-Samyak-Sambodhi〕'입니다.
성도(成道) 직후 바라나시의 사슴 동산, 다섯 수행자에게 첫 설법하실 때 세존께서 이렇게 시작하십니다.

"수행자들아, 출가한 자는 두 극단에 달려가서는 안 되느니,

그 둘이란 무엇인가? 온갖 욕망에 깊이 집착함(매달림)은 어리석고 추하다. 범부의 소행이어서 성스럽지 못하며, 또 무익하니라. 또 스스로 고행을 일삼는 것은 오직 괴로울 뿐이며, 역시 성스럽지 못하고 무익하다.

나는 이 두 가지 극단을 버리고 중도(中道)를 깨달았으니, 이것은 눈을 뜨게 하고, 지혜를 생기게 하며, 고요함〔寂靜〕과 완전한 이해〔了知〕와 정각(正覺)과 열반을 돕느니라." —상응부경 56—

41 '정각과 열반, 깨침과 니르바나.'

이 둘은 하나입니다. 하나의 흐름, 하나의 과정입니다.[28]

'Nirvāṇa, 불어서 끈다'는 것은 탐·진·치의 추한 불을 불어서 끄는 것이고, 어둔 생각(번뇌)의 불길을 불어서 끄는 것이고, 무지 무명의 불씨를 불어서 끄는 것입니다. '적멸(寂滅), 소멸, 사라진다'는 것은, 무지와 번뇌로 인한 한때의 고통과 갈등이 사라지는 것이고, 실패와 불행이 사라지는 것이고, 질병과 죽음의 악순환〔윤회(輪廻)〕이 사라지는 것입니다.

'무지(無知, 無明)와 죽음, 알파와 오메가'

이제 우리가 열심히 수행해서 이 무지의 불씨를 꺼버리면, 마침내 죽음의 공포가 사라질 것은 자명한 이치입니다. 니르바나는 바로 이 무지의 불씨를 꺼버리는 것이고, 그리하여 마침내 죽음의 악순환(윤회)에서 털고 일어나, 나 자신의 참 모습으로 돌아가는 것입니다. 법신(法身), 진리생명, 불성생명의 주인으로 돌아가 당당하고 넉넉하게 살아가는 것입니다. 그런 까닭에 니르바나는 자유이고 평화입니다. 건강이고 영원불멸입니다. 실로 크나큰 기쁨이고 즐거움입니다.[29]

---

28) 김동화, 『佛敎學槪論』 pp.65~70.
29) 김동화, 『原始佛敎思想』 pp.47~50.

세존께서 이제 이 니르바나의 경지를 찬탄하십니다.

"나는 병이 없는 최고의 평화로운 열반을 구하였던 바, 문득 병이 없는 최고의 평화로운 열반을 얻었느니라. 나는 늙음이 없고, 죽음이 없고, 근심 걱정이 없고, 더러움이 없는 최고의 평화로운 열반을 구하였던 바, 문득 늙음이 없고, 죽음이 없고, 근심 걱정이 없고, 더러움이 없는 최고의 평화로운 열반을 얻었느니라."

—중아함경 5—

니르바나, 한 줄기 희망의 빛

42 '니르바나,
　　니르바나 동산'

니르바나(Nirvāṇa, 涅槃)는 실로 은혜로운 세계입니다. 가슴 설레이는 정토(淨土), 부처님 나라입니다. 님의 은혜가 비처럼 풍성히 내리는 곳, 정녕 평화롭고 다정한 자유의 동산입니다. 저 동산에는 굶주림이 없고, 병이 없고, 죽음이 없습니다. 거짓이 없고, 죄악이 없고, 징벌이 없고, 종달이 없습니다. 불타는 집도 없고, 안네에게서 달빛마저 약탈해 간 사나운 압제자들도 없습니다.

저 동산에는 정녕 건강〔常〕과, 행복〔樂〕과, 자유〔我〕와, 청정〔淨〕이 강물처럼 출렁입니다.[30]

저 동산을 발견한 사리풋타〔舍利弗〕는 친구 우다이를 향하여

---

30) 건강〔常〕・행복〔樂〕・자유〔我〕・청정〔淨〕, 이 넷을 '열반의 4가지 덕성〔涅槃四德〕'이라 한다. (田村芳郎/이원섭,『涅槃經의 世界』, 玄岩社, 1976, pp. 105~116)

이렇게 소리쳐 부르고 있습니다.

"벗이여, 니르바나는 즐거움이다.
니르바나는 즐거움이다."
　　　　　　　　　　　　　　　　　　　　　　　－상응부경－

43 '니르바나,
즐거운 니르바나 동산.'
　저 동산에 도달한 이들(아라한)은 결코 죽지 않습니다. 윤회의 진흙수렁에 빠지지 않습니다. 영원불멸의 크나큰 기쁨 속에서 고요히 미소합니다.
　'선생님 어찌 그럴 수가?……'
　벗이여, 저 은자처럼 당신께서도 이렇게 믿기지 않으시겠지요.
　'인간은 태어나면 죽는 것인데. 부처도 성자(聖者, 아라한)도 다 죽고 말았는데……'
　벗이여, 당신께서도 이렇게 생각하시겠지요.
　그러나 그것은 착각입니다. 바로 그 생각이 탐·진·치로 물든 생각이고, 번뇌로 오염된 생각이고, 무지〔無明〕가 빚어낸 어두운 생각입니다. 눈 떠서 '생명의 진실'을 보는 이에게는, 나고 죽는 것이 삶의 한 과정이고,[31] 육신의 소멸은 새로운 탄생을 위한 예비(豫備)입니다.
　눈 어두운 자에게는 죽음이 종말이고 절망일지 모르지만, 깨친 이에게는 죽음은 오히려 새로운 시작이고 전환입니다. 이 작은 육신을 '나의 생명'이라고 고집하는 이에게는 저 화장터의 검은 연기가 허무의 눈물이 될지 몰라도 진리 생명·무한 생명을 믿는 이에게는 저 검은 연기가 오히려 기운찬 새 삶을 예고하는 희망의 메세지입니다.

---

31) "나고 죽는 것이 곧 열반이다"〔生死即涅槃〕. 용수, 『중론(中論)』.

이 진실을 깨친 이에게는 죽음조차도 삶의 한 과정이고 기쁨이기 때문에 '부처님께서 열반에 드셨다, 큰스님께서 열반에 드셨다.' 이렇게 말하는 것인지도 모릅니다.[32]

44 '니르나바,
영원불멸의 즐거운 인생.'

'당신은 왜 불교를 믿습니까? 불교의 희망은 무엇입니까?'
누가 우리에게 이렇게 묻는다면, 이제 우리는 이렇게 또렷이 대답할 것입니다.
'영생불멸의 즐거운 인생'
이것은 죽었다 살아나는 그런 영생이 아닙니다. 지금 여기에서, 이대로 영원히 사는 그런 것입니다. 죽을래야 결코 죽을 수 없는 그런 영원불멸입니다. 살아서도 기쁨이고 죽어서도 기쁨인 그런 영원불멸입니다.
왜?
무슨 까닭인가?
이것이 곧 '생명의 진실'이기 때문입니다. 나는 법신(法身), 진리의 몸, 이 몸은 본래로 불생불멸(不生不滅)이기 때문입니다. 우리는 불성생명(佛性生命)의 주인, 이 생명은 저 푸른 하늘처럼 영원하고 무한하기 때문입니다. 부처님같이 나와 당신이 또한 영원하고 무한한 생명의 주인이기 때문입니다.
세존께서 사자후하십니다.

---

32) 그러나 돌아가시는 것을 '열반하셨다, 열반에 드셨다'라는 표현은 본질적으로 잘못이고, 경전에도 그런 표현은 없다. 부처님께서 돌아가신 것은 'parinirvāṇa, 반열반(般涅槃)'이라고 표현하는데, 이것은 Nirvāṇā와는 상관없는 말로서, '입멸(入滅), 입적(入寂)'이란 뜻이다. 따라서 불자의 죽음은, '입멸하셨다, 입적하셨다' 이렇게 쓸 것이다. 월포라 라후라, '불타의 가르침', 『現代社會와 佛敎』, 한길사, p.54.

"중생의 불성은 하나도 아니고 둘도 아니다(무한하다). 여러 부처님과 평등하여 마치 하늘과 같다. 일체 중생에게 다 이 불성이 있느니라."
— 열반경 성행품 —

45 이 진실을 깨치는 것이 곧 니르바나입니다. 이 진실대로 살려고 애쓰는 세계가 곧 니르바나 동산입니다. 무지 번뇌의 불길에 휩쓸려 이 진실을 보지 못하고 믿지 못하는 이는 한량없는 죽음의 진흙 수렁에서 돌고 또 돕니다. 돌면서 괴로워하고 두려워합니다. 이것이 중생의 삶입니다. 그러나 이 진실을 믿고 보는 이는 흔들림이 없습니다. 죽음 앞에서도 고요합니다. 이것이 불자(佛子)의 삶입니다.

이 진실에 눈뜬 사형수 방영근(方永根) 님은 사형장으로 뚜벅뚜벅 걸어 나아가며 이렇게 고백하고 있습니다.

"육체의 죽음은 두려운 게 아닙니다. 육체란 헌 옷과 같은 것, 나는 지금 그 헌 누더기를 벗고 새 옷으로 갈아 입으러 가는 길이니, 얼마나 시원하고 홀가분한지 모릅니다."[33]

46 '죽음, 육신의 죽음'
누군들 어찌 이 죽음이 두렵지 않겠습니까? 죽음의 짙은 그림자 속에서 진땀 흘리며 떨어 본 사람은 알고 있습니다. 이 죽음, 육신의 죽음이 실로 엄청난 절망이며 공포인 줄 알고 있습니다. 온 세계의 파멸이며 전율인 줄 알고 있습니다. '죽음은 본래 없다, 생과 사는 한가지다〔生死一如〕, 불생불멸이다, 왕생극락이다……' 저 화려한 설법들이 도저히 뚫고 들어갈 수 없는 캄캄한 절대 공포, '살고 싶다, 살려 주세요. 이번 한 번만 살려 주세요.'

---

33) 박삼중,『참새와 死刑囚』, 瑞音出版社, 1980 p.269.

처절한 외침만이 터져 나오는 이 캄캄한 절대의 공포.

죽음은 실로 철학도 아니고 사상도 아닙니다. 사색의 대상도 아니고 설법의 주제도 아닙니다. 그것은 심장이 터질 것 같은 공포일 뿐입니다. 그런 까닭에 희망이 필요합니다. '결코 죽지 않는다'는 희망이 필요합니다. 고요히 눈 감을 수 있는 영원 불멸의 희망을 찾고 있습니다. 살아있는 동안 무너지지 않고 두 발로 힘차게 걸을 수 있는 불사(不死)의 희망을 찾고 있습니다.

47 '니르바나
　영생불멸의 니르바나 동산
　병도 죽음도 영영 없는 곳.'

'부처님 정녕 저런 곳이 있습니까? 정말 우리는 죽지 않고 길이 살 수 있습니까? 깨치면, 진리를 깨쳐서 니르바나를 보면, 육신의 죽음이 한갓 옷 갈아 입는 것으로 끝나는 저런 평화의 경지가 있습니까?'

세존께서 내 손을 잡으시고 우렁차게 응답하십니다.

"벗이여, 그대의 말대로 니르바나는 엄연히 존재하고 거기에 이르는 길도 있으며, 내가 스승 노릇을 하고 있음도 사실이니라."[34]

－중부경전 산수목건련경－

48 '아, 부처님, 감사합니다.
이제 저희가 신명을 다하여 부처님께서 가리키시는 니르바나의 길로 찾아 나서겠습니다. 이 절망과 공포를 파(破)하고 밝아오는 오직 한 줄기 희망의 불빛을 찾아나서겠습니다.'

이제 보리자는 두 손 굳게 잡고 님께 찬탄을 바칩니다.

---

34) 增谷文雄/이원섭,『阿含經이야기』pp.194～197.

'님은 한 줄기 빛이어라 빛이어라.
이 세상 오직 하나 희망의 빛이어라.
어둡고 두려운 밤 홀로 떨고 있을 때
가슴 조이며 홀로 울고 있을 때
님은 내 손 잡으시고 함께 눈물 흘리시고
님은 내 손 잡으시고 나를 인도하시네.
너희 아픔 너희 공포 내가 아노라.
너희 슬픔 너희 고독 나의 것이라.
이제 내가 너희 함께 동반하리라.
저기 불멸의 땅, 니르바나로 동반하리라.

어서 떨치고 일어나라 일어나라.
새 세상 희망의 날 아침되어 밝았어라.
어둠 속에서 찬란의 빛을 보고
두려움 속에서 고요한 평화 넘치니
오늘 하루 열심히 살아야지 살아야지
오늘 하루 영원토록 살아야지 살아야지
흙을 파고 씨앗 뿌려 보리 가꾸고
오순도순 우리 형제 사랑 나누고
이제 내가 이 세상의 빛이 되리라.
내 몸 태워 영생불멸 증거하리라.

니르바나 니르바나 아, 한 줄기 희망의 빛.
죽음조차 영생이라 아, 한 줄기 희망의 빛.   －한 줄기 희망의 빛－

회향발원 (희망이 넘치는 니르바나 동산으로)

　자비하신 부처님.
　이제 저희 청보리들, 푸르른 부처의 씨앗들.
　죽음의 공포를 툭툭 털고 일어섭니다. 캄캄한 죽음의 장막을 걷어치우고, 한 줄기 찬란한 광명으로 밝게 빛나는 저 니르바나 동산을 향하여 한 발 내딛습니다. 거룩한 스승 붓다 석가모니께서 피땀 흘리면서도 묵묵히 구시나가라 사라쌍수 언덕으로 행진하시듯, 저희도 기쁜 마음으로 피땀 흘리며 저 빛나는 니르바나 동산으로 나아갑니다. '육신은 비록 죽을지라도 내 생명에는 정녕 죽음이 없노라.' 이렇게 소리 높이 노래하며 당당한 걸음으로 나아갑니다.

　　　　　　　　　　　　　　　　　　　　　－나무석가모니불－

찬불가　아름다운 사바여

제1장 보살은 무엇으로 사는가? 55

내용익힘

1. 다음 문장을 완성해 봅니다.
   ① (   )이 다하여 영영 사라지고, (   )이 다하여 영영 사라지고, (   )이 다하여 영영 사라지고, 일체의 (   )가 다하여 영영 사라지고, 이것을 이름하여 (   )라 한다.
   ② 벗이여, 니르바나는 (   )이다. 니르바나는 (   )이다.
   ③ 눈 떠서 (   )을 보는 이에게는, 나고 죽는 것이 (   )의 한 과정이고, (   )의 소멸은 새로운 (   )을 위한 예비입니다. 눈 어둔 자에게는 죽음이 (   )이고 (   )일지 모르지만, 깨친 이에게는 죽음은 오히려 새로운 (   )이고 (   )입니다.

2. 다음 물음에 간결하게 답합니다.
   ④ 불교의 궁극적 희망이 무엇인가?

   ⑤ 니르바나의 참뜻이 무엇인가?

   ⑥ 깨친 이는 죽음을 어떻게 받아들이는가?

교리탐구 '니르바나는 소멸이다. 완전한 열반은 육신이 소멸되어야 이루어진다.'
   위의 주장을 교리적으로 검토하고 그 오류를 비판해 봅니다.
   1. 니르바나에서 말하는 소멸의 뜻.
   2. 유여(有餘)열반과 무여(無餘)열반의 차이.
   3. 부처님이나 큰스님의 죽음을 열반이라 일컫는 이유.

실천수행 현재 나의 가장 큰 불안과 두려움이 무엇인가를 생각하고, 그 원인을 생각하고, 그 소멸의 희망과 기쁨을 생각합니다.

1. 나의 문제를 조용히 객관적으로 기록해 본다.
2. 문제는 반드시 해결될 것임을 적극적으로 명상한다.
3. 문제 해결 이후의 기쁨을 구체적으로 관한다.

4과 • 믿음·지혜·자비의 삶으로

"언제까지나 나는 윤회를 계속하여, 만일 중생 한 사람을 위하여 그 겁(劫) 동안 윤회를 계속하지 않으면 안 된다고 하더라도 나는 참고 견디리라. 그와 마찬가지로 일체 중생을 위하여 미래의 끝이 다하도록 윤회를 계속하지 않으면 안 된다고 하더라도 나는 참고 견디리라."

-성미륵발취경-

탐구과제
- 보살로 새롭게 탄생하는 자신의 모습을 투철히 관합니다.
- 보살은 실제로 어떻게 살아가는가를 살펴봅니다.
- 보살행의 현장으로서의 법회 생활을 어떻게 새롭게 시작할 것인가를 반성하고 다짐합니다.

보살로 탄생하다

49 '니르바나, 니르바나 동산
  영원하고 즐거운 인생.'

저 동산에 노닐며 길이 안주(安住)하고 싶습니다. 이 고된 짐 훌훌 벗어버리고 저 동산으로 달려가고 싶습니다.

실제로 원시-소승불교 시대의 성자(아라한)들은 크나큰 미소로 저 니르바나에 안주하려 하였습니다. 윤회의 몸으로 다시 태어나기를 원치 않았습니다. 그래서 원시경전에는 '뒤의 몸을 받지 않는다〔不受後身〕'라는 구절이 반복해 나옵니다. '뒤의 몸〔後

身)'은 곧 윤회하는 몸, 나서 병들어 죽는 몸입니다. '뒤의 몸을 받지 않겠다'는 것은 다시는 고통스런 윤회의 수렁에 빠지지 않겠다는 자각입니다. 고요하고 평화로운 니르바나에 만족하려는 것이지요.[35]

50 "뒤의 몸을 받지 않는다."
 벗이여, 그러나 우리가 정녕 이것으로 만족할 수 있을까요? 니르바나에 안주할 수 있을까요? 이 동포들은 어찌합니까? 우리가 모두 동업중생, 함께 가는 형제들인데, 윤회의 수렁에 빠져 허덕이는 이 동포들을 버려두고, 어찌 우리가 홀로 갈 수 있습니까? 저 니르바나 동산으로 홀로 갈 수 있습니까?
 결단코 그리할 수 없습니다. 이것은 '생명의 진실'을 거역하는 삿된 생각입니다. 그러길래 이제 우리는 단호히 멈추어 섭니다. 본래 자리로 돌아옵니다. 동포들이 고뇌하며 사는 이 사바(娑婆, Sabha, 忍土, 참고 살아가는 땅)의 수렁 속으로 돌아옵니다.
 돌아와 발원합니다. 이 형제들과 함께 니르바나 동산으로 나아가기 발원합니다.

 '원컨대, 일체 중생이 위없는 불도(佛道)를 구하여, 번뇌의 목마름을 끊고, 생사의 집착을 떠나며, 대승의 니르바나를 원하고, 법신을 갖추며 온갖 삼매를 얻어서, 지혜의 깊음이 큰 바다같이 되어지이다….
 원컨대, 일체 중생이 용모가 보름달 같고 모양이 아름답고 향기가 드높아 백 가지 행복으로 꾸며지이다.

---

35) 원시-소승 불교의 깨친 성자(聖者)들을 '아라한(阿羅漢, 羅漢, Arahan)' 이라 하고, 아라한의 경지는 이러하다. "나의 생은 이미 다하였고, 깨끗한 수행은 이미 완성되었으며, 지은 바는 이미 분명해졌고, 뒤의 몸을 받지 않는다." 김동화, 『原始佛教思想』, pp.341~344.

원컨대, 일체 중생이 서로 화목하고 기쁨을 같이 하고 고뇌가 없으며 좋은 일이 많아지이다……."
－열반경 범행품－

51 그는 누구인가? 자신의 니르바나를 포기하고, 이 중생 속에서 저토록 간절히 발원하는 그는 누구인가?

'보살, 보살님'

그렇습니다. 그는 곧 보살입니다.[36] 대승보살입니다. '보살'은 'Bodhisattva, 보리살타(菩提薩埵)'의 준말인데, '중생과 함께 깨침(Bodhi)을 찾아가는 수행자, 동포들과 함께 니르바나로 나아가는 구도자', 이런 뜻입니다.[37]

원시―소승불교 시대의 성자(아라한)가 이제 대승불교의 보살로 일어섰습니다. 니르바나의 고요한 즐거움을 박차고 일어나, 윤회의 진흙수렁으로 뛰어들었습니다. 그런 까닭에 보살은 생사윤회를 두려워하지 않고 오히려 윤회 속으로 들어갑니다. 왜? 중생들이 바로 거기에 있기 때문입니다. 윤회의 진흙수렁이 우리 사랑하는 동포들의 현장이기 때문입니다.

이제 저 보살은 수없이 나고 죽음을 반복하면서 마지막 한 중생을 위하여 수고합니다.

52 '죽음'

이 죽음 앞에 서서, 어둔 중생들은 두려워 떨고 있습니다. '죽음이 종말'인 줄 착각하고 피해 보려고 바둥거리거나, 체념하고 묵묵히 끌려가고 있습니다.

---

36) 열반경에서는 '보살의 다섯 가지 실천(五行)'을 강조함으로써, 보살행이 곧 니르바나로 가는 길임을 명시하였다. (田村芳郎/이원섭, 『涅槃經의 世界』 pp.276~285.)
37) 김동화, 『原始佛敎思想』, pp.363~364.

'죽음'

이 죽음 앞에 서서, 초기의 성자(아라한)들은 '죽음'이 '무지〔無明〕'의 산물임을 깨닫고, 뒤의 몸을 받지 아니하는 즐거운 니르바나 속에 안주하려 합니다.

'죽음'

그러나 보살들은 이 죽음 앞에 서서, '이 죽음을 어떻게 활용할 것인가? 이 죽음으로 이 땅의 형제들을 구할 길은 없는가?' 이렇게 궁리하고 있습니다. 아니, 몸소 죽음 속으로 뛰어들고 있습니다. 그래서 석가모니께서는 그 몸을 낡은 수레처럼 굴리셨고, 성자 이차돈(異次頓)은 기꺼이 몸을 바치셨고, 이름 없는 한 노동자는 제 몸을 불태웠습니다.

이제 저 보살은 서원하고 있습니다.

"언제까지나 나는 윤회를 계속하여, 만일 중생 한 사람을 위하여 그 겁(劫, 오랜 세월) 동안 윤회를 계속하지 않으면 안 된다고 하더라도, 나는 참고 견디리라. 그와 마찬가지로, 일체 중생의 이익을 위해서, 미래의 끝이 다하도록 윤회를 계속하지 않으면 안 된다고 하더라도, 나는 참고 견디리라."[38]　　　－성미륵발취경－

53 저 보살이 누구인가?

미래의 끝까지 윤회하며, 한 동포를 구할 때까지 참고 기다리는 저 거룩한 보살은 대체 누구인가?

벗이여, 놀라지 마십시오.

저 보살은 곧 당신입니다. 저 보살은 곧 나 자신입니다. 저 보살은 곧 우리들, 우리 불자(佛子)들입니다.[39]

---

28) 渡邊照宏/여익구,『사랑과 평화의 마이트레야』, 여래, 1983, p.149.
39) 대승불교는 곧 보살불교이다. 김동화,『大乘佛敎思想』, 寶蓮閣, 1974, p.24.

제1장 보살은 무엇으로 사는가? 61

왜?

우리는 본래로 동업중생이기 때문입니다. 함께 가는 형제들, 서로 사랑하며 함께 가는 길동무〔道伴〕들이기 때문입니다.

바로 이것이 크나큰 '생명의 진실'입니다. 그런 까닭에 나와 당신이 보살이 된다는 것은 새삼스런 일이 못됩니다. 우리는 본래로 보살들이기 때문에, 이제 우리는 우리 본래의 자리로 돌아오려는 것일 뿐, 무슨 특별한 일을 하려는 것이 아닙니다.

나는 이제 보살입니다. 보살로 새로 탄생하였습니다.

54 '보살,

우리 본래의 자리, 보살.'

이제 이 보살은 나와 당신의 영원한 인간상(人間像)입니다. 이 나라 동포들의 구원한 인간상입니다. 세계 인류의 위없는 인간상입니다.

'나는 불자, 보살입니다.'

누가 나더러, '당신 누구요?'라고 묻는다면 나는 이렇게 대답할 것입니다.

'우리는 보살이 되고 싶어요. 보살처럼 살고 싶어요.'

누가 우리더러, '당신은 무엇이 되고 싶소? 당신은 어떻게 살고 싶소?'하고 묻는다면, 우리는 또렷하게 이렇게 대답할 것입니다.

'나는 실로 보살입니다. 내 행위가 곧 보살행(菩薩行)이고, 내 삶이 곧 보살의 수행입니다. 내 사는 곳이 곧 보살의 도량(道場)이고, 내가 하는 사업이 곧 보살의 불사(佛事)입니다.'

이렇게 선언하고 나설 때, 진정 나는 법신으로 새롭게 태어납니다. 우리 인생은 놀랍게 전환합니다. 우리 인생과 이 사회의 모든 문제는 근원적으로 해결됩니다.

'보살, 보살행.'

이것은 실로 인류 앞에 열려오는 최선의 출구입니다. 불타는 집을 박차고 나올 최선의 출구입니다. 최선의 길, 최선의 구원입니다. 하늘 땅 다 보아도 이 이상의 길은 결코 없습니다.

믿으며 배우며 함께 나누며

55 어떻게 살까?
  이제 우리는 보살로서 오늘 하루를 어떻게 살 것인가?
  어떻게 사는 것이 보살행인가?
  세존께서 간곡히 일러 보이십니다.

  "제일 먼저 부처님〔佛〕을 섬겨 받들라.
  가장 높아 위없으니 누가 미치랴.

  거룩한 진리〔法〕를 섬겨 받들라.
  탐욕 떠나고 얽맴 떠나니 으뜸이니라.

  거룩한 대중을 섬겨 받들라.
  이는 정녕 가장 좋은 행복의 밭이니라.

  이런 이는 제일가는 지혜 있어서
  복된 자리에도 가장 앞에 있으며…….

  지혜의 바다로 속속히 들어가고
  한 발 한 발 니르바나로 나아가리라……." −증일아함경 12 삼보품−

56 "부처님〔佛〕을 섬겨 받들라.
  진리〔法〕를 섬겨 받들라.

성중〔僧〕을 섬겨 받들라."

이것은 삼귀의(三歸依)입니다. 법회에 한두 번 나가 본 친구라면, 삼귀의 의식쯤은 다 알고 있습니다. 법회 첫 머리에 하는 신앙 의식이지요.

그런데 정작 놀라운 것은, 이 삼귀의가 단순한 의식이 아니라, 지혜의 눈을 뜨고 함께 니르바나로 나아가는 가장 확실한 보살행의 내용이라는 부처님의 명쾌한 선언이십니다. 그저 노래 부르는 정도로만 무심히 지나쳐왔던 우리 자신의 타성을 반성하면서, 이제 우리는 눈을 부릅뜨고, 삼귀의의 참 뜻을 살펴봅니다.

57 '부처님〔佛, Buddha〕
　진리〔法, Dharma〕
　성중〔僧, Saṃgha〕'

우리는 이 셋을, '삼보(三寶)·불법승 삼보(佛法僧三寶)·삼보님' 이렇게 찬탄하거니와[40] 삼귀의(三歸依, trisaraṇagamāni)란, "불법승 삼보에 귀의한다, 삼보를 섬겨 받든다." 이런 뜻입니다. 귀의(歸依, Saraṇa)한다는 것은[41] 돌아가 의지한다는 것이고, 섬겨 받든다는 것이며, 자신을 던져서 더불어 하나된다는 것입니다. 이것은 곧 부처님께 바치는 가장 깊고 지극한 신심의 고백인 것입니다.

삼귀의는 불교 3천년사를 통하여 가장 신성한 전통으로 계승되

---

40) 부처님〔佛〕·진리〔法〕·성중〔僧〕, 이 삼보(三寶)는 모든 중생의 최고 보배로서, 영원한 신앙의 대상이다.
　　水野弘元/무진장, 『佛教概說』, pp.96~187.
　　增谷文雄/이원섭, 『阿含經 이야기』, pp.262~274.
41) '귀의한다'는 원어로 'Namo, Namas'라고도 하는데, 중국인들이 '南無'라고 음역했고, 우리 조상들이 '나무'라고 일컬어 왔다. '나무아미타불'은 '아미타 부처님께 귀의합니다.' 이런 뜻이다.

어 오고 지금도 세계 모든 불교인들이 이 삼귀의 하나만큼은 하나의 통일된 말로 노래하고 있습니다.

　불자들은 원음(Sanskrit어)에 따라 이렇게 찬탄합니다.

　"Buddhaṃ saraṇaṃ gacchāmi(붓담 사라남 가차미)
　거룩하신 부처님께 귀의합니다〔歸依佛〕
　Dhammaṃ saraṇaṃ gacchāmi(담맘 사라남 가차미)
　거룩하신 진리에 귀의합니다〔歸依法〕.
　Saṃghaṃ saraṇaṃ gacchāmi(상감 사라남 가차미)
　거룩하신 대중들께 귀의합니다〔歸依僧〕.　　－율장 대품/대건도－

58 부처님께서는 왜 우리들에게 이 삼귀의를 간곡히 당부하시는가? 형식의 강제를 가장 싫어하시는 자유의 스승 세존께서 이 삼귀의 하나만큼은 빠짐없이 요구하시는 것은 무엇 때문인가?

　그것은 이 삼귀의가 자유에 이르는 가장 명백한 삶의 방식을 제시하고 있기 때문입니다. 성불(成佛)·해탈(解脫)·니르바나〔涅槃〕·깨침〔Bodhi〕·정토(淨土)·견성(見性)…… 불교가 추구하는 모든 형태의 이상을 실현하는 구체적인 행동 방식이 곧 삼귀의이기 때문입니다. 삼귀의는 곧 진실에 눈 뜨고 이 진흙 세상에 니르바나의 연꽃을 피우려는 나와 당신, 모든 보살들의 인생 행로이기 때문입니다.

　세존께서 새삼 우리의 이마를 만지시며 권면하십니다.

　"너희 모든 중생들이 위없는 큰 깨침〔아뇩다라삼먁삼보리〕과 니르바나를 구하고자 하거든 마땅히 부처님과 그 진리와 그 성중들에게 귀의하라."
　　　　　　　　　　　　　　　　　　　　　　　－육바라밀경－

59 부처님께 귀의한다는 것은 어떻게 살려 함인가?

　곧 믿음으로 살려 함입니다. 두 손 모아 부처님께 기원함으로써 믿음의 힘을 키우려 함입니다. 이것은 믿음의 길입니다.
 진리에 귀의한다는 것은 어떻게 살려 함인가?
 곧 지혜로 살려 함입니다. 땀 흘리며 열심히 배우고 일함으로써 지혜의 힘을 키우려 함입니다. 이것은 지혜의 길입니다.
 성중께 귀의한다는 것은 어찌 살려 함인가?
 곧 자비로 살려 함입니다. 정성껏 이웃과 함께 나눔으로써 자비의 힘을 키우려 함입니다. 이것은 자비의 길입니다.
 우리는 삼귀의를 생활함으로써 믿음·지혜·자비의 힘을 키우고, 이 힘으로써 모든 형제들과 더불어 Bodhi〔깨침〕를 이루고 니르바나 동산으로 나아가려는 것입니다.
 이제 우리 청보리들은 삼귀의를 '불자의 삼대 행로'로 삼아 이렇게 다짐합니다.

"첫째, 믿음〔信心〕의 길
두 손 모아 부처님께 기원합니다.
둘째, 지혜(智慧)의 길
땀 흘리며 열심히 공부(일)합니다.
셋째, 자비(慈悲)의 길
정성껏 이웃과 함께 나눕니다."

― 불자의 삼대행로 ―

한 발 한 발 나아가라

60 '일심으로 기원하라〔信〕
 열심히 배우라〔解〕
 이웃과 함께 나누라〔行〕
 이리하여 너희 스스로 진실에 눈 뜨고, 너희 가정과 직장과 마

을에 사랑과 깨침의 니르바나를 실현하라〔證〕[42]

 이 간곡하신 부처님의 권면을 들으면서, 우리는 잠시 의문을 갖습니다. '과연 저렇게 살아서 우리가 Bodhi〔깨침〕를 얻을 수 있을까? 어느 세월에 위없는 깨침〔아뇩다라-삼먁-삼보리(Anuttara-Samyak-Sambodhi)〕을 성취하여 생사(生死)를 해탈하고 이 사바〔Sabha, 忍土, 참고 살아야 할 고통의 땅〕를 정토화할 수 있을까?'

 이때 문득 자부(慈父, 世尊)께서 우리 손을 잡으시고 고요히 격려하십니다.

 "한 사람이 말〔斗〕을 가지고 큰 바다의 물을 퍼내되 오랜 겁에 걸쳐 쉬지 아니하면, 마침내 그 바닥을 보리라. 하물며 너희가 지극한 마음으로 힘써 구도하여 쉬지 아니하면, 어찌 구하는 바를 얻지 못하며, 어찌 원하는 바를 이루지 못하랴." -대아미타경-

61 "말〔斗〕을 가지고 큰 바다의 물을 퍼낸다."

 옳습니다. 여기에 진정 성공의 길이 열립니다. 티끌 모아 태산 되는 길이 열립니다.

 '티끌 모아 태산.'

 벗이여, 진정 우리에게 소중한 것은 바로 이 작은 티끌이 아닙니까? 조그마한 사랑, 조그마한 깨침이 아닙니까?

 왜?

 티끌 모여 태산 되듯, 작은 사람이 작은 깨침을 낳고, 작은 깨침이 한 알 한 알 모여 위없는 최고의 깨침이 될 것이기 때문입니다. 낙숫물이 바위를 뚫듯, 조그마한 믿음과 지혜와 자비의 힘

---

42) '믿음〔信〕-지혜〔解〕-자비〔行〕-깨침〔證〕'은 옛부터 '수행의 4단계'로서 불교 실천의 기본이 되어 왔다. (김동화, 『佛敎學槪論』 p.482.)

이 거듭하여 무지(無知, 無明)의 장벽을 깨고, 생사 윤회의 사슬을 파할 것이기 때문입니다. 우리 가정과 직장과 마을을 조금씩 밝혀갈 때, 크나큰 니르나바는 한 뼘 한 뼘 실현되어 갈 것이기 때문입니다.[43]

그래서 부처님께서, "한 발 한 발 니르바나로 나아가리라." 하셨습니다.

62 "한발 한발 나아가라."

정녕 이러합니다. 깨침은 한 발 한 발 나아가는 것입니다. 니르바나는 한 발 한 발 나아가는 것입니다. 니르바나, 영원불멸은 죽어 저 세상에 가서 이루는 천국(天國)이 아닙니다. 오늘 하루 일심으로 부처님께 예배 기원하면, 나는 한 발의 깨침을 이루고, 오늘 한 번 고단한 이웃을 위하여 수고하면, 우리는 한 발 니르바나 동산으로 나아간 것입니다. 오늘 하루 열심히 보살행을 닦았으면 나는 오늘 그만큼 성불하였고, 우리는 그만큼 니르바나 동산을 장엄(꾸밈)한 것입니다.

"당신 언제 깨치고, 언제 성불할 것이오?"

누가 이렇게 묻는다면, 내 대답은 이렇습니다.

"벗이여, 나는 지금 깨치고 있고, 우리는 지금 성불하고 있다오."

"당신은 언제 니르바나에 들 것이오? 당신의 니르바나는 어디 있오?"

누가 이렇게 묻는다면, 우리 대답은 이러합니다.

"벗이여, 나는 지금 니르바나에 들고 있고, 우리들의 니르바나

---

43) 깨침(니르바나, 성불)의 완성에는 '돈오(頓悟), 한 순간의 깨침'과 '점오(漸悟), 점차로 깨쳐 나감'의 두 가지 설이 있으나, Buddha의 근본 뜻은 '점차로 깨쳐 나감'에 있다. 이것을 '역겁성도설(歷劫成道說)'이라 일컫는데, '돈오' 또한 '점오'의 결실인 것이다. (김동화, 앞의 책, pp.478~484.)

는 지금 여기, 이 가정, 이 직장, 이 이웃에 있다오."

63 벗이여, 저 김광윤 선생님을 바라 보세요. 그는 이제 어둠을 박차고 돌아왔습니다. 오늘도 그는 교단에서 더 왕성하게 생명의 정열을 불태우며 학생들을 가르치기 위하여 땀 흘리고 있습니다.

땀 흘리는 김 선생님.
웃음을 되찾은 부인과 자식들.
열심히 배우는 학생들.
함께 기뻐하고 격려하는 동료들.
벗이여, 이 소박한 우리들의 마을을 버려두고, 어디서 영원불멸의 니르바나 동산을 찾겠습니까?
'부처님을 굳게 믿으며, 열심히 배우고, 작은 사랑 서로 나누고.'
이렇게 살아가는 것이 바로 깨침이고, 니르바나이고, 보살행입니다. 고통과 좌절을 딛고 서서, 이렇게 살아가려고 무한히 애쓰는 것, 바로 이것이 해탈이고, 성불이고, 정토입니다. 보살행은 실로 무한한 과정입니다.

64 벗이여, 어서 일어나세요. 부처님께 나아가 삼귀의를 맹세할 시간입니다. '보살되어 살겠나이다.' 이렇게 발원할 시간입니다. 이렇게 삼귀의를 발원함으로써, 우리는 중생의 삶에서 툭툭 털고 일어나, 보살행으로 힘차게 한 발 내딛는 것입니다. 아니, 우리 자신의 본래 모습으로 당당히 돌아오는 것입니다.

이제 우리는 목욕재계하고, 부처님 앞에 향을 사르고, 삼배(三拜) 드리고, 오랜 법도에 따라 '삼귀의 발원'을 사룁니다.

"거룩하셔라 세존이시여, 거룩하셔라 세존이시여,

이를테면, 넘어진 것을 일으키심과 같이, 덮인 것을 나타내심과 같이, 헤매는 자에게 길을 가르치심과 같이, 또 어둠 속에 등불을 가지고 와서, '눈 있는 자는 보라'고 하심과 같이, 이같이 세존께서 온갖 방편을 세우사, 법을 설하여 밝히셨나이다.

저희는 이제 세존께 귀의하나이다.

그 진리에 귀의하나이다.

성스러운 대중에게 귀의하나이다.

원컨대, 오늘부터 목숨을 마칠 때까지, 세존께 귀의하옵는 불자로서 저희를 받아들여 주소서."[44]   －숫타니파아타－

65 '보살행

믿음·지혜·자비의 행로
믿으며 배우며 함께 나누며.'

이것은 실로 고통스런 길입니다. 순간 순간 무너져 내릴 듯한 고단한 삶입니다. 어떤 환상도 낭만도 거기에는 없습니다. 그러나 우리는 지금 이 길을 가려고 작정하였습니다. 이 길이 우리가 가야 할 본래의 삶이기 때문에, 절대로 회피할 수 없는 '나의 인생'이기 때문에, 우리는 기꺼이 이 길을 선택한 것입니다.

벗이여, 부디 용기를 내십시오.

이제 우리 보살들, 청보리들, 마음을 모아 힘차게 보살의 길, 니르바나의 길을 찬탄합니다.

"그리워라 니르바나 니르바나 동산
님의 은혜 출렁이는 희망의 천지

---

44) 숫타니파아타 등 원시경전에 나타나는 전형적인 삼귀의. 이렇게 삼귀의를 고함으로써 우리는 진정한 불자가 된다. (增谷文雄/이원섭, 『阿含經 이야기』, 玄岩社, 1979, p.88.)

저 언덕에 자유가 진달래 되고
저 숲속에 평화가 꽃사슴 되었네
즐거워라 즐거워라 선녀들 춤추고
어서오게 어서오게 동자들 부르네

달려가세 니르바나 니르바나 동산
혼자서는 못간다네 어울려 가세
믿음으로 한마음 두손 모으고
지혜로 한생각 함께 일하고
자비로 한몸되어 서로 나누니
걸음걸음 가까웠네 영원의 나라

닐니리 닐니리 니르바나 동산
얄리얄리 얄라성 우리들 고향."

-가세, 니르바나 동산으로-

회향발원 (오늘 하루 기쁜 마음으로)

　자비하신 부처님.
　이제 저희 청보리들, 푸르른 부처의 씨앗들.
　오늘 하루 기쁜 마음으로 땀 흘리며 열심히 살아가겠습니다.
　저희는 이제 새로 태어난 이 땅의 보살입니다. 부처님 굳게 믿으며, 거룩한 가르침 열심히 배우고 일하며, 정성껏 이웃들과 함께 나누며, 이렇게 살아가는 것이 곧 보살행이며 니르바나를 실현하는 가장 구체적인 길임을 깨닫고, 오늘 하루 기쁜 마음으로 이렇게 살아가겠습니다.
　구원의 등불이신 부처님,
　저희를 이 길로, 이 거룩한 보살의 길로 인도하소서.

－나무석가모니불－

찬불가　부처의 씨앗일레

내용익힘

1. 다음 문장을 완성해 봅니다.
   ① 언제까지나 (   )를 계속하여 만일 (   )한 사람을 위하여 그 겁 동안 (   )를 계속하지 않으면 안 된다고 하더라도 나는 (   ).
   ② 벗이여, 놀라지 마십시오. 저 보살은 곧 (   )입니다. 저 보살은 곧 (   )입니다. 저 보살은 곧 (   ), (   )입니다.
   ③ (   )을 굳게 믿으며, 열심히 (   ), (   ) 서로 나누고, 이렇게 살아가는 것이 바로 (   )이고, (   )이고, (   )입니다. (   )과 (   )을 딛고 서서, 이렇게 살아가려고 무한히 애쓰는 것, 바로 이것이 (   )이고, (   )이고, (   )입니다.

2. 다음 물음에 간결하게 답합니다.
   ④ 보살은 죽음을 어떻게 맞이하는가?

   ⑤ 보살의 삼대 행로는 무엇인가?

   ⑥ 어떻게 사는 것이 깨침이며 니르바나인가?

교리탐구   법회는 왜 중요한가?
   1. 법회의 의미
   2. 법회가 내 인생에서 지니는 중요성
   3. 법회에 나가는 기본자세

실천수행   법회를 내 삶의 중심으로 삼고, 다음 사항을 실천궁행합니다.

1. 법회시간 지키기.
2. 회원으로서 월 불사금(佛事金, 회비) 보시하기.
3. 힘껏 전도 전법하기.

단원정리

● **합송** 믿으며 배우며 함께 나누며

법사 선남 선녀들아, 그대들의 집은 평온합니까?
대중 저희들의 집이 흔들리고 있습니다. 활활 불타오르는 저 장자의 집같이, 저희들의 집 또한 불타고 있습니다. 가정의 평화, 부모 자식 간의 화합, 부부간의 사랑, 건강, 성공, 부(富)—이 간절한 염원에도 불구하고, 저희는 실로 갖가지 고통의 불길로 잠못 이루고 있습니다.
법사 선남 선녀들아, 무엇 때문입니까? 무엇 때문에 그대들은 잠 못 이루며 고뇌하고 있습니까?
대중 죄 때문이 아닙니다. 뿌리 깊은 원죄의 샤머니즘 때문이 아닙니다. 그것은 저희가 무지하기 때문입니다. 무지하기 때문에 인간의 바른 길 보지 못하고, 탐욕과 분노와 어리석음의 진흙 수렁에 빠져 스스로 허덕이고 있는 것입니다.
법사 선남 선녀들아, 그렇다면 정녕 그대들에게는 희망이 없습니까?
대중 아닙니다. 그럼에도 불구하고 저희들은 벅찬 희망으로 가슴 설레이고 있습니다. 저희가 본래 청정한 진리생명이며 이 세상이 찬란한 진리의 꽃바다라는 진실이 첫째 희망이고, 저기 저 곳에, 저 언덕에 영원불멸과 대자유의 니르바나 동산이 저희를 기다리며 부르고 있다는 진실이 두번째 희망입니다.
다함께 벗이여, 선남 선녀들이여, 이제 저희 대중들 고통의 불길 속에서 오히려 두 주먹 불끈 쥐고, 저기 니르바나 동산으로, 해탈열반의 언덕으로 나아갑니다. 오늘 하루, 부처님 굳게 믿으며, 부처님의 진리 열심히 배우며, 내가 지닌 물질과 마음을 함께 나누며, 저기 니르바나 동산으로 당당히 행진해 갑니다. 쾌활하게 웃고 노래하며 수레를 몰아 작은 보살의 길로 행진해 갑니다.

● **창작** 김광윤 선생님 이야기를 입체 낭독으로 발표합니다.

● **법담(法談)의 시간**
1. 주제 : 노(老)부모 봉양문제의 원인과 해결책에 관하여
2. 주요내용 : ① 이 문제를 둘러싼 가족간 갈등의 상황은?
　　　　　　② 부모의 입장은?
　　　　　　③ 자식(부부)의 입장은?
　　　　　　④ 이 문제의 원인과 해결책은?
　　　　　　⑤ 노부모 봉양을 위하여 지금 곧 구체적으로 착수할
　　　　　　　 과제는?

제 2 장

이 몸 버려서 부처님 찾는 까닭은?

●

"바라문이여, 나는 게으르지 않게,
밤낮으로 마음의 눈을 가지고 그분을 보고 있습니다.
그분을 예배하면서 밤을 보냅니다. 그러므로 나는 그분을
떠나서 살고 있는 것이 아니라고 생각합니다."
―숫타니파아타―

이끄는 말

당신에게도 목메게 그리운 님이 있습니까?

❶ 나에게도 님이 있는가? 님에 대한 믿음이 있고 고백이 있는가? 저 연꽃 스님같이, 정녕 목숨바쳐 돌아갈 구원의 님이 있는 것인가? 저 님은 내 부름을 들으시는가? '관세음 보살 관세음보살' 이렇게 부르는 내 심정을 아시는가?

❷ 2장은 '신앙고백의 장'입니다. 부처님께로 돌아가는 우리들의 깊고 간절한 믿음의 행로를 공부할 것입니다. 여기에서는 우리는 '믿음의 길'인 불교의 신앙적 본질을 깨닫고, 차라리 목숨을 버릴지언정 결단코 물러서지 아니 하는 불퇴전의 신심을 고백하게 될 것입니다.

❸ 벗이여, 이제 우리 그 이름을 불러요. 주저함도 없이 두려움도 없이, 그저 일심으로 불보살님의 이름을 불러요. 불보살님께서는 이미 우리들 속내를 다 알고 계시는 걸요.

머리 이야기

연꽃 스님의 아름다운 죽음

〈중일아함경〉

　웃파라반니(Utpalavarṇi)라는 아름다운 여인이 있었다. 그 얼굴과 몸이 연꽃처럼 맑고 아름다워, 세상 사람들이 그 여인을, '연화색녀(蓮花色女)', 곧 '연꽃 여인'이라고 불렀다.
　연꽃 여인은 웃제니(Ujjeni) 태생으로 첫 남편과 결혼하였으나 그가 첫 딸을 낳은 지 얼마 안 되어, 그의 남편이 자기 어머니(장모)와 불륜의 관계를 맺게 되었다. 연꽃 여인은 딸이 여덟 살이 되자 가정을 박차고 나와 바라나시(Vārāṇasi)로 도망갔다. 여기에서 부호 상인을 만나 다시 결혼하여 잘 살았다.
　다시 8년 뒤, 남편이 웃제니에 장사하러 갔다가, 어린 처녀를 소실로 데리고 왔다. 연꽃 여인은 이 소실을 사랑하며 함께 지내다가, 우연한 기회에 그가 자기 첫딸임을 알게 되었다. 연꽃 여인은 기구한 운명을 탄식하면서, 가정을 떠나, 라자그리하(Rāja-graha)의 창녀로 몸을 던지고 말았다.

　어느 날 연꽃 여인은 거리에서 부처님의 제자 목갈라나 존자(Maudgalyāna, 目連尊者)를 만나게 되자 그를 유혹하였다.
　존자는 그 여인을 엄하게 질책하였다.
　"가엾은 여인아, 그대는 자신의 육체가 얼마나 추하고 더럽혀져 있는가를 아는가? 그대는 자신의 어리석음에 속아 흡사 장님과 같이 자신의 추함을 모르고 다만 외모의 아름다움에 취하여 빠져 있구나. 늙은 코끼리가 깊은 수렁에 빠져 있는 것처럼."

"존자여, 당신의 말씀이 옳습니다. 저는 오랜 세월 더러운 몸을 화려하게 꾸미고 나 자신과 남을 속여 왔습니다. 저는 구제 받을 수 없는 무서운 인과(因果)의 힘에 얽매여 있습니다."

연꽃 여인은 자신의 악몽 같은 과거를 울며 고백하였다.

목갈라나 존자는 이 여인을 위로하였다.

"착한 여인아, 힘을 잃지 마라. 아무리 험한 과거라도 인간은 마침내 제도함을 받으리라."

"존자여, 그것이 진정입니까?"

"아무리 더러운 강물이 바다에 흘러 들어가더라도, 바다는 그 물을 맑게 하듯이, 우리 스승 세존의 가르치심은 더럽혀진 어떤 인간도 그 부정에서 맑게 하고, 깨침의 길로 나아가게 하느니라."

연꽃 여인은 목갈라나 존자를 따라 죽림정사(竹林精舍)에 계시는 부처님 앞에 나아가 발 밑에 엎드려 예배드리고 울며 고하였다.

"세존이시여, 이 죄 많은 여인을 구하여 주소서. 저는 이제 거룩하신 부처님께 귀의하나이다. 그 진리〔法〕와 성스러운 대중들에게 귀의하나이다. 원컨대 오늘부터 이 목숨을 마칠 때까지, 세존께 귀의하옵는 불자로서 저를 받아들여 주소서. 세존이시여, 저의 출가를 허락해 주시옵소서."

부처님께서는 친히 그의 손을 잡으시고 이를 허락하셨다.

"어서 오너라, 벗이여, 여기에 법〔法〕은 잘 설해져 있다. 고뇌의 근원을 뿌리 뽑기 위하여 마땅히 청정한 행을 닦으라."[1]

'연꽃 여인', 아니 '연꽃 스님〔蓮花色比丘尼〕'은 열심히 수행하

---

1) '어서 오너라, 벗이여' 부처님께서 제자들의 입문을 허락하실 때 항상 이렇게 말했다. 교단 초기에는 이것으로도 구족계(具足戒, 승려되는 의식)가 갖추어졌다. 그러나 후기에 오면서 엄격한 작법(作法, 절차)에 따라 구족계를 받게 되었다.

여, 어느 날 포살당의 등불을 소제하다가 드디어 마음의 눈을 뜨고, 아라한〔聖者〕이 되었다. 특히 그는 이적(異蹟)을 행하는 신통력(神通力)이 뛰어나서, 목갈라나 존자와 쌍벽을 이루었다.

얼마 뒤, 부처님의 사촌 동생 데바닷타(Devadatta)가 마가다〔國〕의 아자타사투르(Ajātasatru) 왕자와 결탁하여, 왕자는 아버지 빔비사라(Bimbisāra)왕을 죽이고, 데바닷타는 부처님께 반역하였다. 교단이 큰 위기에 부딪혔다. 그러나 아자타사투르 왕이 자기 죄를 깨닫고 부처님께 나아가 참회하였다. 이로부터 왕은 데바닷타 일행의 왕성 출입을 금지하였다.

어느 날 데바닷타가 왕성으로 들어가려 할 때, 마침 탁발나왔던 연꽃 스님이 성문을 나서는 것과 마주쳤다. 데바닷타는 연꽃 스님에게 달려가 크게 욕하고 구타하였다.

"이 더러운 늙은 석가의 끄나풀아, 너희가 방해하여 내가 이 성에 못 들어가는 거야."

"데바닷타님, 당신은 부처님의 사촌이 아닙니까? 이러지 말고, 어서 부처님께로 돌아오십시오."

화가 치민 데바닷타는 더욱 그를 심하게 때렸다. 손으로 치다가 돌로 쳤다. 연꽃 스님은 조금도 대항하지 않고 변명하지도 않고 도망가지도 않았다. 고요히 그의 매를 맞았다. 마음속으로 오로지 부처님을 생각하고, 그 명호를 불렀다.

연꽃 스님이 머리가 터져 쓰러지자, 데바닷타는 그를 버리고 달아났다. 연꽃 스님은 피를 흘리며 기어서 승원(僧院)으로 돌아왔다. 놀라 모여든 대중을 향해 연꽃 스님은 고요히 말하였다.

"형제들이여, 태어난 것은 반드시 멸하지 않을 수 없습니다. 고뇌를 초월한 곳에는 반드시 고요한 평화의 니르바나가 있습니다. 벗들이여, 부디 힘써 정진하여 이 평화의 니르바나로 오십시요. 나는 먼저 갑니다."

연꽃 스님은 미소를 머금으며 고요히 입적(入寂)했다.[2]

---

2) 증일아함경 47, 십송률 4, 별역 잡아함경 1, 대반열반경 19, 장아함경 17-
  사문과경.

1과 • 절대 신앙의 고백

"굳게 믿는 이는 먼 옛날부터 부처님과 깊이 맺어진 인연을 기뻐하고 감사하며, 부처님의 자비를 기뻐하는 자는 이 세상의 생활 그대로가 부처님 나라에서 생활하는 것이 되느니라?" −열반경−

탐구과제
- '부처님께 귀의합니다'의 참뜻이 무엇인가를 깨닫습니다.
- 신앙이 내 삶에 있어서 어떤 의미를 지니는 것인지 생각합니다.
- 부처님에 대한 그리움을 글과 달로 표현해 봅니다.

목숨바쳐 부처님께 귀의합니다.

1 'Buddhaṃ saraṇam gacchāmi〔歸依佛〕
붓담 사라남 가차미
세존이시여.
이제 저희가 거룩하신 부처님께 목숨바쳐 귀의하나이다.
우리는 부처님 앞에 향을 사루고 무릎 꿇고 엎드려 이렇게 사뢰옵니다. 이것은 우리들의 지극한 신심(信心)의 고백이고, 믿음의 길로 나아가려고 발심한 보살의 서원입니다.
귀의불(歸依佛)은 곧 믿음의 행로, 두 손 모아 부처님께 기원하는 삶입니다. 이 지극한 믿음의 삶을 통하여 나는 부처님께 나아갑니다. 우리는 이 땅 위에 정토를 세우고 마침내 위없는 Bodhi를 성취하여 함께 성불합니다.

2 '이제 저희가 목숨바쳐 거룩하신 부처님께 귀의하나이다.'

정녕 이러합니다. 부처님께 바치는 우리의 믿음은 이토록 간절한 것입니다. 예삿일이 아닙니다. 한 목숨 걸어 놓고 하는 비상한 것이며, 비장한 것입니다.

부처님께 바치는 나와 당신의 믿음은 절대적입니다. '귀의불(歸依佛)', 이것은 곧 우리들의 절대신앙(絶對信仰)의 고백입니다. 무한신심(無限信心)의 고백입니다.

3 우리들의 신심은 물론 고요한 것이어야 합니다. 광신(狂信)이 되어서는 안 될 일이지요. 그러나 '고요하다'는 것이 무기력한 것이 될 수 없고, 한가하고 편안한 것이 될 수 없습니다. 더더구나 여가 신앙, 취미 신앙, 대리 신앙이 되어서는 안 됩니다.

출발하는 동기는 인연따라 얼마든지 다를 수 있습니다. 우연으로 시작할 수도 있고, 한 권의 책을 읽다가 무심코 출발할 수도 있습니다. 여가에 취미삼아 절에 나갈 수도 있고, 교양이나 철학적 관심으로 접근할 수도 있습니다. '대대로 불교 집안이니까' 이렇게 타고 나면서 이어질 수도 있습니다.

다 좋습니다. 믿음에 이르는 훌륭한 인연들입니다.

4 그러나 이런 출발이 언제까지나 타성적인 신앙, 상투적인 신앙, 관습적인 신앙, 취미 신앙, 교양 신앙에 안주한다면, 이것은 실로 크나큰 불행입니다. 이것 가지고는 아무 것도 안 됩니다.

무슨 까닭인가?

나는 이제 당신에게 묻습니다.

"벗이여 당신은 부처님을 통하여 무엇을 하려 하십니까? 조그마한 마음의 위안, 한때의 축복, 얼마 안 되는 지식의 획득… 당신은 이것으로 만족하십니까?

당신 자신, 당신 가정, 직장, 우리가 함께 살아가고 있는 이 사회, 여기에 정녕 보다 큰 문제는 없습니까? 당신은 진정 자유롭습니까? 모든 공포로부터 자유로워졌습니까? 당신은 진실로 제 생명의 주인(主人)되었습니까?

얼마만큼의 성공, 육신의 건강, 부(富), 명성 … 당신은 이런 것들에 지나치게 의존하고 있는 것은 아닙니까? 진정한 생사문제(生死問題)의 해결이 없는 한, 어쩌면 이런 성공과 행복들이 저 불타는 집〔火宅〕속 어린아이의 장난감이 될 수도 있다는 것을 한 번쯤 생각해 보셨습니까?"

그런 까닭에 이제 우리는 우리들의 작은 인연들을 일구어 참된 신불(信佛)의 심지로 삼을 것입니다. 집안 불교, 어머니 불교, 교양 불교, 관심 불교의 심지에 불을 당겨 조용히 타오르는 영원한 신앙의 등불을 밝힐 것입니다.

5 '이광연' 님은 피아노 사업을 하는 분으로서, 산을 찾는 것이 큰 취미였었다. 그러다 보니 자연 절을 찾게 되고, 절 분위기에 익숙해지고, 스님들과 친근해지게 되었다. 법당에 들어가 절도 하고, 가끔 경전도 구해 읽어보고, 염불도 하고 하다가, 법회에도 나가게 됐다. 이때부터 그의 신앙은 크게 바뀌었다. 지금까지의 취미 불교에서 참된 신앙으로 전환하였다.

그는 이렇게 고백하고 있다.

'부처님의 크신 은덕 속에 내가 있다는 믿음을 갖게 되고, 그때부터 저의 생활은 믿음의 생활로 차차 바뀌었습니다. 아침에 일어나면 독경하고 염불하고 예불을 시작하며, 회사에 가서도 반야심경 1편으로 일을 시작하였습니다. 출근하려고 차에 올라서도, 먼저 반야심경을 암송했습니다.

법회에서 공부하면서 과분하게도 법회의 임원이 되어 여러 불자님들과 함께 믿음과 전법(전도)을 위한 정진을 하게 되니, 하루하루의 기쁨은 나날이 새로울 뿐이었습니다. 몇 차례인가 어려움도 당했지만, 그때마다 부처님께 감사하면서 그 모든 고비를 넘겼습니다. 이제는 더욱 기도정진하여 믿음의 힘을 키우고 부처님 가르침을 전하는 데 보탬이 되고자 하는 생각으로 지내고 있으니, 저는 정말 감사한 나날을 보내고 있습니다.'…3)

머리의 불을 끄듯이 일념으로

6 '부처님이 계시는가?

부처님은 대체 어디 계신가?'

벗이여, 이렇게 의심하지 마십시오. 신심(信心) 있는 이는 도처에서 님의 모습을 봅니다. 신심 깊은 이는 도처에서 님의 미소를 봅니다. 신심 조촐한 이는 도처에서 님의 음성을 듣습니다. 신심 지극한 이는 도처에서 님의 따뜻한 손길을 느낍니다. 신심 지극 정성한 이는 도처에서 님과 함께 살고 있습니다.

무슨 까닭인가?

부처님은 곧 진리[法身]이신 까닭입니다. 부처님은 곧 자부[慈父]이신 까닭입니다. 부처님은 곧 천백억 화신(化身)으로 우리가운데에서 수고하시는 까닭입니다.4)

불보살님께서는 나와 당신을 애민(哀愍)히 여기시고, 우리의 고통을 대신 받으시며, 무한히 희망의 길을 열어 보이십니다.

불보살님께서 고백하십니다.

"원컨대, 중생으로 하여금 항상 안락을 얻어 병고가 없으며, 악한 짓을 하려들면 모두 이루지 못하고, 닦는 바 착한 일은 속

---

3) 이광연, '불가사의 지장보살 마하살' 월간「佛光」97호(1982.11), pp.118~119.
4) 『은혜 속의 주인일세』, pp.85~113.

히 성취하며, 모든 악한 갈래의 세상은 그 문을 닫고, 사람과 신들에게 니르바나의 바른 길을 열어 보이며, 만약 중생이 제가 지은 악업으로 말미암아 무거운 고통을 당하거든, 내가 모두 대신 받아서, 저 사람들로 하여금 해탈을 얻어 마침내 위없는 깨침을 성취케 하리라."
-화엄경-

7 우리는 간절한 그리움을 통하여서만 이렇게 수고하시는 부처님을 친견(親見)할 수 있습니다. 믿음 없이, 생각 생각 따지고 헤아리는 것은 끊임없는 분별망상(分別妄想)에 빠질 뿐, 아무 소득이 없습니다.
 '부처님이 누구신가? 진실로 부처님은 계시는가? 밖에 계시는가? 안에 계시는가? 형상인가? 마음인가? 법신(法身)인가? 화신(化身)인가? 신인가? 인간인가?…'
 부처님께서 랑카 성(城) 나파나 왕(王) 앞에서 설법하실 때, 왕은 이렇게 속으로 따지고 있었습니다. 그때 부처님께서는 홀연 모습을 감추셨습니다. 홀로 남아 당황하던 나파나 왕은 마침내 부처님의 속마음을 알고 이렇게 고백했습니다.
 "분별하는 생각〔分別心〕을 일으키지 않는 것이 부처님을 진실로 뵈옵는 길입니다."
 이때 부처님께서는 응답하셨습니다.
 "그러하니라. 도(道)를 닦는 사람은 모두 왕과 같이 여래(如來, 진실이신 부처님)를 보아야 하느니라. 안으로 행(行)을 닦고, 밖으로 얽매이는 생각을 내어서는 안 되느니라. 부질없이 이론(理論)을 즐기지 말라."
-능가경 파라나권청품-

8 속리산(俗離山) 법주사(法住寺) 뜰에 희견보살상(喜見菩薩像)이라는 신라 때의 돌 조각이 있습니다. 이 보살은 큰 화덕을 머리에 이고 서 있습니다. 그 화덕에는 뜨거운 불길이 타오르고 있

는데, 희견 보살은 그저 그 화덕을 받쳐 이고 서 있습니다. 비 바람으로 깨어진 입매에 여린 미소마저 띠우면서.

 지금 저 희견 보살은 무엇을 하고 계실까?

 이 보살은 제 몸을 태우고 있습니다. 제 몸을 태우면서 부처님을 찾고 있습니다. 아니, 제 몸을 태우고서라도 부처님을 찾으려 하고 있습니다. 천년을 한결같이—.

 미륵 부처님께서 우리를 경책(警策, 깨우침)하십니다.

 "배우는 자는 밤낮으로 힘쓰라. 마치 머리의 불을 끄듯이 하라."
ㅡ미륵성불경ㅡ

9 우리는 이렇게 부처님을 찾고, 이렇게 부처님을 신앙합니다. 부처님을 생각하는 우리의 그리움이 이토록 지극하고, 부처님을 맞이하려는 우리의 믿음은 이토록 열렬합니다.

 우리는 온 몸으로, 온 몸을 다 바쳐 신불(信佛)합니다. 온 정성을 기울여, 일심(一心)으로, 지극 정성〔至誠〕으로 신불합니다. 내 머리 위에 불이 났는데, 달리 무슨 잡념이 생기겠습니까.

 지성감천(至誠感天)입니다. 우리 신심이 이토록 열심일 때, 비로소 부처님은 우리 부름에 감응(感應)하십니다. 수고하지 아니하고, 편안하게, 쉽게, 한두 번 공양으로 할 일 다한 것으로 생각하고, '부처님은 왜 아무 영험(靈驗)이 없는가?' 하고 의심한다면 이것은 참으로 부끄러운 일입니다.

그리운 부처님을 향하여

10 "세존이시여, 이 죄 많은 여인을 구하여 주소서."

저 연꽃 여인처럼, 내 모든 것을 털어 놓고, 맨 몸으로, 빈몸으로 나설 때라야 부처님께서 우리 앞에 오십니다.

"어서 오너라, 벗이여, 여기에 법(진리)은 잘 설해져 있다. 고뇌의 근원을 뿌리 뽑기 위하여, 마땅히 청정한 행을 닦으라."

-대품 수계품-

이렇게 부처님께서 응답하시고 우리 손을 잡으십니다. 더할 수 없이 더러워진 저 여인을 거룩한 아라한(Arhan, 진리를 깨친 성자)으로[5] 꽃피우시듯, 죄와 고통과 죽음으로부터 우리를 살려내십니다.

11 저 연꽃 스님처럼 나는 내 삶을 다 바쳐 믿습니다. 내 모든 삶은 부처님과 함께 하는 보살의 삶입니다. 내가 있는 곳에 부처님이 계시고 내가 하는 모든 일은 부처님께 바치는 공양입니다.

"처처불상(處處佛像)
사사불공(事事佛供)
곳곳마다 부처님
일마다 불공"[6]

이 말씀이 정녕 과장이 아닙니다. 내 호흡 하나마저도 님과 함께 나누는 신비한 생명의 교감(交感)입니다.

---

5) 원시불교시대에는 Bodhi를 얻어 아라한(阿羅漢)되는 것이 최고의 목표였다. [아라한 극과설(極果說)]. 그러나 대승불교에 와서는 성불(成佛) 곧, 부처님과 더불어 하나되는 것이 모든 佛子들의 영원한 서원이다. 아라한은 '나한'이라고도 하는데, 나한전(羅漢殿)은 곧 아라한들을 모신 성전이다.
6) 『원불교교전』, p.3

정녕 신앙은 내 삶의 제1입니다. 신앙 위에 다른 모든 생활이 전개되어 갑니다. 뿌리 위에 줄기·가지·잎·꽃·열매가 자라가듯, 신앙 위에 가정도 있고, 직장도 있고, 조국도, 세계도 있습니다. '신앙밖에 없다.'가 아니라. '모든 것이 신앙과 함께 있습니다.' 신앙은 내 일체의 생활에 무한한 기쁨과 용기와 희망의 생명수를 넘치게 부어줍니다. 이 생명수는 곧 부처님의 자비이며, 은혜입니다.

12 부처님을 믿는 삶은 참 기쁘고 행복합니다.
　살아서도 기쁨이고 죽어서도 기쁨입니다. 그래서 저 연꽃 스님은 기쁜 미소로 죽음을 맞이합니다.
　바로 이것이 귀의불(歸依佛)입니다. 부처님께 바치는 나와 당신의 절대신앙, 무한 신심입니다.
　세존께서 말씀하십니다.
　"굳게 믿는 이는 먼 옛날부터 부처님과 깊이 맺어진 인연을 기뻐하고 감사하며, 부처님의 자비를 기뻐하는 자는 이 세상의 생활 그대로가 부처님 나라에서 생활하는 것이 되느니라." -열반경-

13 깊은 밤, 나는 깨어나 부처님 앞에 향을 사르고 앉습니다. 그리운 마음으로 님을 우러러 보며 두 손 가슴에 모읍니다. 문득 내 앞에 와 계시는 님을 향하여 나는 두 손 모으고 기도합니다. 기도의 노래를 부르며 님께로 내 믿음을 고백합니다.
　오늘 이 시간은 기도의 시간
　티없는 우리의 기도 시간
　항상 우리와 함께 하시는
　부처님을 찾아서 기도 드리는
　거룩하고 아름다운 기도의 시간
　나무석가모니불.

회향발원 (그리운 부처님을 향하여)

　자비하신 부처님.
　이제 저희 청보리들, 푸르른 부처의 씨앗들.
　지난 날의 나약했던 저희 자신의 믿음을 고백하고 참회합니다. 부처님의 실재(實在)하심과 명백한 은혜를 확신하지 못하고 머리만 굴리면서 관념의 틀 속에 안주해 온 저희 어리석은 믿음을 고백하고 참회합니다.
　그리운 부처님.
　저희는 이제 부처님을 가슴 가득히 받아들입니다. 부처님 가슴 속으로 안깁니다. 밤낮으로 부처님 생각하며, 그리워하며, 부처님 계신 곳 향하여 예배합니다. 가슴에 두 손 모으고 예배합니다.

　　　　　　　　　　　　　　　　　　　　　－나무석가모니불－

찬불가　우리의 기도

내용익힘

1. 다음 문장을 완성해 봅니다.
   ① 굳게 믿는 이는 먼 옛날부터 (   )과 깊이 맺어진 (   )을 기뻐하고 감사하며, (   )의 자비를 기뻐하는 자는 이(   )의 생활 그대로가 (   )나라에서 생활하는 것이 되느니라.
   ② 귀의불은 곧 (   ), 두 손 모아 (   )께 기원하는 것입니다. 이 지극한 (   )의 삶을 통하여 나는 (   )께 나아갑니다. 우리는 이 땅 위에 (   )를 세우고 마침내 위없는 (   )를 성취하여 함께 성불합니다.
   ③ 정녕 신앙은 내 삶의 (   )입니다. 신앙 위에 다른 모든 (   )이 전개되어 갑니다 (   ) 위에 줄기·가지·잎·꽃·열매가 자라듯 (   ) 위에 가정도 있고 직장도 있고 조국도 세계도 있습니다.

2. 다음 물음에 간결하게 답합니다.
   ④ '부처님께 귀의합니다.' 이것은 어떤 마음을 고백하는 것인가?

   ⑤ 항상 함께 하시는 부처님을 실로 느끼지 못하고 보지 못하는 것은 무엇 때문인가?

   ⑥ 신앙은 내 삶에서 어떤 위치에 있는 것인가?

교리탐구 『숫타니파아타』등 초기 경전에서 삼귀의는 어떻게 고백되고 있는가?

실천수행 부처님에 대한 그리움을 글과 말로 표현해 봅니다.
 1. 지금까지의 나의 신앙태도와 그 깊이를 글로 써 본다.
 2. '그리운 부처님께'라는 제목으로 편지글을 쓴다.
 3. 법회에서 이 편지글을 솔직히 발표한다.

2과 • 믿음은 보리 씨앗

"바카리와 바드라아우다, 아알라비·고오타마가 믿음에 의해서 깨달은 것처럼, 그대 또한 믿음에 의해서 깨달으십시오. 그대는 죽음의 영역에서 벗어날 것입니다."
―숫타니파아타/피안에 이르는 길―

탐구과제
• 불교는 무엇보다 먼저 '믿음의 종교'인 진실을 관찰합니다.
• 믿음과 깨침이 어떤 관계에 있는지를 깨닫습니다.
• 어떻게 염불하는가를 배우고 몸소 실천합니다.

핑기야의 신앙 고백

14 '불교는 깨침의 종교, 깨치면 내가 곧 부처인데, 믿음이 뭐 그리 대단한가?'

많은 친구들이 이렇게 생각하고 있습니다. 그래서 '믿음, 신앙, 기도…' 이렇게 말하면 '그건 불교식이 아니야'. 이렇게 거부하기도 하고, '불교의 믿음은 자기 자신을 믿는 것이다.' 이렇게 타협하기도 합니다. 그럴 수도 있지만, 그 이전에 불교는 분명 부처님을 믿는 종교임을 확실히 받아들일 것입니다. 부처님은 내 속에 계시고, 나 자신일 수도 있지만, 저기 저쪽에 엄연히 계시고, 영원히 계시다는 진실도 또한 깨달을 것입니다.

이제 세존께서 영산회상(靈山會上)[7)]에서 이 신비를 선포하십

---
7) 영산에서 『법화경』을 설하시는 대법회. 영산은 영취산(靈鷲山)의 준말로, 마

니다.

"선남 선녀들이여, 이제 너희들에게 분명히 말하겠노라. 만일 티끌을 떨어뜨린 국토나 그렇지 않은 국토를 다 합하여 티끌로 만들고, 그 하나하나의 티끌을 겁(가장 긴 시간단위)이라 하여도, 내가 성불한 지는 이보다 백천만억 나유타 아승지(큰 계산단위)겁이 더 오래이니라.

그로부터 나는 항상 이 사바 세계에 있으면서 교화했고, 또 다른 백천만억 나유타 아승지 국토에서도 중생을 인도하여 이익케 하느니라."
—법화경 여래수량품—

15 '백천만억 나유타 아승지 겁 이전부터 계시는 부처님. 백천만억 나유타 아승지 국토에서 지금 이 시간에도 중생을 이익케 하시는 부처님.'

'저 무한하신 부처님을 나는 왜 못 본단 말인가?'
벗이여, 행여 이렇게 의심하지 마십시오. 믿음이 부족하기 때문에, 믿음의 눈이 어둡기 때문에, 우리는 지금 햇빛보다 찬란히 우리 앞을 비추시는 님을 뵈옵지 못할 뿐입니다.

숫타니파아타의 한 경(經)을 생각합니다.

'바아바린이라는 바라문이 나쁜 바라문의 저주를 받고 괴로워하다가, 제자 16명을 부처님께 보내어 해답을 구하도록 하였다. 아지타와 팃사·멧티야(미륵 보살이 됨) 등 열 여섯 수행자들은 2천km 이상의 긴 여행 끝에 가까스로 라자그리하〔王舍城〕에서 부처님을 뵈옵고, 그 자리에서 발심하여 모두 출가하였다.

그 가운데에서 수행자 핑기야가 뽑혀서, 다시 옛 스승 바아바

가다 라자그리하〔王舍城〕의 동쪽에 있는 기사굴산(耆闍崛山, 그리드라 쿠타, 독수리 봉)이다. (中村元/김지견,『佛陀의 世界』, 김영사, p.227.)

린에게로 돌아와 문제의 해답을 전해주고 바아바린도 곧 구원을 받았다. 그러나 핑기야는 부처님 곁을 떠나 한 시라도 살 수 없었다. 그렇지만 나이가 너무 많고 길이 너무 멀어서 되돌아 갈 수가 없었다. 괴로워하는 핑기야를 보고 바라문 바아바린도 안타깝게 생각했다.

16 바아바린이 말했다.

"핑기야여, 그대는 지혜가 많은 고타마,[8] 지혜가 넘치는 고오타마 곁에서 잠시라도 떨어져 살 수 있습니까?…"

핑기야가 말했다.

"바라문이시여, 저는 지혜가 많은 고타마, 지혜가 넘치는 고오타마 곁을 떠나서는 한시라도 살 수 없습니다.

그 즉시 과보(효과, 결과)가 있고, 시간을 초월한 진리, 즉 번뇌 없는 애착의 소멸을 (고타마께서는) 저에게 설해 주셨습니다. 그분에게 견줄 이는 아무 데도 없습니다.

바라문이시여, 나는 게으르지 않게, 밤낮으로 마음의 눈을 가지고 그분을 보고 있습니다. 그분께 예배하면서 밤을 보냅니다. 그러므로 그분을 떠나 살고 있는 것이 아니라고 생각합니다.

내 신앙과 기쁨과 마음과 생각은 고타마의 가르침에서 떠나지 않습니다. 지혜 많으신 분이 어느 쪽으로 가시거나, 그 곳을 향해 나는 예배하겠습니다.

나는 이제 늙어서 기력도 없습니다. 그러므로 내 몸은 그곳으로 갈 수 없습니다. 그러나 생각은 항상 그곳에 가 있습니다. 바라문이시여, 내 마음은 그와 맺어져 있습니다.

나는 더러운 흙탕에 누워 여기저기 떠 다녔습니다. 그러다가

---

8) Gotama(瞿曇, 고타마)는 siddharta의 성(姓), Śakya(釋迦)는 종족의 명칭, Gotama는 곧 Śakyamuni(釋迦牟尼, śakya족의 聖者)를 일컫는다.

마침내 거센 흐름을 건넌(윤회에서 해탈한), 더없이 깨치신 분〔正覺者〕을 만났습니다."

17 이때 거룩하신 스승께서 (핑기야 앞에) 나타나 말씀하셨다. (이때 세존은 2천km 북쪽 라자그리하에 계심.)
"바카리와 바드라아우다, 또는 아알라비·고오타마가 믿음에 의해서 깨달은 것처럼, 그대 또한 믿음에 의해서 깨달으십시오. 그대는 죽음의 영역에서 벗어날 것입니다. 핑기야여."
핑기야가 말했다.
"저는 성인의 말씀을 듣고, 더욱더 믿게 되었습니다. 깨달은 사람은 번뇌의 덮임에서 벗어나 마음이 거칠지 않고 말씀을 잘 하십니다.
신들은 초월하는 법을 잘 알아, 이것저것 모든 것을 다 알고 있습니다. 스승께서는 의심을 가지고 묻는 사람들의 질문에 분명한 대답을 해주셨습니다.
어디에도 비할 바 없고, 빼앗기지 않으면 흔들리지 않는 경지에 저는 틀림없이 도달할 것입니다. 이 일에 대해서 저는 조금도 의심이 없습니다. 제 마음이 이와 같이 믿고 알고 있는 것을 인정해 주십시오."
(숫타니파아타, 피안에 이르는 길 — 열여섯 수행자들의 질문에 대한 결론.)

불교는 믿음의 종교

18 "밤낮으로 마음의 눈을 가지고 그분을 보고 있습니다. 그분을 예배하면서 밤을 보냅니다."

이 명쾌한 고백은 많은 불자들이 빠져 있는 신앙적 혼란과 갈등을 여지없이 파(破)해 밝히고 말았습니다.

밤낮으로 부처님을 생각하고 예배하고 기도하는 핑기야, 5천리의 공간을 뛰어넘어 그 앞에 나타나서 길을 보이시는 고타마 부처님(Gotama-Buddha).

지혜 병(病), 자기 병을 앓고 있는 사람들은 도저히 믿기지 않을테지만, 그러나 이것은 분명 역사적 사실입니다. 숫타니파아타는 원시 경전 가운데에서도 석가모니의 육성과 땀내음이 그대로 엉켜 있는 토박이 경(經)인 줄은 이미 우리가 다 알고 있습니다.[9] 이 경의 마지막 결론이, '제 마음이 이와 같이 믿고 알고 있는 것을 인정해 주십시오.'라는 신앙 고백으로 끝난다는 놀라운 사실을 통하여, 우리는 부처님에 대한 절대 신앙이 바로 불교의 근본이고, 본질이라는 진실을 깨닫고 있습니다. 무엇보다 먼저 '불교는 믿음의 종교'라는 대진실을 새삼 깨닫고 있습니다.

화엄경(華嚴經, 최고의 대승경전)에서 밝혀 보이십니다.

"믿음은 길의 으뜸이요, 공덕의 어머니이니라. 일체 착한 법을 기르고, 일체 의혹을 없애, 위없는 길을 보이고 개발하느니라."

―화엄경 현수보살품―

---

9) Suttanipāta(經集)는 가장 오랜 원시 경전군(經典群)인 '파리 5부(pañca-nikāya, pāli어로 기록된 5군의 경전)' 가운데 소부(小部)에 속하는 한 경으로서, 『법구경(法句法)』 등과 더불어 가장 원초적(原初的)인 것이다. (법정역, 『숫타니파아타』, 正音社)

19 '불교는 믿음의 종교 믿음은 길의 으뜸.'

그러나 이 말씀 듣고 우리는 머뭇거리고 있습니다. 부처님 앞에 합장할 생각을 내지 못하고 당설이고 있습니다.

"그럼 불교가 다른 종교와 다른 게 무엇인가? 불자의 최고 이상(理想)인 'Bodhi(깨침)'는 어찌 되는가?"

이런 혼란을 깨치고 고요한 한 목소리가 은은히 들려옵니다.

"믿음이 이 세상에서 으뜸이 되어
믿는 이는 궁핍함이 없나니
그러므로 지혜로운 이는
곧 믿음을 가까이 하느니라.

믿지 않는 이는
모든 훌륭한 일〔自法〕내지 못하나니
마치 불에 탄 종자와 같아서
뿌리와 싹을 내지 못하느니라."

― 대승십방경 ―

믿음으로 깨치시오

20 '마치 불에 탄 종자와 같아서.'

이 말씀은 참 청천벽력입니다.

숫타니파아타(suttanipāta, 經集)의 또 한 경(經)이 생각납니다.

스승(세존)께서 '한 포기 띠'라는 바라문(브라만교의 성직자) 마을에 계실 때, 오전 식사 때가 되자 여느 때처럼 걸식하러 나섰다. 그 날은 마침 바아라드바아자라는 부호 바라문이 5백 자루의 괭이를 소에 메워 밭을 갈고 씨를 뿌리고 있었기 때문에, 스승께서는 밥을 얻기 위하여 그 옆에 가서 계셨다. 점심시간이 되어 일꾼들에게 밥을 나눠주면서도, 바라문은 스승에게 밥을 주지 않고, "당신도 갈고 뿌린 다음에 먹으시오."하고 오히려 책망하였다.

이때 스승께서는 "나도 갈고 뿌린다."하시고는 이렇게 말씀하셨다.

"믿음은 씨앗이요, 고행은 비, 지혜는 내 멍에와 호미, 뉘우침은 괭이자루, 의지는 잡아매는 줄, 생각은 호미날과 작대기입니다. 몸을 삼가하고, 말을 조심하며, 음식을 절제하여 과식하지 않습니다. 나는 진실을 김매는 것으로 삼습니다. 유화(柔和)는 내 멍에를 떼어 놓습니다.

노력은 내 황소이어서, 나를 안온의 경지(니르바나)로 실어다 줍니다. 물러남 없이 앞으로 나아가 그곳에 이르면 근심 걱정이 사라집니다.

이 밭갈이는 이렇게 해서 이루어지고, 단이슬〔甘露, 죽지 않는 생명수〕의 과보를 가져옵니다. 이런 농사를 지으면, 온갖 고뇌에서 풀려나게 됩니다."…   -숫타니파아타 사품/밭을 가는 바아라드바아자-

21 '믿음은 씨앗〔種子〕이요, 고행은 비'.

이 감동적인 문답을 들으면서, '불교는 보리(깨침, 진리) 농사, 부처님은 보리 농군'이라는 진실을 새삼 목격하거니와, 무엇보다 놀라운 발견은 '믿음은 씨앗'이라는 대진실입니다. 이 명쾌한 선언은 많은 불자들이 느끼는 신앙과 깨침의 갈등을 훌륭하게 풀어서 하나로 일치시켜 줍니다.

믿음은 씨앗이고, 깨침은 열매입니다. 믿음은 보리 씨앗이고, 성불·니르바나·정토는 보리 열매입니다. 믿음이 없으면서, 부처님께 바치는 절대 신앙이 없으면서 '깨치겠다'고 앉아있는 것은 참 어리석은 헛 농사입니다.

 씨앗이 없는데, 무슨 농사가 되겠습니까? 보리(깨침) 농사를 한다면서 보리 씨앗을 심지 않고 앉아서 아무리 생각하고 궁리해도 나올 것이 없지요. 10년, 20년 수행하고, 절에 다녀도 별 소득이 없다면 그것은 바로 이 때문입니다. 깊고 견고한 씨앗을 심지 않았으니 그 농사는 헛 농사이고, 빈 쭉정이도 수확할 수 없을 것은 너무도 자명한 이치가 아닙니까.

22 믿음이 없는 불교는 이미 불교가 아닙니다. 신심(信心) 없이는 불심도 없고, 불성(佛性)도 없습니다.[10] Bodhi〔깨침〕를 구하고, 견성·성불·해탈·니르바나·정토화를 실현하는 데에는 부처님에 대한 깊고 깊은 믿음이 절대 조건입니다. 절대 신앙 없이는 아무 것도 안 됩니다. 10리도 못 가서 발병나고 맙니다. Bodhi는 고사하고, 조그마한 행복 하나도 얻을 수 없습니다.

 믿지 않는 이는 참으로 불에 탄 종자와 같아서, 뿌리와 싹을 내리지 못합니다. 이제 저 핑기야에게 하신 것처럼, 세존께서 나와 당신 앞에 오셔서 권면하십니다.

 "바카리와 바드라아우다, 아알라비·고타마가 믿음에 의하여 깨달은 것처럼, 그대도 믿음에 의해서 깨달으십시오. 그대는 죽음의 영역에서 벗어날 것입니다."
―숫타니파아타―

---

10) '큰 신심〔大信心〕이 곧 불성이다. 불성이 곧 여래(如來)다.'『열반경』「사자후보살품」.

회향발원 (믿음으로 깨치겠습니다)

　자비하신 부처님.
　이제 저희 청보리들, 푸르른 부처의 씨앗들.
　분명히 보았습니다. 믿음이 보리씨앗, 깨침의 씨앗인 줄 분명히 보았습니다. 그리고 '불교는 믿음이 아니라 사상이요 깨달음이다' 하며 믿음을 소홀히 하고 분별망상해 온 저희들의 지난 어리석음을 참회합니다.
　그리운 부처님.
　이제 저희들은 맘놓고 큰 소리로 부처님의 명호를 부릅니다. 이 부름이 곧 저희 가슴 속에 깨침의 씨앗을 심는 거룩한 보리농사인 줄 굳게 믿으며, 소리 높여 님의 이름을 부릅니다.　　－나무석가모니불－

찬불가　염불

내용익힘

1. 다음 문장을 완성해 봅니다.
   ① 바카리와 바드라아우다, 아알라비·고타마가 (   )에 의해서 깨달은 것처럼, 그대 또한 (   )에 의해서 깨달으십시오. 그대는 (   )의 영역에서 벗어날 것입니다.
   ② 믿음은 길의 (   )이요 공덕의 (   )이니라. 일체 (   )을 기르고, 일체 (   )을 없애, 위없는 (   )을 보이고 개발하느니라.
   ③ (   )은 씨앗이요, 고행은 (   ), 지혜는 내 (   )와 호미, 뉘우침은 (   ), 의지는 잡아매는 (   ), 생각은 (   )과 작대기입니다.

2. 다음 물음에 간결하게 답합니다.
   ④ 바라문 펑기야의 신앙고백에서 제일 중요한 점은 무엇인가?

   ⑤ 무엇이 보리씨앗·깨침의 씨앗인가?

   ⑥ '불에 탄 종자'란 어떤 이를 달하는가?

교리탐구 바른 염불법은 무엇인가?
   1. 염불의 의미
   2. 염불의 공덕
   3. 염불의 방법

실천수행 사흘 동안 깊은 밤에 염불 정진합니다.
 1. 사흘 동안 목욕재계하고 생활을 정결히 한다.
 2. 깊은 밤에 방을 깨끗이 하고 향을 피운다.
 3. 염주를 갖고 단정히 앉아서 30분간 빠른 속도로 '석가모니불'을 염송한다.

3과 • 한 우물을 파라

"이 자리에 모인 여러 형제들이여, 들으시라. 나는 그대들에게 진리를 말하리라.
자, 떨치고 일어나라. 앞으로 나아가라.
부처님의 가르침에 전념하라.
악마의 세력을 물리치라.
코끼리가 갈대짚을 짓밟듯이."

－장로게경/아비부타－

탐구과제
- 우리 민족에게 불교는 어떤 의미를 지니는 것인가를 관찰합니다.
- 어떤 사람이 퇴전하는 자인가를 살펴봅니다.
- 단주(短珠)끼기를 어떻게 일상화할 것인가를 생각하고 실천합니다.

불교는 민족의 뿌리

23 이 지상의 인류는 실로 오랜 방황과 시행착오의 긴 밤을 겪고서야 비로소 광명의 새벽을 맞이하였습니다. 자연숭배(自然崇拜)·다신숭배(多神崇拜)·유일신숭배(唯一神崇拜)… 이 오랜 전전 끝에 부처님 세계에 도달한 것입니다.

부처님께서는 가장 전형적인 일신교(一神敎)의 하나인 브라만교(Brahman敎)와 가장 오랜 철학 사상의 하나인 우파니샤드(Upaniṣad)가 도달한 한계 위에 서서, 그 한계를 부수고, 전혀 새로운 사상과 신앙의 신천지를 여셨습니다.[11] 그런 까닭에 부처님의 빛은 유일신(唯一神)·절대자의 근원까지를 밝히는 최후의 등불이고, 불교는 이 모든 철학사상을 재조명하고 새롭게 향도하는 완성의 종교입니다.

붓다가야 보리수 아래, 천지를 진동하는 붓다(Buddha)의 성도 선언을 다시 경청하고 있습니다.

"이제 어둠은 영영 사라졌도다. 어둠의 흐름도 모두 사라졌도다. 이제 다시 생사(生死)의 길 따르지 않으리. 이것을 고뇌의 최후라 선언하노라."
― 자설경 ―

24 '이것을 고뇌의 최후라 선언하노라.'

옳습니다. 정녕 이러합니다. 부처님은 나와 당신이 찾은 최후의 희망, 영원 불멸의 희망입니다. 저 연꽃 여인같이, 캄캄한 절망 속에서 우리는 다행히 이 마지막 희망의 등불을 찾았습니다.

그러나 이 최후의 등불을 따르지 못하고, 주저앉거나 물러서려는 불행한 친구들을 우리는 주변에서 가끔 목격합니다. 때로는 길을 바꾸려는 친구들도 없지 않습니다.

수십 년 절에 다니던 불자가 사소한 동기에 끌려서 물러섭니다. 난치(難治)의 신병을 고친다고 해서 다른 북소리를 쫓아가고, 시집가고 장가감으로 인해서 대대(代代)의 종교가 바뀌고, 자신은 절에 다니면서 자식들의 외도(外道)는 묵인하고, 심지어 직장에서 윗 사람에게 잘 보이고 출세하려고 제 신앙을 감추거나 바꾸기도 한답니다.

지금 이 나라에서만 벌어지고 있는 부끄럽고, 슬픈 후진 현상입니다.

---

11) 김동화, 『原始佛敎思想』, pp.25~36.

25 우리는 이들을 모두 '퇴전자(退轉者)'라고 부릅니다. 제 길을 가지 못하고, 물러서서 타락한다는 뜻이지요.

어떤 이유에서든, 이 퇴전자들은 참 불쌍한 사람들입니다. 용기 없고 신념 없는, 무기력하고 지조 없는 사람들입니다. 무진장의 보배 창고를 제 집 뜰에 묻어두고도, 몇 푼의 동전을 구걸하러 다니는 저 어리석은 여인처럼〔화엄경〕, 이 퇴전자들은 최후의 기회를 놓쳐 버리는 박복하고 안타까운 친구들입니다.

신불(信佛)의 길에서 퇴전한다는 것은 내일을 기약할 수 없는 크나큰 상실이며 좌절입니다. 그것은 큰 바다를 버리고, 우물 안으로 다시 돌아가는 것이며, 주인(主人)의 자리를 물러나 종〔奴隷〕의 자리로 돌아가는 것입니다. 자유(自由)의 권능을 버리고, 한갓 죄인으로 제 몸을 결박하는 것이며, 새벽의 광명을 두려워하여 캄캄한 밤의 어둠 속으로 퇴행(退行)하는 것입니다.

그런 까닭에 세존께서는 우리 손을 잡으시고, "두려워하지 말라, 앞으로 나아가라." 간곡히 권면하십니다.

"어떤 사람이 만인과 싸울 때, 갑옷을 입고 문을 나서매, 혹 비겁하며, 혹 중간에서 물러서며, 혹 힘껏 싸워 죽으며, 혹 승리하고 돌아오느니, 수행자가 도(道)를 배울 때, 마땅히 그 마음을 굳게 지녀 용감하게 정진하여, 앞의 일을 두려워하지 말고 온갖 마중(魔衆, 악마의 무리)을 파멸하여 진리의 열매를 얻으라."

— 사십이장경 —

26 어느 날 한 이교도(異教徒) 친구가 물어 왔습니다.
"선생님은 어째서 불교를 믿습니까?"
나는 그에게 되물었습니다.
"벗이여, 당신은 어째서 불교를 믿지 않습니까?"

정녕 이러합니다. 한국인으로서 불교를 믿는 것은 실로 당연하고 정상입니다. 봄에는 진달래 피고 가을에는 국화가 향기를 자랑하듯, 이것은 지극히 자연스런 현상이지요.

우리는 이제 새삼 용비어천가(龍飛御天歌)의 서장을 읊고 있습니다.

"뿌리 깊은 나무는 바람에 아니 흔들리매, 꽃이 좋고 열매가 많으니. 샘이 깊은 물은 가뭄에 아니 마르매, 바다에 가느니."[12]

27 이 땅의 백성들로서 부처님에게서 퇴전한다는 것은 실로 제 깊은 뿌리를 자르는 것이며, 제 오랜 샘 줄기를 막는 것입니다. '뿌리 잘린 나무가 무엇이 되고, 줄기 막힌 샘물이 어찌 될까?' 생각하면 두렵고 두렵습니다.

지금 이 나라에서 벌어지고 있는 온갖 혼돈과 무질서는 본질적으로, 민족근원(民族根源)에 대한 무지와 불신 때문에 빚어지고 있는 퇴전(退轉)의 비극들입니다. 불교를 부정하는 것은 민족의 역사를 부정하는 것이고, 부처님을 외면하는 것은 겨레의 깊은 마음을 외면하는 것입니다.

무슨 까닭인가?

불교는 곧 민족의 뿌리이고, 부처님은 곧 민족의 혼이기 때문입니다. 이것은 아무리 부정하려 해도 결코 부정될 수 없는 민족사의 진실입니다.

---

12) 「용비어천가」는 세종 때 훈민정음(한글)으로 지은 최초의 작품. 조선 왕조 건국의 원류가 깊고 먼 것임을 강조하고 있다. 여기서는 다만 그 표현을 쓸 뿐이다.

누가 물러서는가

28 '부처님과의 만남.
 이 뿌리 깊은 인연.'

그럼에도 불구하고 이 다행한 만남의 인연에서 물러서려는 친구들이 있습니다.

친구들의 변명은 많기도 합니다. '얻는 것이 없다'하고, '불교계가 잘못되었다'합니다. 그러나 퇴전의 참된 이유는 다른 데 있습니다.

무엇인가?

그것은 곧 그들 자신의 게으름이나 조급한 성질입니다. 사실대로 말하면, 그들은 일찍 발심한 적이 없습니다. 바른 믿음을 가져본 적이 없습니다. 믿음의 씨앗이 없는데 어찌 그들의 신앙이 뿌리 내리고 싹을 틔우겠습니까?

'아냐, 나는 오랫 동안 열심히 믿었어.'라고 할지 몰라도, 만일 그러하다면 나는 그들에게 묻고 싶습니다.

"벗이여, 당신은 당신의 신앙을 원하여 얼마나 열성이었습니까? 당신은 진정 목숨을 걸고 부처님을 찾고, 부처님 말씀대로 살려고 몸부림쳐 보았습니까? 부처님을 최후의 희망이라고 굳게 믿고, 다른 곳을 기웃거리지 않았습니까?

벗이여, 당신의 책장에는 몇 권의 불경, 불서(佛書)가 꽂혀 있습니까? 당신은 몇 권의 불경을 읽었습니까? 당신은 법회에 열심히 나가고 있습니까? 법회에 나가서 공양 올리고 기도 정진하고 있습니까? 당신은 힘써 번 수입 가운데에서 얼마를 희사하고 있습니까? 당신은 고뇌하는 이 나라 불교를 위하여 몇 밤이나 지새워 보았습니까? 당신은 당신의 종교를 전파하기 위해서 얼마나 노력하고 있습니까?"

29 벗이여, 이 물음들에 답하면서, '나는 지금까지 과연 불자였던가 아닌가' 스스로 판단하십시오. '내가 불교를 말하고, 불교계를 비판할 자격이 있는가? 없는가?' 스스로 판단하십시오. 다른 종교인들이 하는 노력의 10분의 1만 하여도, 내 믿음이 결코 흔들릴 리 없고, 이 나라는 벌써 불국천지(佛國天地)가 몇 번 되고도 남았으리라고, 나는 확신합니다.

신앙은 노력이고 책무입니다. 참된 신앙은 거룩한 책무를 위하여 스스로 자신을 구속하는 것입니다. 구속이 곧 해탈의 길입니다.[13]

'절에 가는 것도 싫다. 왜 법회에 얽매이는가? 나는 자유롭게 살고 싶다. 불교는 자유의 종교 아닌가.'

만일 이렇게 생각한다면, 이것은 게으름입니다. 자유를 빙자한 게으름입니다. 이 게으른 병자들은 자유를 끝내 찾지 못할 것입니다.

30 우리가 평범한 보통 불자로서 꼭 지켜야 할 다섯 가지 책무가 있습니다. 이제 이 다섯 가지를 '불자 오사(佛子五事)'라고 일컫거니와, 그 다섯은 이러합니다.

첫째, 『숫타니파아타』와 『법화경』을 기본 경전으로 사서 지니고 읽고 쓰고 외우며 법회 갈 때 꼭 갖고 간다. ─불경(佛經) 지니기─

둘째, 한 절, 한 법회를 '우리집 원찰(願刹), 우리집 법회'로 삼아서, 매주 정기적으로 법회에 나간다.   ─법회(法會) 나가기─

셋째, 매일 아침 저녁, 온 가족이 함께 모여 「반야심경」을 외우며 조석예불(朝夕禮佛)을 드린다.   ─예불(禮佛) 드리기─

넷째, 힘써 일하여 번 수입의 일부를 '월정 헌공(獻供)'으로서

---

13) "사랑의 束縛은 단단히 얽매는 것이 풀어주는 것입니다. 그러므로 大解脫은 束縛에서 얻는 것입니다." (한용운, 『님의 침묵』─禪師의 說法)

매월 우리 법회에 희사한다.　　　　－월정헌공(月定獻供)하기－

다섯째, 집의 아이들은 반드시 법회에 내 보내고, 이웃과 직장에서 힘닿는 대로 포교 전법(傳法)한다.　　　－전법(傳法)하기－

31 여름 철 가뭄으로 논 벼가 타 들어가면 농부들은 밤도 없이 우물을 팝니다. 한 줌의 지하수를 얻기 위하여, 농부들은 땀을 뻘뻘 흘리며 한 구덩이를 파고 또 팝니다. 그들은 용케도 견디면서 게으름 없이 조급해 하지 않고 물이 나올 때까지 파고 또 팝니다.

우리가 믿음의 농사, 보리 농사를 짓는 일도 마찬가지 이치입니다. 게으르지 말아야, 조급하지 말아야, 흔들리지 말아야, 주저앉지 말아야, 기웃거리지 말아야 믿음의 샘은 깊어지는 것입니다.

'한 우물을 파라.'

실로 이것이 우리가 퇴전하지 않고, 흔들림 없는 확신의 경지, 불퇴전(不退轉, avaivartika)의 경지에 도달하는 최선의 길입니다.

32 믿음의 농사는 결코 쉬운 일이 아닙니다. 감로(甘露), 곧 영생불멸(永生不滅)의 과일을 길러가는 농사인데, 이것이 쉽고 편안하다면, 이것은 오히려 도리에 어긋나는 일이지요.

고생스런 농삿일을 팽개치고 훌쩍 떠나버리고 싶은 농부의 심정처럼, 우리도 신불(信佛)의 길에서 물러서고 싶은 충동과 유혹을 느끼는 때가 어찌 한두 번이겠습니까. 그러나 정작 이때가 결정의 순간입니다. 흔들리고, 주저앉고 싶고, 다른 우물로 옮겨가고 싶을 때, 바로 그때, 우리는 실로 샘물 위에까지 와 있는 것입니다.

한 뼘, 이제 한 뼘만 더 파면, 우리는 곧 샘물을 마시게 됩니다.
마지막 한 뼘, 최후의 5분간.
문제는 이 작은 고비를 참고 견디는 것입니다.
그래서 선사(先師)께서는 매양 이렇게 당부하십니다.
"조금만 더 견디고 참으면서 기다리자〔堪忽待〕."[14]

떨치고 일어나라, 코끼리같이

33 시이하라는 아름다운 처녀가 있었습니다. 그는 부처님 법을 듣고, 부모님의 허락을 받아 출가했습니다. Bodhi를 얻기 위해서 열심히 수행하였지만, 언제까지나 잡념을 버릴 수가 없었습니다. 수행은 더욱 치열해져 그의 몸은 쇠약해져 갔지만, 마음은 더욱 큰 혼란에 빠졌습니다.

이런 고뇌가 7년 동안이나 계속된 어느 날, 시이하 비구니는 스스로 결심했습니다.

'이런 상태로는 살아도 희망이 없다. 차라리 목을 매어 죽어 버리자.'

그래서 그는 새끼줄을 들고 숲 속에 들어가, 나뭇가지에 목을 매려는 순간 마침내 마음의 문을 크게 열었습니다. Bodhi를 성취하여 대자유의 주인이 된 것입니다.

―장로니게경시이하[15] ―

---

14) 하동산 스님 말씀, 이지관 편, 『信行 365日』(現代佛敎新書 15)p.260.
15) 渡邊熙宏/장경용, 『佛典 속의 女人들』, 汎潮社, 1980, pp.114~117.

34 김상규 군은 20대의 청년으로 명문 서울고를 졸업하고 서울 공대에 입학하였습니다. 그러나 고등학교 때부터 시작한 불교반 활동이 인연되어 불교에 심취하게 되고, 마침내 서울 문리대 종교학과로 전과 편입까지 했습니다. 그러다가 김군은 불교계의 현실에 깊이 실망한 나머지 개종하고 교회 신자가 되고 말았습니다. 주변의 친지들이 크게 놀란 것은 물론입니다.

그러나 김 군은 돌아왔습니다. 2년만에 다시 돌아왔습니다.

"싸우고 엉성해도 내가 돌아갈 곳은 역시 불교밖에 없었습니다."

이렇게 고백하면서 그는 오늘도 ㄷ정사에서 후배들을 가르치기에 심혈을 기울이고 있습니다.

35 벗이여, 우리가 선택한 길은 참으로 성스럽고 완전한 길입니다. 생명을 걸고 한 번 파볼 가치가 있는 것입니다. 저 젊은 여인도 능히 해내는 것을 오늘 우리라고 어찌 못하겠습니까.

벗이여, 우리는 마땅히 잠시만 더 참고 기다릴 것입니다. 지금 우리는 샘물 바로 위에 와 있습니다. 감로의 샘물이 지척에서 퐁퐁 솟아오르고 있습니다.

불법(佛法)의 샘물을 한 번이라도 맛본 사람은 결코 퇴전치 아니합니다. 금새 불퇴전의 경지(不退轉地)에 도달하게 됩니다. 이 경지에 한 번 이르면 누가 몽둥이로 쫓아내어도, 꿈쩍도 하지 않습니다.

무슨 까닭인가?

불법의 샘물은 참으로 신비해서, 나와 당신의 목마름을 풍성히, 영구히 충족시켜 주기 때문입니다.

주인(主人)노릇 해 본 사람은 어떤 희생을 치루더라도 다시 종이 되어 살 수는 없습니다. 부처님의 법 맛〔法味〕을 한 번 맛 본 사람은, 그 어떤 맛으로도 이를 대신할 수 없습니다. 그래서 '법

열(法悅), 진리의 기쁨'이라 일컫지 않습니까.

36 벗이여, 이제 부처님께로 돌아갈 시간입니다. 저 김 군처럼 그 동안의 방황과 외도를 청산하고, 우리 마음의 고향 부처님께로 돌아갈 회귀(回歸)의 시간입니다. 오늘의 불교계에 모순도 많고, 그들이 우리를 실망케 할 때도 많습니다. 그러나 그러한 허물 때문에 버리고 떠날 양이면, 이 세상 어디에도 우리를 만족케 할 안식처는 없지 않겠습니까?

더욱 중요한 것은 우리는 부처님 때문에, 부처님 법이 좋아서 가는 것이지 그들이 좋아서, 그들을 위해서 가는 것이 아니라는 진실의 자각입니다. 진흙 속에 연꽃이 피고, 절망 가운데 새 희망은 싹트고 있다는 진실의 발견입니다.

진흙을 두려워하는 자는 연꽃을 피우지 못합니다. 불평 불만에 매달리는 자는 영원한 평화를 얻지 못합니다.

37 벗이여, 이제 우리 툭툭 털고 일어나, 저기 미소하며 손짓하시는 부처님에게로 달려갈 것입니다. 그리운 어머니의 때묻은 품 속으로 돌아갈 것입니다. 일체의 유혹과 망설임을 물리치고, 전쟁터의 코끼리같이, 묵묵히 앞으로 나아갈 것입니다. 아비부타 스님이 우리를 향하여 격려하고 있습니다.

"이 자리에 모인 여러 형제들이여, 들으시라.
나는 그대들에게 진리를 말하리라.

자, 떨치고 일어나라. 앞으로 나아가라.
부처님의 가르침에 전념하라.
악마의 세력을 물리치라.
코끼리가 갈대짚을 짓밟듯이.

이 가르침과 계율에 따라 정진하는 사람은
생사를 되풀이하는 헛된 삶을 버리고
괴로움에서 벗어나리라."

-장로게경-

회향발원 (코끼리같이 나아갑니다)

 자비하신 부처님.
 이제 저희 청보리들, 푸르른 부처의 씨앗들.
 실로 지금까지 흔들림이 많았습니다. 망설임과 주저함이 많았습니다. "나는 불자요." 사람들 앞에 나아가 이렇게 외칠 용기가 부족하였습니다. 그러나 이제 저희는 스스로 깨달았습니다. 불교가 이 세상을 밝히는 위없는 진리의 등불이며, 불교가 이 민족의 혼이며 뿌리임을 깨달았습니다.
 이제 저희는 코끼리같이 나아갑니다. 떨치고 일어나, 잡초를 밟고 달려가는 코끼리같이, 잡된 생각, 잡된 장애세력을 떨쳐 버리고 묵묵히 한 길로 나아갑니다. 불퇴전의 길로 나아갑니다.

-나무석가모니불-

찬불가 보디스바하

내용익힘

1. 다음 문장을 완성해 봅니다.
   ① 자, 떨치고 (   ). 앞으로 (   ). (   )의 가르침에 전념하라. (   )의 세력을 물리치라. (   )가 갈대짚을 짓밟듯이.
   ② (   )의 길에서 퇴전한다는 것은 (   )을 기약할 수 없는 크나큰 (   )이며 좌절입니다. 그것은 큰 (   )를 버리고 (   )으로 다시 돌아가는 것이며, (   )의 자리를 물러나 (   )의 자리로 돌아가는 것입니다.
   ③ (   ), 이제 (   )만 더 파면, 우리는 곧 (   )을 마시게 됩니다. 마지막 (   ), 최후의 (   ), 문제는 이 작은 고비를 (   ) 것입니다.

2. 다음 물음에 간결하게 답합니다.
   ④ 퇴전하게 되는 것은 무엇 때문인가?

   ⑤ '불자오사(佛子五事)'가 무엇인가?

   ⑥ 불교는 우리 민족사에서 어떤 역할을 담당해 왔는가?

교리탐구 지금까지 대개 불자들이 자기 신앙을 크게 내세우지 못한 원인은 무엇인가?
   1. 역사적 상황으로 볼 때
   2. 타종교와의 관계에서 볼 때
   3. 불교교육의 문제에서 볼 때

실천수행 단주 끼기를 일상화합니다.
1. 예쁜 단주를 구입한다.
2. 왼쪽 팔목에 항상 끼고 다닌다.
3. 생일·입학·입사 등 좋은 인연이 있을 때 주변 친지들에게 단주를 선물한다.

4과 • 아름다운 죽음

"추위와 더위·굶주림·갈증·바람 그리고 뜨거운 햇볕과 쇠파리와 뱀 이러한 모든 것을 이겨내고, 무소의 뿔처럼 혼자서 가라."

-숫타니파아타/무소의 뿔-

탐구과제
- 불교 침해세력들의 실태가 어떤 상황인지 관찰합니다.
- 불자의 순교는 어떤 정신적 토대 위에서 실현되는가를 탐구합니다.
- 불교침해 행위에 대하여 어떻게 대응할 것인가를 판단하고 몸소 실천합니다.

차라리 신명을 버릴지언정

38 경기도 문산 금촌 야산 기슭에 관음정사(觀音精舍)라는 몇 평짜리 초라한 법당(法堂)이 있다. 소록도(小鹿島)에서 풀려나온 음성 나환자들이 세운 작은 믿음의 성전이다.

처음 이 금촌 마을에는 30여 세대의 불자들이 모여 살았다. 그들은 비록 깊이 상처받고 가난하였지만 아침, 저녁 이 법당에 모여 부처님께 예불 드리면서 희망을 갖고 살았다. 많은 불자들이 주머니를 털어 그들의 궁핍함을 도우면서 함께 아픔을 나눴다. 혹은 땅을 사 주고, 혹은 양계장을 만들어 주고, 혹은 어린이회를 만들어 소외된 어린 생명들과 함께 뛰놀고….

그러나 머지 않아 이 마을에 풍파가 닥쳤다. 산등성이 넘어 타교(他敎)가 보다 크고 왕성한 세력으로 등장한 것이다. 그들은 보다 높은 건물을 짓고, 보다 풍성한 물질을 베풀었다. 뿐만 아니라 그들 이교도들이 불교 마을로 위장 이주해 왔다가, 내부에서 분열을 일으키고 자체 붕괴를 도모했다.[16)]

그러면서 그들은 이쪽을 향하여 큰 소리로 외쳤다.

'이리로 오너라. 이쪽으로 넘어 오면 더 잘 살게 해준다.'

금촌 마을은 동요하고 하나 둘씩 떨어져 나갔다. 혹은 저 쪽으로 넘어가고 혹은 그들의 시달림을 피해서 정처없이 떠나가고. 그들에게는 한 끼니의 풍성한 식사가 더 소중했는지 모를 일이다. 가난이 죄(罪)인지라, 어찌 그들을 탓하겠는가.

이런 유혹과 갈등 속에서도 신도 회장님을 비롯한 10여 세대의 불자들은 관음정사를 굳게 지키고 있었다. 그러나 저이들의 위세와 공세는 실로 끈질기고 두려운 것이었다. 저들은 주도권을 잡고 자기들 맘에 들지 않으면 갖가지 이유를 붙여 소록도로 다시 돌려 보내는 무서운 권능도 갖고 있었다.

얼마 전 저들과 맞섰던 신도 회장님이 소록도로 소환되어 가난한 가족들은 가장을 잃고, 연약한 금촌 마을 불자 형제들은 지도자를 잃고 상심하고 있다.

이 형제들을 찾아간 젊은 불자들의 손을 붙들고 형제들은 이렇게 호소하고 있다.

"언제 어떤 일을 당할지 두려워요. 맘 편히 살도록 좀 내버려 두었으면 합니다."

39 금촌 마을의 저 슬픈 광경.

그러나 이 광경을 지금 우리는 도처에서 목격하고 있습니다.

언제부터인가, 이 땅 위에서 부처님을 신앙하는 데에는 '상당한 용기'와 '손해 볼 각오'를 필요로 하는 세상이 되어가고 있는

---

16) 「佛敎新聞」172호(佛紀 2528.8.1) 7면 '癩患者들에게 再活의 꿈을'

듯합니다.

하기야 부처님을 찾아가는 길은 본래로 자기를 버리는 끊임없는 고행(苦行)의 과정인데 지금 세상이라고 어찌 편안하고 무사하기를 바랄 수 있겠습니까.

부처님께서도 중생을 제도하고 정토를 장엄하시기 위하여, 생사의 바다에서 무수히 귀도 버리고, 눈도 버리고, 머리도 버리고, 손발도 버리고, 궁전도 버리고, 왕위도 버리고…, 모두 모두 버리셨는데(『화엄경』, 「노사나품」), 어찌 우리가 우리 소중한 것을 버리지 않고 이 길을 갈 수 있겠습니까.

40 거룩하신 부처님과 하나 되기 위하여, 우리는 이 귀한 생명마저 바치기를 이미 서원하였습니다. 그래서 우리는 삼귀의(三歸依) 때, '이 목숨 마칠 때까지', '목숨을 들어〔歸命〕', '차라리 신명을 버릴지언정', 이렇게 맹세한 것입니다.

이 맹세는 단순한 수식어가 아닙니다. 한때 격(激)한 감정의 토로도 아닙니다. 고요하고 깨어있는 정신으로 우리는 그렇게 발원하였고, 무수한 구도자들이 그렇게 실행해 왔습니다.

연꽃 스님은 뭉둥이로 맞아 죽어가면서도 부처님을 생각했고, 부루나(Pūrna, 富婁那) 존자는 미개한 수로나〔國〕 백성들에게 부처님 진리를 전파하다가 그들의 박해를 받아 기꺼이 육신을 버렸고,[17] 수행자 우파수우냐는 동굴에서 정진(精進)하다가, 독사에 물려 죽어가면서도 얼굴 빛 하나 변하지 않았습니다.[18]

---

17) 『우리말 八萬大藏經』, 國民書館, 1970, pp. 386~387.
　　武者小路突篇/박경훈, 『釋迦의 生涯와 思想』, 玄岩社, 1979, pp.259~261.
18) 앞의 책 pp.229~232.

41 우리는 실로 지옥의 징벌이 두렵고, 천국의 안식이 그리워서 부처님께 귀의하는 것이 아닙니다. 그것은 이미 보살의 길이 될 수 없습니다. 우리는 차라리 지옥의 불길 속에 떨어질지라도 부처님을 뵈옵고, 부처님의 음성을 들으며, 부처님과 함께 가기를 원합니다.

무슨 까닭인가?

부처님 아니시고는, 능히 우리를 진리의 주인, Bodhi〔깨침〕의 주인으로 인도할 님이 아니 계시기 때문입니다.

이제 우리는 보살님을 쫓아 이렇게 발원합니다.

"차라리 한량 없는 겁(劫)에 모든 악도(惡道)의 고통을 받을지언정 여래(如來)를 버리고 떠나기를 원치 아니하며, 차라리 모든 중생을 대신하여 일체의 고통을 두루 받을지언정 부처님을 버리고 안락하기를 원치 아니하며, 차라리 모든 악한 세상에 머무를지언정 항상 부처님 이름을 듣지 못함을 원치 아니하며, 차라리 모든 지옥에 가서[19] 일일이 수없는 겁(劫)을 지날지라도 부처님을 멀리 떠나서 악한 세상 벗어나기를 구하지 아니하느니라.

어떤 까닭으로 일체 악한 세상에 길이 머물지라도 여래를 뵈옵고자 원하는가.

만약 부처님을 뵈오면, 일체의 고통을 영영 벗어나고 부처님 지혜의 세계에 돌아가며 모든 장애를 벗어나 다함없는 행복을 길이 누리며 Bodhi의 길을 성취하는 까닭이니라." —화엄경—

---

19) 선한 세상은 육도(六道—여섯 갈래 세계, 지옥·아귀·축생·수라·인간·천국) 가운데 천국을 뜻한다.

이 몸 바쳐 공양하오리

42 "피흘리는 순교(殉教)를 통해서만 부처님께 나아갈 수 있다." 우리는 결코 이렇게 주장하지 않습니다. 이것은 끊임없는 피의 악순환을 불러올 무서운 발상(發想)입니다.

부처님은 크나큰 평화로 오시고, 부처님 이르시는 곳마다 평화의 물결이 넘쳐 흐릅니다.

나는 살기를 원합니다. 우리는 죽음을 싫어합니다. 평화를 원합니다. 투쟁을 싫어합니다. 우리는 저들을 지배하기를 원하지 않고, 저들과 정답게 함께 가기를 염원합니다.

그러나 우리의 정토행을 가로막는 방해자들이 두려워 도망하면서까지 비겁하게 살고 싶지는 않습니다. 부처님의 법륜(法輪)을 파괴하려는 외도들을 외면하면서까지, 평화를 가장할 수는 없습니다.

43 우리는 이 방해자들 때문에 멈추지 않을 것입니다. 그들이 돌로 치면 묵묵히 맞을 것이며, 몽둥이로 때리면 고요히 감내할 것입니다. 몇 번을 소록도로 다시 간다하여도 부처님 생각하는 우리 신심(信心), 불심(佛心)은 결코 바뀌지 아니할 것입니다.

이리하여 죽음에 이를지라도, 우리는 원망없이 이 죽음을 맞이할 것입니다. 이 죽음을 부처님께 바치는 사신공양(捨身供養)으로서 기꺼이 감내할 것입니다.

중생을 제도하고, 니르바나로 나아가는 보살의 보시 바라밀(布施波羅蜜)로[20] 생각하면서, 우리는 이 육신을 미련없이 던질 것

---

20) 보시바라밀은 육바라밀(六波羅蜜)의 하나로서, 물질과 진리로써 널리 베푸는 수행. 육바라밀은 대승보살의 실천행으로서 '깨침에 이르는 여섯 갈래 실천'이란 뜻. (김동화, 『大乘佛敎思想』 p.39)

입니다.

44 부루나 존자가 수로나〔國〕로 떠나면서 부처님께 사뢴 맹세를 우리는 너무도 생생히 기억하고 있습니다.
　세존께서 부루나에게 물으십니다.
　"부루나여, 만일 수로나 사람들이 칼로 해친다면 어찌 하겠느냐?"
　부루나는 이렇게 대답합니다.
　"부처님, 저는 그때 '수행자는 부처의 정법을 구하기 위하여 기꺼이 육신 버리기를 원하는데, 수로나 사람들은 어질고 착해서 나로 하여금 육신의 속박에서 벗어나, 큰 공덕을 짓게 하는 구나.' 이렇게 생각하겠습니다."
　　　　　　　　　　　　　　　　　　　　　　　　－아함경－

45 나와 당신에게 있어 죽음이란 무엇인가? 이 육신은 대체 어떤 의미가 있는 것인가?
　죽음은 이제 우리들이 부처님께 바치는 사신공양(捨身供養)이고, 고단한 형제들을 살려내고 이 땅 위에 정토를 장엄하려는 보살의 아름다운 수행입니다. 이 육신은 거룩한 공양구(供養具)이고,[21] 보살행의 고귀한 보물입니다. 몸이 곧 보배입니다.
　한때 수행자들은 이 육신을 멀리하고, 앉아서 죽고 서서 죽으면서, "생사해탈하였노라."고 장담하였습니다. 그러나 우리 발심(發心)한 보살들은 이 육신을 귀중한 보배로 가꾸고 보살피며, 죽음 속에 뛰어들어, 그 죽음 하나하나를 보살의 수행으로 활용(活用)합니다. 이것이 우리가 원하는 생사해탈(生死解脫)이고, 참된 니르바나입니다.

---

21) "육신은 참된 법신이 사용하는 그릇으로서, 그 가운데 깨침의 법신을 담으면 곧 부처님이다."『대승동성경』

46 눈 어둔 자에게 죽음은 공포이고 허무(虛無)이지만, 보살에게 죽음은 도리어 만능(萬能)의 힘입니다.[22] 죽음까지를 선용(善用)할 때, 이루지 못할 일이 어디 있겠습니까?

세존께서 말씀하십니다.

"보살은 깊이 생사의 죄과(罪過) 많음을 알고, 니르바나의 공덕(功德)이 큼을 관찰하여, 중생을 위하여 생사 가운데 있으면서, 가지가지 고통을 받으면서도, 마음에 퇴전(退轉)함이 없느니라. 이를 보살의 불가사의(不可思議)라고 부른다."

— 열반경 사자후보살품 —

무소의 뿔처럼 혼자서 가라

47 자타카(Jataka, 本生經)에 보면, 석가모니께서는 수없는 생을 거치면서, 수없는 육신을 버려 곤고(困苦)한 생명들을 구제하였습니다. 몇 백번 육신을 던져 공양한 결과로서, 마침내 '위없는 Bodhi[無上菩提]'를 성취하고 성불하셨습니다.

매에게 쫓기는 한 마리 비둘기를 살리기 위하여 제 몸의 살을 도려내고〔대지도론 4〕, 새끼 밴 암사슴을 대신하여 도살장 칼날 밑에 제 머리를 대신 내밀고〔남전 자타카 12〕, 진리의 말씀 한

---

22) 죽음은 虛無와 萬能이 하나입니다.
　　죽음의 사랑은 無限인 동시에 無窮입니다.
　　죽음의 앞에는 軍艦과 砲臺가 티끌이 됩니다.
　　죽음의 앞에는 強者와 弱者가 벗이 됩니다.
　　(한용운, '오셔요', 시집 『님의 沈默』, 民族社, 1980, p.160.)

구절 듣기 위하여 벼랑 위에서 몸을 날려 던지고〔열반경〕[23]….
 이 아름다운 죽음을 하나하나 거듭하면서 그의 보리심, 진리의 마음은 점차 열려가고, 그 속에서 찬란한 광명은 성숙해 갔습니다.

48 이런 죽음들을 단순히 종교적 설화나 옛 이야기 정도로 생각하면 큰 착각입니다. 불교 3천년사(史) 가운데에는 아름다운 죽음들이 하늘의 별처럼 총총하고, 이 별들은 지금 이 땅 위에서도 영롱히 빛을 발하고 있습니다.

 상원사는 방한암(方漢岩) 선사(禪師)가 주지로서 생명을 마친 곳이다.
 6·25사변 때였다. 국군은 남침하는 침략군을 격퇴하여 북상했다가, 중공군의 개입으로 후퇴하게 되었다. 그때 국군은 이 두 절(월정사·상원사)이 적군에게 유리한 엄폐물이 되기 때문에 작전상 불태우지 않을 수 없는 처지에 있었다. 그래서 국군은 월정사를 불태우고, 상원사로 가 스님들을 피하라고 했다. 방 선사(方禪師)는 며칠 동안의 유예를 청했다. 그동안 선사는 스님들을 모두 하산시키고 혼자 남았다. 약속한 날에 국군이 가보니, 선사는 단좌한 채 절명해 있었다. 그 장엄한 광경을 본 국군은 그대로 후퇴할 수밖에 없었다. 그래서 상원사는 남은 것이다.[24]

---

23) 이 시를 ····무상의 노래〔無常偈〕라고 한다.
 '이 세상 모든 것은 덧없으니 그것은 나고 죽는 법이네.
 나고 죽음이 다 사라진 뒤 니르바나, 그것은 즐거움이어라.'
 〔諸行無常 是生滅法 生滅滅已 寂滅爲樂〕『열반경』
 생사(生死)를 넘어 선 곳에 영원한 기쁨이 있다는 뜻.
24) 문교부, 고등학교 국어 I, 제30과 '어떻게 살 것인가'.

49 저 장엄한 선사의 죽음.

우리는 지금까지 너무 안이하게 신앙을 생각해 왔습니다. 부처의 길, 보살의 길은 무한한 자기 희생의 과정이라는 불법(佛法)의 대진실을 망각해 왔습니다. 신앙은 죽음보다 더 거룩하다는 진실 아니, 신앙은 죽음을 영원한 생명으로 희생시킨다는 놀라운 진실을 우리는 망각하고 편리하게 살아왔습니다. 그래서 지금 우리 가운데에는 깨치는 이가 적고, 빛나는 일이 드문 것입니다.

이 밝고 뚜렷한 성불의 길, 정토화의 행로를 버려 두고, 스스로 게으르고 나약하고 신심이 없어서 한 치의 우물도 파지 못하면서, 부처님을 원망하고 한국 불교계를 비난한다면 참으로 이것처럼 어리석고 부끄러운 일은 다시 없을 것입니다.

50 지금 이 시대는 우리들에게 보다 새로운 용기를 요구하고 있습니다. 지금 이 나라 역사는 제2의 정토화라는 대작 불사를 위하여, 보다 더 많은 이차돈(異次頓)들을 요구하고 있는지 모릅니다.

금촌 마을의 도전은 우리 자신의 뜻과는 관계 없이, 하나의 현실적인 도전으로 처처에서 다가오고 있습니다. 우리는 이 도전을 하나의 수행으로 고요히 맞이할 것입니다. 누구를 원망하거나 미워함이 없이, 부처님께서 우리에게 주신 거룩한 보살행의 기회로 생각하면서 오히려 감사하는 마음으로 참고 견디며 기다릴 것입니다.

51 부처님께로 나아가는 길, 어쩌면 지금 이 길은 쓸쓸하고, 고통스럽고, 손해보는 길인지 모릅니다. 화려한 건물도 없고, 풍성한 재물도 없고, 든든한 배경도 없고, 친구들도 다 떨어져 나가고, …미련한 소수(少數)만이 가고 있는지도 모릅니다.

그러나 그럴수록 우리는 이 길 아니 갈 수 없습니다. 나 홀로

서라도 이 길 아니 갈 수는 정녕 없습니다.
 무슨 까닭인가?
 부처님께서 바로 이 가난하고 외로운 길에 함께 동반하시기 때문입니다. 참된 절대자는 바로 이 초라한 행진 가운데로 임(臨)하시기 때문입니다. 진리는 바로 이 외로운 고행 속에 있기 때문입니다.
 세존께서 지금 나와 당신 앞에 오셔서 권면하십니다.

 "소리에 놀라지 않는 사자와 같이
 그물에 걸리지 않는 바람과 같이
 무소의 뿔처럼 혼자서 가라.

 추위와 더위·굶주림·갈증·바람
 그리고 뜨거운 햇볕과 쇠파리와 뱀,
 이러한 모든 것을 이겨내고,
 무소의 뿔처럼 혼자서 가라"

-숫타니파아타 사품/무소의 뿔-

52 '무소의 뿔처럼 혼자서 가라.'
 그래서 젊은 비구니 오공(吾空) 스님은 혼자서 저 금촌 나환자 마을로 들어갔습니다. 7가구의 외로운 불자들을 도와 부처님을 지키기 위하여 홀로 들어갔습니다.[25]
 이제 우리 청보리들은 님 앞에 향을 사루고 두 손 모아 염원합니다.

 "무소의 뿔처럼 홀로 갑니다.
 무소의 뿔처럼 홀로 갑니다.

---

25)「佛敎新聞」172호 7면.

이 길은 님께서 걸어가신 길.
이 길은 님께로 나아가는 길.
한 송이 진달래꽃 친구 삼아서
한 마리 산비둘기 짝을 삼아서
그리운 님을 찾아 걸어갑니다.
그리운 님을 찾아 걸어갑니다.

무소의 뿔처럼 홀로 갑니다.
무소의 뿔처럼 홀로 갑니다.
이 길이 외롭고 쓸쓸하여도
이 길이 괴롭고 눈물겨워도
한 우물 깊이 파는 농부가 되어
한 님을 사모하는 여인이 되어
내 사랑 다 바쳐 걸어갑니다.
내 사랑 다 바쳐 걸어갑니다."

-무소의 뿔처럼-

회향발원 (무소의 뿔처럼 혼자서 갑니다)

　자비하신 부처님.
　이제 저희 청보리들, 푸르른 부처의 씨앗들.
　무소의 뿔처럼 홀로 갑니다. 추위와 더위, 굶주림과 갈증, 뜨거운 햇볕과 쇠파리와 뱀, 이 모든 장애들을 참고 이기며 무소의 뿔처럼 혼자서 갑니다. 사악한 자들이 붓다의 정법을 비방하고, 불상을 불사르며, 불자들을 소외시키며 핍박한다 하여도, 묵묵히 참고 견디며 무소의 뿔처럼 혼자서 갑니다. 피할 수 없을 때에는 이 한 목숨 기꺼이 사신(捨身)공양 올리며, 무소의 뿔처럼 혼자서 갑니다. 아무도 벗할 친구 없어도 끝끝내 혼자서 이 길 갑니다.　　　　－나무석가모니불－

찬불가　무소의 뿔처럼

내용익힘

1. 다음 문장을 완성해 봅니다.
    ① (   )와 더위 (   )·갈증·바람 그리고 뜨거운 (   )과 쇠파리와 (   ), 이러한 모든 것을 이겨내고, (   )의 뿔처럼 혼자서 가라.
    ② 차라리 한량없는 집에 모든 (   )의 고통을 받을지언정 (   )를 버리고 떠나기를 원치 아니하며, 차라리 모든 (   )을 대신하여 일체의 (   )을 받을지언정 (   )을 버리고 안락하기를 원치 아니하며ㅡ.
    ③ 죽음은 이제 우리들이 부처님께 바치는 (   )이고, 고단한 (   )을 살려내고, 이 땅 위에 (   )를 장엄하려는 보살의 아름다운 (   )입니다. 이 육신은 거룩한 (   )이고 보살행의 고귀한 (   )입니다. 몸이 곧 (   )입니다.

2. 다음 물음에 간결하게 답합니다.
    ④ 우리가 목숨을 던져서까지 부처님을 지키려는 것은 무엇 때문인가?

    ⑤ 보살에게 죽음은 무엇인가?

    ⑥ '무소의 뿔처럼 혼자서 가라'는 무슨 뜻인가?

교리탐구 사신(捨身)공양이란 무엇인가?
   1. 사신 공양의 뜻.
   2. 사신공양의 역사적 사례.
   3. 우리가 실천할 수 있는 일상적 사신공양.

실천수행 불교를 부당하게 비방하고 차별하는 사례가 있으면 당당히 대론하고 그 시정을 위하여 기도 정진합니다.

1. 불교방송을 자주 듣고 불교 신문·잡지를 정기 구독한다.
2. 부당한 비방은 지나치지 말고 당당히 시비를 가린다.
3. 정부나 사회기관의 차별정책에 대해서는 여론을 일으켜 대항한다.

단원정리

● **합송** 한 목숨 던져 나아갈 뿐입니다.

법사 선남 선녀들이여, 그대들에게도 그리운 님이 계십니까?
대중 그렇습니다. 저희들에게도 그리운 님이 계십니다. 아니, 목숨 걸고 사모하는 님이 계십니다. 저희들 님은 부처님, 바로 부처님 그분이십니다. 자나 깨나, 앉으나 서나, 저희들은 부처님 생각하며 그리워합니다. 어둔 밤에도 깨어 앉아 부처님 생각하며 한 밤을 보냅니다.
법사 선남 선녀들이여, 부처님 그리울 때는 어찌합니까?
대중 그 이름을 부릅니다. 부처님의 이름을 부릅니다. 보살님의 명호를 소리 높이 부릅니다. 연꽃 모양, 가슴에 두 손 모으고, 님의 명호 부릅니다. 그러면서 저희는 맹세합니다. 이 지극한 믿음으로 님의 진리 깨치기를 맹세합니다. 깨쳐서 님과 더불어 하나되기 맹세합니다.
법사 선남 선녀들이여, 부처님 불러도 아무 영험 없을 때는 어찌합니까?
대중 저희는 의심하지 않습니다. 부처님께서 바로 이 순간 저희들 부름 다 듣고 계시다는 진실을 의심하지 않습니다. 저희들 속내 다 아시고 인도하고 계시다는 진실을 조금도 의심하지 않습니다. 그런 까닭에 더욱 열심히 한 우물 팝니다. 한 뼘, 한 뼘, 한 우물 팝니다.
법사 벗이여, 선남 선녀들이여, 이제 우리는 두렵지 않습니다. 불안하지 않습니다. 온 세상이 우릴 버리고 차별한다 하여도 우리는 두렵지 않습니다. 불보살님께서 우리와 함께 하시니, 다시 무엇을 의심하며 망설이겠습니까. 오직 묵묵히 나아갈 뿐입니다. 무소의 뿔처럼, 다만 한 길 바라보며 나아갈 뿐입니다. 한 목숨 던져 나아갈 뿐입니다.

● **창작** 연꽃 스님 사건을 만화로 그려서 발표합니다.

● **법담의 시간**
1. 주제 : 해방 이후 집권세력의 불교 차별화 정책에 관하여
2. 주요내용 : ① 해방 후 집권세력의 주요 인맥과 그 특성은 무엇인가?
　　　　　　② 비구·대처 분쟁과 이승만 세력의 관련성은?
　　　　　　③ 자유당 정부의 불교 차별화 정책은?
　　　　　　④ 군사정권의 불교 차별화 정책은?
　　　　　　⑤ 김영삼 정부의 인맥구성과 불교정책의 현실은?

제 3 장

무엇이 참된 기도인가?

●

"오직 원하옵건대,
대자대비하신 부처님,
저희 정례 받으시고, 그윽한 가피의 힘 베푸사
이 세상의 모든 형제들 나와 남이
다 함께 성불하여지이다."
-예불문-

제3장 무엇이 참된 기도인가?

이끄는 말

❶ 기도는 정녕 성취되는 것인가? 성취된다면, 무슨 힘으로 되는 것인가? 나는 지금 무엇을 위하여 기도하는가? 누구를 위하여 기도하고 있는가? 나는 지금 '기도'란 이름으로 또 하나의 탐욕스런 업(業)을 쌓아가고 있는 것은 아닌가?

❷ 3장은 '기도의 장'입니다. 참다운 기도법에 관하여 공부할 것입니다. 여기서 우리는 우리의 기도가 곧 보살의 원력수행이라는 진실을 깨닫고, 감사와 참회와 기쁨으로 찬란한 기도성취의 나날을 열어갈 것입니다.

❸ 벗이여, 이제 부처님 앞에 나아가 향을 사르고 기도하여요. 나와 우리 가족을 위하여, 이 땅의 고단한 동포들을 위하여. 그리고 오염으로 황폐한 벌판에서 울고 선 한 마리 두루미를 위하여 기도하여요.

황폐한 벌판에서 울고 선 한 마리 두루미를 위하여

머리 이야기

천지를 다시 얻다

　서울 하월곡동의 효진이라는 열여덟 살의 여학생은 5년 전 경희대 의료원에서 불치병 진단과 함께 '남은 생명 2개월'이라는 사형 선고를 받았다.
　세브란스 병원에서 두 차례 수술을 한 이래, 효진이 부모님은 의사의 선고를 받아들이지 않고, 부처님을 찾아 밤낮 일심으로 기도 드렸다.
　효진이 어머님은 이렇게 고백하고 있다.

　저희들은 부처님이시라면 우리 아이 수명을 붙들어 주실 것이라고 믿을 수밖에 없었습니다. 그래서 염불로 날을 보냈습니다. 뇌수술이라 수술 후 오랫동안 후유증이 왔습니다. 물론 보지도 못했고, 말도 못했고, 앉지도 서지도 못했습니다. 오랫동안 중환자실 신세를 졌습니다. 한 달 후에 어느 날 말을 하게 되었고, 시력도 약간 회복하는 듯 보였습니다.
　부처님의 위신력을 믿는 저희들은 그 길로 밝은 날이 올 것을 기대하였지만, 의사는 그것을 일시적 현상이라고 하였고, 완쾌는 불가능하다고 단언했습니다. 그렇지만 저희들 내외는 완쾌된다는 신념을 버릴 수 없었습니다…….
　6개월이 지나 다시 검사를 하니 눈은 30도까지 보였습니다. 그러나 의사는 그 이상 눈은 회복하지 못하고, 생명은 앞으로 2년이라고 하였습니다…….

 이렇게 눈물로 나날을 보내고 있던 어느 날 친구 분의 소개로 한 법회를 찾게 되었습니다. 시한 수명(時限壽命)을 선언 받은 자식을 둔 부모의 심정은 아마 아무도 모를 것입니다. 저희들 내외는 끝까지 실망하지 않고, 고통을 감내해 갔습니다. 한 법회에 온 것이 저에게는 새로운 희망과 힘을 얻게 된 계기가 되었습니다. 처음 참석한 법회에서 유난히 제 가슴에 들어오는 말씀이 있었습니다.

 '참된 소망은 이루어진다. 확신을 가져라. 그리고 염불 기도하라. 무엇이든 이루어진다.'

 이 법문은 저희에게 용기와 확신을 얻게 하였고, 하늘이 밝아오는 것 같은 희망을 갖게 하였습니다.

 '착한 효진이가 건강해진다는 것을 어찌 부처님이 거두어 주시지 아니하랴.'

 법문을 듣고 염불을 하면서 저희들의 확신은 더욱 커져 갔습니다. ……집안 식구가 모두 오계(五戒)도 받고 착실한 불자가 될 것을 맹세하였습니다.

 지금껏 감사한 생각을 잊을 수 없는 것은 대각심 보살님과 성북구 법등 형제 여러분들입니다. 법회에 나온 지 얼마 안 되었고, 불법에 관하여 아는 바가 없던 저를 친절히 인도해 주었습니다. 법등 형제가 저희 집에 오셔서 함께 49일 기도를 시작하였습니다. 효진이를 위해서 불자 형제가 함께 기도해 주실 때, 불자로서의 감동을 처음 강하게 맛보았습니다.

 우리 거사님(남편)은 길을 걸으면서 염불을 하였고 운동을 하면서도 마음 속에서는 염불을 하였습니다. 퇴근 후에는 반드시 인등에 기름을 붓고, 반야심경 사경(寫經)에 정성을 쏟았습니다. 이렇게 하여 저희들의 집은 희망이 하루하루 부풀어가는 집이 되었습니다.

효진이는 참으로 착해서 열심히 염불하여 용기를 잃지 않았습니다. 불편한 몸을 가지고 무엇이든 가사를 도우려고 힘썼습니다. 그러는 사이 세월은 흘렀고 효진이 건강도 차차 회복해 갔습니다. 그리고 2년 수명이라는 시한도 훌쩍 넘어 갔습니다.

효진이는 열심히 집안 일을 거들고 무슨 일이든 제가 하고 나섰습니다.

나중에 안 일입니다만, 그 아이는 제가 얼마 살지 못한다는 것을 알고 있었답니다. 그래서 얼마 살지 못할 몸이니 조금이라도 더 많이 집안 일 거들어 부모님을 돕자고 결심했더랍니다…….

금년 봄에 집 수리를 하는데, 효진이가 전적으로 뒷바라지를 하였습니다. 그러다가 고열이 계속 되었습니다. 기어이 올 것이 왔나 보다 하는 두려운 생각이 나면서 허겁지겁 다시 병원에 달려 갔습니다. 또 컴퓨터 사진을 찍었습니다.

며칠이 지나서 결과를 보러 가게 되었는데 우리집 거사님은 두려운 생각이 났는지, 결과 보러 가는 것을 망설였습니다. 결국 제가 갔습니다.

의사 선생님은 완쾌를 선언했습니다. 이제 시집 가도 좋다고 하였습니다. 저는 귀를 의심하고 다시 묻고 또 물었습니다. 틀림없이 나았다고 하였습니다. 저는 너무 기뻐서 어찌할 수가 없었습니다. 그 동안의 설움이 한꺼번에 터져 나오는 것 같기도 하였습니다. 저는 정신 없이 집에 돌아와서 목을 놓아 울었습니다.

거사님은 검사 결과가 나쁘게 나온 줄 알고 저에게 와서 위로해 주었습니다. 저는, "그게 아니에요. 우리 애 병이 다 나았대요." 눈물이 범벅이 된 제가 이 말을 하니, 거사님은 다시 놀라는 듯 크게 웃고 일어나며 말하였습니다.

"자 이러고 있을 때가 아니요. 부처님께로 갑시다."

저희들 내외는 효진이를 데리고 불광사(佛光寺)에도 가고, 도선사(道詵寺)에도 가서, 부처님께 예배하고, 스님들께 감사드렸

습니다…….[1]

---

1) 나무염심, '天地를 다시 얻다', 월간「佛光」107호 (1983.9) pp.112~117.

1과 • 기도 성취의 장엄한 물결

"모든 사람들은 오직 부처님을 생각하는 것 하나만으로써 구(救)함을 받으며 깨침을 얻느니라. 부처님은 모든 사람들을 외자식처럼 생각하시는 까닭에 사람들 또한 자식이 어머니를 생각하듯 부처님을 생각하면, 현실로 부처님을 보고 부처님의 구함을 받느니라."

— 우마경 —

탐구과제
- 어떻게 기도성취의 신념을 가질 것인가를 깨닫습니다.
- 기도가 현실적으로 어떻게 실현되는가를 관찰합니다.
- 관음기도를 어떻게 일상화할 것인가를 배우고 몸소 실천합니다.

부처님 생각 하나만으로도

1 '기도하면 정말 성취되는가?
부처님께 기도 드리면 영험이 있는가?
불교에도 기도가 있는가?'
우리는 흔히 이런 의문의 목소리들을 들어 왔습니다.
'불교에는 기도의 신비가 없다.
불교는 기도의 종교가 아니다.
불교가 다른 종교를 따라가서는 안 된다.'
또, 우리는 이런 부정의 목소리들도 들어 왔습니다.
그러나 이것은 진실이 아닙니다. 착각이거나 오해입니다.
불교는 훌륭한 기도의 종교입니다. 지혜의 종교, 자비의 종교인 것과 같이, 불교는 깊고 그윽한 믿음의 종교, 기도의 종교입니다.
경(經)에서 말씀하십니다.

"모든 사람들은 오직 부처님을 생각하는 것 하나만으로써 구(救)함을 받으며, 깨침을 얻느니라. 부처님은 모든 사람들을 외아들처럼 생각하시는 까닭에, 사람들 또한 자식이 어머니를 생각하듯, 부처님을 생각하면, 현실로 부처님을 보고, 부처님의 구(救)함을 받느니라."
―유마경―

2 그런데 사람들은 왜 이 진실을 의심하고 부정하려 하는가? 부처님을 생각하고 부처님을 부르면, 현실로 부처님을 보고, 부처님의 구(救)함을 받는 기도의 진실을 왜 받아들이기를 주저하는가?

우선, 그들이 부처님의 실체와 권능을 미처 이해하지 못하기 때문입니다. '인간 석가모니'의 너무도 인간적인 삶을 그리워한 나머지, 무한하신 부처님의 권능과 신비를 채 깨닫지 못했기 때문입니다. Bodhi(깨침·진리)와 자력(自力)을 강조하다 보니까, 믿음과 타력(他力)의 의미를 잠시 잊어버릴 수도 있고, 기도를 약장사처럼 선전하는 상업주의에 대한 분노와 반발 때문일 수도 있겠죠.

3 그러나 이렇게 주장하는 그들의 마음 속에도, 기도의 염원은 살아 움직이고 있습니다. 무한 절대하신 부처님을 찾고 의지하려는 믿음의 씨앗은 호흡처럼 작용하고 있습니다. 선객(禪客, 참선 수행자)도 급하면 '관세음보살'하고, 노(老) 화상(和尙, Upādhyaya, 덕 높은 스승, 가르치는 스승)도 입멸(入滅, 돌아감) 앞에서는 '나무아미타불' 하십니다. 이것은 자연스런 인간성의 발로입니다.

벗이여, 우리 부처님이 대체 누구십니까?

신(神) 가운데 신(神), 사람 가운데 사람 아니십니까.[2] 나와 당신과 만류(萬類) 위에 풍성한 은혜를 비처럼 내리는 무한 절대자 아니십니까.

'부처님,

관세음보살님.'

우리가 지극 정성으로 생각하고 그 명호를 부를 때, 천백억의 모습으로 감응하시는 불보살님.

벗이여, 바로 이것이 기도 아니고 무엇입니까? 이것이 기도 성취의 신비 아니고 무엇입니까? 이 이상의 기도 성취가 또 어디 있습니까?

4 '기도'란 말은 산스크리트어(Sanskrit語)의 'Mantra'에서 온 것입니다. Mantra(만트라)는 곧 '빈다'는 뜻인데, '주(呪), 주문(呪文), 진언(眞言)' 등으로 번역되거니와, '부처님께 비는 진리의 말씀, 은밀한 진리의 소리', 이런 의미입니다.[3]

Mantra, 곧 기도는 불교의 오랜 역사와 더불어 뿌리내려 왔는데, 신라의 학승(學僧) 원효(元曉) 스님도 『반야심경(般若心經)』을 논하면서 이렇게 명쾌히 선언하십니다.

"주(呪)란 빈다는 뜻이다. 신주(神呪)는 위력을 가진 것인데, 주문을 외우고 기도하면, 복이 오지 않음이 없고 화(禍)가 떠나지 않음이 없다. 이곳의 마하반야바라밀도 이와 같다. 사덕(四德)을 다 갖추고, 신력이 있는 까닭에, 안으로는 덕(德)을 갖추지 못함이 없고, 밖으로는 어리석음을 떠나지 않음이 없다. 만약 지극한 마음으로 이 명구(名句)를 외우고, 부처님께 간절히 기도한다면, 보살과 신인(神人)은 그 원하는 바를 다 이루어주지 못

---

2) '신 가운데 신[天中天], 성자 가운데 성자[聖中聖]' 『법화경』
3) 정병조, 『智慧의 完成』 (現代佛敎新書 24), pp. 152~153.

하게 함이 없는 것이라. 그런 까닭에 주(呪)라고 한 것이다."
－금강삼매경론－

기도 성취의 도도한 물결

5 '부처님께 간절히 기도하면.'

 벗이여, 행여 놀라지 마십시오. 기도는 본래부터 불교의 깊은 뿌리입니다. 기도성취(祈禱成就)의 역사는 실로 석가모니 부처님과 함께 시작되었습니다. 기도 성취는 불교의 찬란한 보배 가운데 하나입니다.

 석가모니 당시, 병과 공포와 절망으로 죽어가는 이들이 세존의 얼굴을 뵈옵고, 세존의 음성을 듣고, 세존의 손길을 잡고, 세존의 명호를 부른 것만으로도 그 자리에서 회생(回生)하고 있습니다.

 어느 때 코살라(國)에 5백의 도적떼가 횡행하는지라, 파세나디왕(pasenadi王)이 군대를 풀어 이들을 체포하고, 눈을 뽑아버렸습니다.

 도적떼들이 어둔 숲 속에서 울며 부르짖었습니다.

 "부처님, 부처님, 부처님께 귀의하나이다, 부처님께 귀의하나이다."

 이때 기원정사(祇園精舍)에 계시던 부처님께서 이 부름을 들으시고, 그들 앞에 나타나 법을 설하시니, 도적들의 눈이 본래대로 회복되고, 마침내 그들이 크게 보리심을 일으켰습니다. －열반경－

 수행자 핑기야의 기도 성취를 이미 우리는 알고 있습니다. 밤낮없이 생각하며 예배드리는 그 앞에 고타마 부처님(석가모니)께서 오셔서, "그대도 믿음에 의하여 깨달으십시오. 당신은 죽음의 영역에서 벗어날 것입니다." 이렇게 응답하고 계십니다.

－숫타니파아타－

6 벗이여, 당신은 저러한 사실(事實)을 믿습니까, 아직 믿지 못합니까?

아직 믿지 못한다면, 당신에게는 아직 믿음이 없다는 증거이고, 유심(唯心)의 도리, 마음의 권능을 깨닫지 못하였다는 증거입니다. 우리 마음, 우리 불성이 천지만물을 창출하는 권능이고 신성(神性)인데, 어찌 저만한 사실을 능히 실현치 못하겠습니까?

저러한 세계, 저러한 체험들을 '신앙적 체험, 곧 영험(靈驗)'이라고 일컫거니와, '눈에 보이는 현상만이 실재하는 것은 아니다'라는 깊은 진실을 우리는 고요히 명상할 것입니다. 비록 그것이 신화(神話)나 설화(說話)의 형태로 전승된다 할지라도, 그 속에서 우리는 깊고 미묘한 정신의 세계를 발견하는 것입니다.

7 '사람으로 변하여지이다.'

백두산 깊은 동굴 속에서 곰과 호랑이가 환인(桓因) 하느님께 지성으로 기도 드렸습니다. 그리하여 곰이 마침내 시련을 이기고 여인이 되어 환인 하느님의 아들 환웅(桓雄)과 혼인하여 아들을 낳으니, 곧 우리 성조(聖祖) 단군왕검(檀君王儉)이십니다.

민족의 건국 신화가 기도의 역사로부터 시작되고 있다는 이 깊은 뜻을 우리는 새삼 명심하거니와, 더욱 우리가 잊을 수 없는 것은 민족의 하느님 환인(桓因)께서 다름 아닌 제석천신(帝釋天神, Sakrodevendra) 바로 그분이시라는 놀라운 진실입니다.[4] 제석천신은 부처님 세계 속의 한 천신으로서, 곧 부처님 자신의 한

---

4) '옛날에 환인(桓因, 帝釋을 이름)의 서자 환웅(桓雄)이 항상 천하에 뜻을 두고 인세(인간세상)를 탐내거늘, 아버지가 아들의 뜻을 알고 삼위태백(세계의 높은 산)을 내려다보매 인간을 널리 이롭게 할 만한지라, 이에 천부인(신의 위력을 상징) 세 개를 주어 다스리게 하였다.……'〔일연(一然), 「삼국유사(三國遺事)」, 고조선(古朝鮮)〕제석(Sakrodevendra)은 도리천 세계의 하느님으로서, 여러 신을 주재하며 부처님 세계를 수호한다.

분신(分身)이십니다. 곰이 변하여 여인[熊母]이 된다는 것도 불교의 윤회전생사상(輪廻轉生思想) 아니면 이해할 수 없는 신령스런 세계이지요.

8 웅모(熊母)의 기도 이래, 기도 성취의 역사는 실로 이 땅, 이 민중과 함께 엮어져 왔습니다. 이 강산 굽이굽이에는 기도 성취의 찬란한 신비(神祕)의 흔적들이 영롱히 빛나고 있습니다.

이 땅의 순박한 백성들은 수천여 년, 목욕 재계(沐浴齋戒)하고 부처님 앞에 나아가 무릎 꿇고, '소원 성취하여지이다.' 이렇게 3일 기도·7일 기도·백일 기도·천일 기도·관음 기도·지장 기도·칠성 기도·산신 기도…… 드리면서, 기쁨과 희망으로 살아왔습니다. 고난과 좌절과 수치 속에서도 꺾이지 아니 하고, 굳건히 버텨 왔습니다.

마음의 평화와 안식을 위하여, 몸의 고통을 치유하기 위하여, 학업 성취하고 과거 급제하기 위하여, 우순풍조(雨順風調)하고 국태민안(國泰民安)하기 위하여, 가업 번창과 사업 융성을 위하여, 아들 낳고 딸 낳기 위하여, 청자(靑瓷)를 빚고 백자(白瓷)를 굽기 위하여, 침략자를 막고, 조국을 지키기 위하여, 보리(菩提)를 이루어 성불(成佛)하기 위하여, 이 땅 위에 불국정토(佛國淨土)를 실현하기 위하여…… 우리 어버이들은 부처님 앞에 향을 사루고 엎드려 기도하고 염불해 왔습니다.

오직 일념으로 불러라

9 지금 이 순간에도, 기도 성취의 거룩한 물결은 우리들 가슴 가슴 속으로, 싱싱히 파동쳐 오고 있습니다.

'자 이러고 있을 때가 아니요. 부처님께로 갑시다.'

다시 살아난 딸을 붙들고 기뻐 춤추는 저 효진이 가족들의 환호성은 기도 성취의 신비가 먼 옛날의 전설이 아니라 지금 여기, 바로 이 나라 백성들 속에서 벌어지고 있는 오늘의 현실임을 증언하고 있습니다.

효진이 부모님의 아픔과 눈물과 기도는 곧 나와 당신의 아픔과 눈물과 기도입니다. 효진이의 저 은혜로운 회생(回生)은 곧 나와 당신의 회생이고, 우리 사랑하는 아들 딸들의 회생이며, 고단한 이 나라 백성들의 회생입니다.

기도를 통한 회생(回生)의 역사는 지금 이 나라 방방곡곡에서 벌어지고 있습니다. 절마다 불상마다, 밤 하늘에 영롱한 별빛처럼, 기도회생(祈禱回生)의 영험(靈驗)들이 초롱초롱 빛나고 있습니다. 이 땅 방방곡곡에는 수없는 효진이들이 탄생하고 있습니다. 우리 불교 집안에서는, 이러한 영험들이 너무도 당연하고 자연스런 일이기 때문에 '기적이다, 신비다'하여 소리치고 선전할 생각조차 않고 있는 것이지요.

기도 성취는 실로 우리 불자들의 보통 일, 일상의 일입니다.

10 '부처님
　나무관세음보살
　나무아미타불.'

이제 우리는 부처님 앞에 나아가 몸을 던져 예배하고, 이렇게 기도합니다. 우리들의 아픔과 기쁨, 소원과 성공을 위하여, 저 효진이 가족처럼, 눈물을 삼키며 기도합니다.

자비 깊으신 우리 부처님께서는 마땅히 이 기도에 감응하시고, 이 기도는 훌륭하게 성취되어 가고 있습니다. 지금 이 순간에도 불보살님께서는 우리들의 작은 기도를 낱낱이 살피시고, 수고하십니다. 이것은 눈에 보이는 명백한 진실입니다.

세존께서 말씀하십니다.

"선남자(善男子) 선여인(善女人)아, 만일 한량없는 백천만억 중생이 여러 가지 고뇌를 받을 때, 이 관세음보살의 이름〔名號〕을 듣고, 일심으로 그 이름을 부르면, 관세음 보살이 곧 그 음성을 듣고 모두 해탈케 하느니라.

만일 어떤 이가 이 관세음보살의 이름을 받들면, 혹시 큰 불속에 들어가더라도 불이 그를 태우지 못할 것이니, 이것은 관세음보살의 위신력 때문이며……."

-법화경 관세음보살보문품-

회향발원(오직 일념으로 부릅니다)

 자비하신 부처님.
 이제 저희 청보리들, 푸르른 부처의 씨앗들.
 정성을 다하여 불보살님을 생각하고 그 명호를 부릅니다. 부처님을 생각하는 이 마음 하나만으로도, 저희들의 기도가 성취될 줄을 믿기 때문에, 아침 저녁으로 예불 올리면서 부처님의 자비광명을 생각합니다. 불보살님의 명호를 부르는 이 정성 하나만으로, 저희들의 기도가 현실로 나타날 줄을 믿기 때문에 아침 저녁으로 향을 사루며 불보살님의 명호를 부릅니다. 저희들의 이 지성어린 부름에 감응하소서.

-나무석가모니불-

찬불가 예불가

내용익힘

1. 다음 문장을 완성해 봅니다.
   ① 모든 사람은 오직 (   )을 생각하는 하나만으로써 (   )을 받으며, (   )을 얻느니라. 부처님은 모든 사람들을 (   )처럼 생각하시는 까닭에, 사람들 또한 자식이 (   )를 생각하듯 (   )을 생각하면, 현실로 (   )을 보고, (   )의 구함을 받느니라.
   ② 선남자, 선여인아, 만일 한량없는 백천만억 (   )이 여러 가지 (   )를 받을 때, 이 (   )의 명호를 듣고 일심으로 그 (   )를 부르면, (   )이 곧 그 음성을 듣고 모두 (   )케 하느니라.
   ③ (   )를 통한 회생의 역사는 지금 이 나라 (   )에서 벌어지고 있습니다. 절마다 불상마다, 하늘에 영롱한 (   )처럼, (   )의 (   ) 영험들이 초롱초롱 빛나고 있습니다.

2. 다음 물음에 간결하게 답합니다.
   ④ 부처님은 우리들을 어떻게 생각하시는가?
   ⑤ '주(呪)·신주(神呪)'란 무슨 뜻인가?
   ⑥ 관세음보살은 어떤 분이신가?

교리탐구 『법화경』의 「관세음보살보문품」을 통하여 본 관세음보살의 위신력은 어떠한가?
   1. 「관세음보살보문품」의 내용
   2. 관세음보살의 위신력
   3. 관세음보살께서 나투시는 몸

실천수행 관음기도를 일상적으로 실천합니다.
  1. 관음기도문을 외운다.
  2. 조석예불 때마다 관음정근을 한다.
  3. 관음재일 우리 절 법회에 나간다.

2과 · 기도는 보살의 서원

"이 사람이 마지막 임종할 찰나에, 모든 신체기관은 다 흩어지고 모든 가족 친척들은 다 떠나고 모든 위엄과 세력은 다 사라지고 모든 수레와 보배와 재산 등은 하나로 따라오는 것이 없건마는, 오직 이 원왕(願王)만은 서로 떠나지 아니하여, 어느 때나 항상 앞길을 인도하여, 한 찰나에 정토에 왕생하고…… 내지 한량없는 미래겁 다하도록 널리 일체 중생을 이롭게 하느니라."

 ─화엄경 보현행원품─

탐구과제
- 불자의 기도는 그 본질이 무엇인가를 깨닫습니다.
- 기도성취의 원동력은 어디서 오는가를 발견합니다.
- 보현행원을 구체적으로 실천하는 길이 무엇인가를 생각하고 착수합니다.

자력과 타력은 본래 하나

11 어느 날 갠지스 강을 바라보고 있던 아쇼카 왕(Asoka王)이 신하들을 둘러보았다.

"이 갠지스 강의 흐름을 거꾸로 흐르게 할 사람은 없겠는가?"

신하들은 모두 불가능하다고 대답했다. 이때, 강가에 사는 한 창녀가 나섰다.

"저는 파타리푸트라에 사는 창녀입니다. 얼굴을 팔아 생활해 가는 가장 천한 계집입니다. 그러나 저의 진실한 서원을 보아 주시기 바랍니다."

그렇게 그 여인이 말한 순간, 갑자기 갠지스 강이 거꾸로 흐르기 시작했다. 이것을 본 왕이 놀라서 물었다.
"너는 분방한 생활을 하며, 남을 속이고 법을 어김으로써 어리석은 무리로부터 재물을 약탈하였다. 그런 그대가 이런 능력을 지녔다니, 어찌된 까닭인가?"

12 "물론 저는 그런 사람입니다."
창녀는 조금도 숨기려 하지 않았다.
"그러나 저 같은 사람도 진실한 서원을 세운다면, 이 세상을 뒤집어 놓을 힘까지도 갖게 됩니다."
"그렇다면, 그대의 서원이란 무엇인가?"
"대왕이시여, 저는 재물을 저에게 주는 사람이라면 귀족이든, 바라문이든, 상인이든, 노예든 구별하지 않고 누구에게나 같은 태도로 대합니다. 상대가 귀족이라고 해서 특별히 봉사하고, 천민이라 하여 얕보는 일이 없습니다. 좋다는 감정이나 싫다는 생각을 떠나서, 돈 주는 사람을 섬깁니다. 대왕이시여, 이것이 제 서원이온 바, 그 힘에 의하여 이 거대한 갠지스 강조차도 거꾸로 흐르게 한 것입니다."[5]

13 거꾸로 굽이쳐 흐르는 저 거대한 갠지스 강.
저 강을 바라보면서, 우리는 기도의 의미를 명상합니다. 기도의 본질을 생각하고 있습니다.
우리는 자칫 '기도는 절대자의 권능을 비는 것이다. 우리 자신의 무력(無力)함과 죄를 고백하고, 절대자의 힘에 매달리는 것이다.' 이렇게 생각하기 쉽습니다.
우리는 흔히 "인간은 허약하고, 신은 전지전능하다. 우리는 기

---

5) 石山善膺/이원섭, 『미란타王問經』, 玄岩社, 1981, pp. 240~242.

도함으로써 신의 뜻대로 살아야 한다." 이런 말도 들어왔습니다.
 이러한 말이 일리(一理) 없는 바도 아니지만, 우리는 이러한 논리에 기본적으로 동의할 수 없습니다. 불자의 기도는 이런 생각에 안주할 수 없습니다.
 무슨 까닭인가?
 부처님은 진리〔法身〕이시고, 우리는 진리의 아들·진리의 딸이기 때문입니다.

14 우리는 '자력(自力)'이니 '타력(他力)'이니 하는 말을 즐겨 씁니다. 불교는 본질적으로 자력신앙(自力信仰)이기 때문에, '타력(他力)에 의존하는 기도주의는 옳지 않다.'라는 주장이 상당히 근거를 갖고 있는 것도 사실입니다.
 그러나 조금만 더 생각해 보면, 곧 깨닫는 바가 있습니다.
 무엇인가?
 '부처님은 나와 더불어 동체(同體)이시다. 참 절대자는 우리와 더불어 일체(一體)이시다. 절대자와 우리 사이에는 아무 거리가 없다. 곧 하나다.'
 이미 우리는 이 도리(道理)를 터득하지 않았습니까. 부처님과 나는 더불어 한 몸인데, 남남〔他者〕이 아닌데, 나의 힘〔自力〕은 무엇이고, 남의 힘〔他力〕은 또 무엇입니까.
 경(經)에서 말씀하십니다.

 "부처와 중생이 둘 아니다."　　　　　　　　　　　　－화엄경－

15 '부처님과 중생이 둘 아니다.
 절대자와 인간이 둘 아니다.
 부처님과 내가 둘 아니다.
 나는 부처님과 더불어 한 몸이다.

우리는 본래 부처이다.'

이것이 우리들의 대전제(大前提)입니다. 대진실(大眞實)입니다. 그런 까닭에 기도는 곧 우리 자신의 권능을 발(發)하는 것입니다. 나와 당신의 마음 속에 잠재해 있는 무한한 권능, 곧 불성(佛性)을 발동하여 쓰는 것입니다. 저기 계시는 부처님 앞에 엎드려 기도할 때, 이 기도는 우리 마음의 문을 여는 것입니다. 무한한 권능의 문을 여는 것입니다.

이 권능은 자력(自力)이면서 동시에 타력(他力)입니다. 나의 힘이면서 동시에 부처님의 힘입니다. 이 권능에는 나(自力)와 남(他力)의 구분이 없습니다. 온전한 하나의 힘, 전일(全一)의 힘, 합일(合一)의 힘입니다.

그래서 우리는 이렇게 예불(禮佛)합니다.

"오직 원하옵건대,
대자대비하신 부처님
저희 정례(頂禮, 엎드려 드리는 절) 받으시고
그윽히 가피(加被, 은총)의 힘 베푸사
이 세상의 모든 형제들
나와 남이 다 함께
성불하여지이다.
(唯願 無盡三寶 大慈大悲 受我頂禮 冥薰加被力 願共法界諸衆生 自他一時成佛道)"

―예불문―

기도로 마음의 문을 열라

16 우리는 본래 은혜 속의 주인입니다. 부처님의 상속자입니

다.[6]

　부처님께서는 자부(慈父)의 본원(本願)으로 나와 당신에게 풍성한 권능을 비처럼 부어 주십니다.[7] 보배 창고의 열쇠를 물려주십니다. 크고 훌륭한 보배 수레를 주십니다. 그런 까닭에 우리는 자족(自足)합니다. 궁핍함이 없습니다. 죄와 허물이 없습니다. 건강하고 행복합니다. 화목하고 서로 사랑합니다. 더 구하는 바가 없습니다. 우리 그릇은 차고 넘칩니다.
　그러나 우리는 세상의 먼지로 눈 어두워서 이 진실을 보지 못하고 번뇌와 업력의 덩어리로, 스스로 마음의 통로를 막고 은혜의 물줄기를 거역하고 있습니다. 그래서 우리는 병들고, 가난하고, 실패하고, 싸우고, 두려워하고…… 죽어가고 있습니다. 불타는 집에서 허덕이고 있습니다. 이것은 곧 불성(佛性)의 상실이고, 자아(自我)의 파탄입니다.
　세존께서 말씀하십니다.

　"나는 옛부터 이제껏, 항상 한량없는 번뇌에 가리어져 있다. 그러기에 그것〔自我〕을 못 보는 것이니, 마치 가난한 여인이 집안에 황금의 곳간이 있음을 알지 못하는 것과 같구나."

-열반경 여래성품-

17 이제 우리가 부처님께 엎드려 기도하는 것은, 막힌 마음의 통로를 툭 트고, 부처님의 빛나는 권능을 우리 자신의 것으로 받아들이는 것입니다. 아니, 본래자족(本來自足)한 우리 생명의 찬란한 능력을 쓰는 것입니다. 닫힌 가슴을 활짝 열고, 우리 안의 불

---

6) "이는 내 진실한 자식이요 나는 그 아버지라. 이제 내가 지닌 모든 재산은 다 이 자식의 것이며, 이왕 주고 받던 것도 모두 이 자식이 알아서 처리할 것이오."　　　　　　　　　　　　　　　　　-『법화경』「신해품」-
7) "고루 넓게 내리는 비 사방 어디에나
　무량하게 퍼부어서 땅마다 흡족할새."　　　　-『법화경』「약초유품」-

성광명(佛性光明), 진리광명(眞理光明)을 쏟아내는 것입니다. 보배 곳간의 문을 열고 원하는 대로 금은 보화를 내어 쓰는 것입니다.

이제 우리의 기도는 밖에서, 남에게서 구하는 것이 아니라, 안에서 자신에게서 찾는 것입니다. 남을 바꾸고 남을 움직이려는 것이 아니라, 우리 자신을 바꾸고 우리 자신을 움직이는 것입니다. '달라'고 매달리는 것이 아니라, '내가 하겠다, 내가 베풀겠다'고 일어서는 것입니다.

우리는 이것을 이미, '발심(發心)한다, 발원(發願)한다, 서원(誓願)한다.' 이렇게 불러 왔습니다.

18 '발심·발원·서원'

바로 이것입니다. 우리의 기도는 곧 발심이고 발원입니다. 불자의 기도는 곧 보살의 서원입니다.

서원(誓願)이 무엇인가?

곧 맹세입니다. '내가 반드시 하고야 말겠습니다.' 이렇게 부처님 앞에 굳게 맹세하는 것입니다. '몇 번을 다시 태어날지라도 맹세코 실천하겠습니다.' 이렇게 부처님 앞에 약속하는 것입니다.

서원은 불자의 생명입니다. 서원은 모든 보살들의 수행의 핵심입니다. 서원 없이는 불자가 아닙니다. 더더구나 보살은 아닙니다.

세존께서 말씀하십니다.

"선남자 선여인아, 모든 보살은 다시 네 가지 원(願)이 있어서, 중생을 성숙(성장)시켜, 삼보를 지키고, 길고 먼 세상 바다를 건너가되 마침내 퇴전(물러섬)치 않나니, 어떤 것이 넷인가?

첫째, 가없는 중생을 맹세코 다 건지리이다 (衆生無邊誓願度).

둘째, 끝없는 번뇌를 맹세코 다 끊으리이다 (煩惱無盡誓願斷).

셋째, 한없는 법문을 맹세코 다 배우리이다 (法門無量誓願學).

넷째, 위없는 불도를 맹세코 다 이루리이다 (佛道無上誓願成).

19 부처님 앞에 기도할 때, 내게는 은밀한 염원이 있습니다. 우리 보살들은 저마다 깊고 간절한 발원이 있습니다. 그러나 이 모든 염원과 발원은 반드시 하나의 크나큰 서원으로 돌아갑니다. 줄기와 가지와 꽃과 열매가 한 뿌리로 돌아가듯, 나와 당신의 낱낱 염원은 한 뿌리의 서원으로 돌아갑니다.
 한 뿌리의 서원이 무엇인가?
 곧 '사홍서원(四弘誓願), 네 가지 넓고 깊은 서원'입니다. 한 송이 꽃을 아름답게 피우려는 정원사는 정성을 다하여 뿌리에 물을 주고 거름을 주고 풀을 뽑습니다. 그런 까닭에 우리는 우리의 낱낱 염원이 간절할수록 정성을 돌이켜 사홍서원으로 돌아갑니다.[8] 부처님 앞에 사홍서원을 굳게 다짐합니다.

 "가없는 중생을 맹세코 다 건지리이다.
 끝없는 번뇌를 맹세코 다 끊으리이다.
 한없는 법문을 맹세코 다 배우리이다.
 위없는 불도를 맹세코 다 이루리이다."
 　　　　　　　　　　　　　　　　－사홍서원－

---

8) 보살의 낱낱 서원을 별서원(別誓願)이라 하고, 사홍서원을 총서원(總誓願)이라고 한다.

원력으로 기도 성취

20 이 간절한 서원 속에 번뇌의 장벽은 허물어집니다. 부처님과 내가 하나되어 만납니다. 부처님의 본원(本願)과 나의 서원(誓願)이 함께 어우러집니다. 타력(他力)과 자력(自力)이 뜨겁게 용해되어, 새로운 하나의 힘으로 분출합니다.

'원력(願力), 대원력(大願力).'

우리는 이 새로운 힘을 이렇게 일컫거니와 이 원력이야말로 참된 힘입니다. 이 세상과 저 세상을 바꾸는 참된 생명력입니다. 이 원력이 능히 나를 바꿉니다. 병을 바꾸고, 실패를 바꾸고, 죄악을 바꾸고, 불화를 바꾸고, 죽음을 바꿉니다. 이 원력이 능히 하늘과 땅을 바꿉니다. 강을 바꾸고, 산을 바꾸고, 마을을 바꾸고, 나라를 바꾸고…… 이 힘이 능히 저 거대한 갠지스 강을 바꿉니다.[9]

저 파타리푸트라의 창녀가 단호히 선언합니다.

"그러나 저 같은 사람도 진실한 서원을 세운다면, 이 세상을 뒤집어 놓을 힘까지도 갖게 됩니다."

21 무엇이 진실한 서원입니까?

무엇이 이 세상을 뒤집어 놓을 힘을 낳는 서원인가?

곧 몸으로 하는 서원입니다. 행동하는 서원, 열심히 일하는 서원입니다.

'기도, 발원, 서원, 기원……'

필요와 형편에 따라 어떤 용어, 어떤 형식을 쓸지라도 대전제를 망각하지 않는 한, 그것은 문제될 것이 없습니다. 그러나 반드시 문제되어야 할 것은 '그 속에 강렬한 행동이 담겨져 있는가?'

---

9) 이것이 곧 서원사상(誓願思想) 원력사상(願力思想)으로서, 대승불교의 기둥 가운데 하나이다. (김동화, 『大衆佛敎思想』, 寶蓮閣, 1974, p.88, 117, 233)

하는 것입니다.
　기도는 곧 행동입니다. 열심히 일하는 것입니다. 그래서 불자의 기도, 보살의 기원을 '행원(行願)'이라고 부릅니다. '열심히 일하겠다, 진실하게 행동하겠다라는 맹세' 이런 뜻이지요.

22 말하는 기도, 생각하는 기원도 필요할 테지요. 그러나 말이 진실하고 생각이 간절하다면, 그 행(行)이 어찌 지극하지 않겠습니까. 그런 까닭에 몸으로 하는 기도, 일하는 원력이 모든 원력 가운데 으뜸입니다. 행원(行願)이야 말로 원왕(願王)입니다. 모든 기원 중에서 왕입니다.
　벗이여, 저 죽어가는 효진이를 바라보세요. 저 가족들을 바라보세요. 얼마나 열심히 살고 있습니까? 얼마나 진실하고 간절하게 행동하고 있습니까?
　벗이여, 저 창녀를 바라보세요. 얼마나 열심히 몸으로 기도하고 있습니까? 얼마나 진실하게 삶으로 기원하고 있습니까?
　저 여인은 고백합니다.

　"대왕이시여, 저는 재물을 저에게 주는 사람이라면 귀족이든, 바라문이든, 상인이든, 노예든, 구별하지 않고, 누구에게나 같은 태도로 대합니다…… 이것이 제 서원이온 바, 그 힘에 의하여 이 거대한 갠지스 강조차도 거꾸로 흐르게 한 것입니다."

23 행원, 몸으로 하는 기도는 절대로 허망하지 않습니다. 공든 탑은 절대로 무너지지 않습니다. 이 기도는 원왕(願王)이 되어, 지금 여기에서 우리를 인도하고, 저 세상에 가서도 우리를 인도합니다.
　원왕이야말로 모든 힘의 원천입니다. 기도 성취의 신비한 권능입니다. 하늘이 무너지고 땅이 꺼질지라도, 이 원왕은 결코 무너지지 않습니다. 모든 권세, 모든 위력이 우리를 버릴지라도, 이 원왕은 결코 우리를 버리지 않습니다. 죽음과 절망의 캄캄한 공포 속에서도 이 원왕은 우리를 지키고, 우리를 인도하여 정토로 나아갑니다. 행복과 건강과 평화의 언덕으로 나아갑니다.

그런 까닭에 물과 불과 감방 속에서도 우리는 오히려 기뻐합니다.

24 이제 보현보살(普賢菩薩)이 선재동자(善財童子)에게 말씀하십니다.[10]

"이 사람이 임종할 마지막 찰나에, 모든 신체 기간은 다 흩어지고, 모든 가족 친척들은 다 떠나고, 모든 위엄과 세력은 다 사라지고, 모든 수레와 보배와 재산 등은 하나도 따라오는 것이 없건마는, 오직 이 원왕(願王)만은 서로 떠나지 아니하여, 어느 때나 항상 앞길을 인도하여, 한 찰나에 정토(淨土)에 왕생(往生)하고…… 내지 한량 없는 미래겁(未來劫)이 다하도록, 널리 일체 중생을 이롭게 하느니라."

－화엄경 보현행원품－

---

10) 보현보살(普賢菩薩)이 선재동자(善財童子)에게 일러준 10가지 서원〔普賢行願, 普賢十願〕은 대승보살 서원사상의 한 극치를 보여준다. 십원(十願), 예경(예배)·칭찬(찬양)·공양·참회·수희(함께 기뻐함)·전법(설법)·주세(세상에 오래 머무심)·수학(부처님을 좇아서 배움)·수순(중생 따라 함께 삶)·회향(모든 공을 중생에게 되돌림) 등이다. 〔『화엄경』「보현행원품」(사십화엄)〕

회향발원 (한 사람의 이웃을 맹세코 건지옵니다)

　자비하신 부처님.
　이제 저희 청보리들, 푸르른 부처의 씨앗들.
　자력과 타력이 하나임을 깨달았습니다. 저희의 힘과 부처님의 힘이 더불어 하나임을 깨달았습니다. 기도는 저희 맘 속에 간직한 무한한 불성의 힘을 열어서 쓰는 보살의 발원임을 깨달았습니다. 한 사람의 고단한 생명을 건지기 위하여 내 몸 움직여 행동하며 헌신하는 것이 저희의 기도를 실현시키는 불멸의 원왕, 원동력임을 깨달았습니다. 그러길래 저희들은 작은 헌신으로써 기도하겠습니다. 조그맣게 끊임없이 한 이웃을 위하여 수고함으로써 기도하겠습니다.　-나무석가모니불-

찬불가　보현행원

내용익힘

1. 다음 문장을 완성해 봅니다.
   ① 이 사람이 마지막 (   ) 찰나에, 모든 (   )은 다 흩어지고, 모든 (   )은 다 떠나고, 모든 위엄과 (   )은 다 사라지고, 모든 수레와 보배와 (   ) 등은 하나로 따라오는 것이 없건마는, 오직 이 (   )만은 서로 떠나지 아니하여, 어느 때나 항상 (   )을 인도하여…….
   ② 이제 우리가 (   ) 앞에 엎드려 기도하는 것은 막힌 (   )의 통로를 트고, (   )의 빛나는 권능을 (   )의 것으로 받아들이는 것입니다. 아니, 본래 자족한 우리 (   )의 찬란한 능력을 쓰는 것입니다. 닫힌 가슴을 활짝 열고, 우리 안의 (   ), (   )을 쏟아내는 것입니다.
   ③ (   ), (   ) — 이 (   )이야 말로 참된 힘입니다. 이 세상과 저 세상을 바꾸는 참된 (   )입니다. 이 (   )이 능히 나를 바꿉니다. (   )을 바꾸고, (   )을 바꾸고, (   )을 바꿉니다.

2. 다음 물음에 간결하게 답합니다.
   ⑤ 우리들의 대전제는 무엇인가?
   ⑥ 불자의 기도는 그 본질이 무엇인가?
   ⑦ 기도 성취의 원동력은 무엇인가?

교리탐구 보현행원이란 무엇인가?
   1. 『화엄경』「보현행원품」의 내용
   2. 보현보살의 열 가지 행원
   3. 보현행원의 힘

실천수행　(자매결연을 더욱 열심히 실천합니다)
  1. 불교언론 등을 통하여 결연할 대상을 찾는다.
  2. 매달 결연금(후원회비)을 우송한다.
  3 결연 법우(대상자)에 관하여 관심을 갖고, 때때로 편지로써 격려하고, 찾아가서 대화를 나눈다.

3과 • 기복 불교는 버릴 것인가?

"여기에 모인 신들은 지상의 신이건, 하늘의 신이건, 신과 인간이 다 같이 섬기는 완전한 눈뜬 분〔佛〕앞에 예배하라. 그리고 행복하라. …… 완전한 진리〔法〕 앞에 예배하라. 그리고 행복하라.…… 완전한 대중〔僧〕 앞에 예배하라. 그리고 행복하라."   ─숫타니파아타 소품/보배─

탐구과제
- 부처님께서 처음부터 얼마나 열렬히 민중의 이익과 행복을 추구하셨는가를 깨닫습니다.
- 어떻게 하는 것이 법다운 기도인가를 발견합니다.
- 상처받고 있는 생명을 위하여 어떻게 기도할 것인가를 생각하고 몸소 실천합니다.

많은 사람들의 이익과 행복을 위하여

25 1984년 8월 13일 첫 새벽의 일을 정말 잊을 수 없습니다. LA 올림픽 권투경기에서 우리 신준섭 선수가 미국 선수를 물리치고 미들급 금메달을 당당히 쟁취한 것입니다. 신 선수가 시상대에 서서 애국가를 부르며 낙루할 때, 우리도 모두 기쁨으로 목이 메였습니다.

 그러나 정작 우리를 목메이게 한 일은 따로 있었습니다. 금메달이 선언되는 순간, 전라도 남원 땅에 사는 신 선수의 어머니는 첫 마디로 '부처님 감사합니다.' 이렇게 외쳤습니다. 신 선수가 경기를 하는 동안 어머니는 염주를 목에 걸고 끊임없이 절하며

제3장 무엇이 참된 기도인가? 169

두 손을 마주 비볐습니다. 가난하고 투박한 두 손을 비비며, 너풀너풀 무당 절을 하고 있었습니다.

 벗이여, 저 어머니를 보고 '무식한 무당 불교를 한다'고 행여 혀를 차지 마십시오. 나는 저 어머니에게서 실로 순박한 한국인의 기도를 보고 있습니다. 기복불교(祈福佛敎)의 아름다운 현장을 바라보고 있습니다.

26 '기복 불교의 아름다운 현장.'
 이 말 듣고 거부감을 느낄 친구들도 많을 것입니다.
 "이제 기복 불교는 그만두어야 한다. 기복하기 때문에 우리 불교가 발전 못한다."
 아마 이렇게 근심하는 벗들도 많을 테지요.
 그러나 나는 친구들의 의견에 동의할 수 없습니다. 오히려 큰소리로 반문할 것입니다.
 '정녕 기복은 잘못인가? 기복 불교는 버려야 하는 것인가? 사람이 자신과 가족의 행복을 추구하고 염원하는 것은 본능이고 자연인데, 왜 이 소박한 인간의 상정(常情)을 부정하려 하는가? 과연 이것이 부처님의 본심이신가?

27 석가모니의 저 유명한 전도부촉(傳道付囑, 전도하라는 분부)이 생각납니다. 바라나시의 초전법륜(初轉法輪, 첫 설법) 직후 승단의 대중이 60여 명이 되었을 때, 석가모니께서 대중들에게 최초로 분부하십니다.

 "수행자들아, 자 전도를 떠나가라. 많은 사람들의 이익과 행복을 위하여, 세상을 불쌍히 여기고, 사람과 신들의 이익과 행복과 안락을 위하여, 그리고 두 사람이 한 길을 가지 말라. 수행자들아, 처음도 좋고 중간도 좋고 끝도 좋으며 조리와 표현을 갖춘

법을 설하라. 또 원만 무결하고 청정한 범행(梵行, 깨끗한 행위)을 설하라. 사람들 중에는 마음에 더러움이 적은 자도 있거니와 법을 듣지 못한다면 그들도 악에 떨어지고 말리라. 들으면 법을 깨달을 것이다.

　수행자들아, 나도 또한 법을 설하기 위하여 우루벨라의 세나니가마로 가리라."

-상응부경전 4, 5-

28 '사람과 신들의 이익과 행복과 안락을 위하여' [11]

　이 간곡한 분부를 들으면서, 불교가 이 세상과 저 세상에 존재하는 참된 까닭을 새삼 깨닫습니다. 아니, 부처님께서 이 세상에 오셔서 수고하시는 진정한 까닭을 깨닫습니다.

　무슨 까닭인가?

　곧 나와 당신의 이익과 행복과 안락을 위함입니다. 부처님께서는 바로 우리들의 이익과 행복을 위하여 이 사바로 강생하시고, 불교는 이 까닭으로 이 세상에 존재하는 것입니다. 어찌 불교뿐입니까? 하늘과 땅 위에 존재하는 모든 것들의 최고 목표는 곧 '행복의 추구'가 아닙니까?

　부처님은 나와 당신의 이 절실한 목표에 가장 훌륭한 길을 밝혀 보이십니다. 불교는 우리들의 이익과 행복과 안락을 위하여 가장 훌륭하게 응답합니다. 그래서 부처님은 이 세상의 '대복전(大福田), 크나큰 행복의 밭'이시고, 불교는 '이고득락(離苦得樂), 고통을 여의고 즐거움을 얻는 행복의 길'입니다.

　부처님에게서 행복을 구하는 중생의 기복은 이미 원시 교단 당시에도 널리 행하여졌습니다.

　숫타니파아타의 한 경을 경청합니다.

---

11) 이것을 '요익중생(饒益衆生), 중생을 널리 이익되게 한다'라고 일컫거니와, 이 '요익중생'이 그대로 '홍익인간(弘益人間)'과 연결되고 있다.

"이와 같이 나는 들었다.
어느 날 거룩한 스승께서 사밧티의 제타 숲 기원정사에 계셨다. 그때 용모가 단정한 한 신(神)이 밤중이 지나 제타 숲을 두루 비추며 스승에게로 왔다. 그리고 예배한 후 한쪽에 서서 여쭈었다. '많은 신과 사람들은 행복을 바라면서 행복을 생각하고 있습니다. 으뜸가는 행복을 말씀해 주십시오.' ……"

―숫타니파아타 소품/위없는 행복―

세존께서는 신과 사람들의 이러한 염원과 기복에 대하여 낱낱이 흡족한 대답을 보여 주십니다. 우리들의 고통과 문제를 해결하고 행복과 자유를 베풀어 주십니다.

예배하라, 행복하라

29 여기 유명한 밧지족(vajji族)의 기복 역사가 있습니다.

베살리(vesāli, 毘舍利)가 가뭄과 기근과 질병으로 멸망해 갈 때, 밧지족 백성들은 최후의 희망으로 라자그리하(王舍城) 죽림정사(竹林精舍)에 계시는 부처님께 달려갔다. 부처님께서 갠지스강을 건너 밧지족 영토에 들어서자 마자, 뇌성이 울리고 큰 비가 쏟아졌다. 베살리에 입성하신 세존께서는 곧 시민들을 모아 경(經)을 외우게 하시고, 친히 바릿대(발우)에 물을 담아 거리거리에 뿌리셨다. 이렇게 7일을 계속하자, 모든 재난은 씻은 듯 사라지고, 백성들은 큰 이익을 얻고 평화와 건강을 회복하였다. 이때부터 베살리는 불교의 한 중심지가 되고, 유명한 유마힐 거사도 바로 이곳 출신이다.[12]

---

12) 와다나베 쇼꼬/법정, 『불타 석가모니』하, 샘터사, 1981, pp. 85～92.

이때 외우신 경을 '보경(寶經), 보배의 경'이라고 부르는데 숫타니파아타에 실려 전하고 있습니다.

"여기 모인 신들은 지상의 신이건, 하늘의 신이건, 신과 인간이 다같이 섬기는 완전한 눈뜬 이(부처님) 앞에 예배하라. 그리고 행복하라…… 완전한 진리 앞에 예배하라. 그리고 행복하라. …… 완전한 대중 앞에 예배하라. 그리고 행복하라."

-숫타니파아타 소품/보배-

30 "부처님 앞에 예배하라.
그리고 행복하라."

바로 이것이 '기복(祈福)'입니다. '행복의 기도'입니다. 기복, 곧 행복의 기도는 부처님 바다 속의 한 아름다운 진주입니다. 불교 본래의 것이지, 결코 남의 집에서 빌려온 것이 아닙니다. 그런 까닭에 이제 우리는 당당히 기도할 것입니다. 저 남원의 어머니처럼, 스스럼없이, 절하며 기도할 것입니다. 무당 절이면 또 어떻습니까? 금메달 기도면 어떻고, 아들 낳고 딸 낳는 기도면 또 어떻습니까?

우리는 스스로 행복을 추구할 본연의 권리를 갖고 있습니다. 내가 행복할 때 당신이 또 행복하고, 우리 집이 평화로울 때 당신 집이 또 평화로우며, 우리 회사가 이로울 때 당신 회사가 또 이롭습니다. 이것이 '자리이타(自利利他)'입니다. '내가 이롭고 또 당신이 이로운 것'입니다.

31 그럼에도 불구하고 왜 '기복 불교는 벗어나야 한다'고 주장하는가?

여기에는 다른 입장에서 충분히 경청할 만한 까닭이 있습니다.
까닭이 무엇인가?

지금까지의 우리들 기복에는 문제가 많습니다. 법답게 하지 못한 기복이 많다는 얘기지요.
무엇이 법답지 못한가?
첫째, 우리의 기도 속에는 중생(이웃)이 없었습니다. 우리는 오로지 자기 자신과 제 가족만을 생각하기에 골몰하여, 우리의 기도를 좁은 이기(利己)의 울타리 속에 가두는 일이 많았습니다. 그러나 이것은 법다운 기도가 되지 못합니다. 이웃과 함께하지 아니하는 기도, 세상의 고통을 함께 하지 아니하는 기도, 자비심(慈悲心)이 출렁이지 아니하는 기도, 이것은 고인 물처럼 썩어버리고 맙니다.
무슨 까닭인가?
부처님은 곧 자비(慈悲)이신 까닭입니다.[13] 부처님의 위신력(威信力)은 곧 자비의 힘인데, 자비심 없는 기도에 부처님께서 어찌 응답하실 수 있겠습니까?
세존께서 말씀하십니다.

"나를 기다리는 자는 병든 자를 기다려라."　　　－아함경－

32 무엇이 법답지 못한가?
둘째, 우리는 빌기만 했지, 발원할 줄 몰랐습니다. '주소서, 주소서'만 열심히 읊고, '열심히 일하겠습니다, 힘껏 베풀겠습니다'는 없었거나 희미했습니다. 이것은 기도가 아닙니다. 비루한 구걸이거나 샤머니즘일 뿐입니다.
진실한 서원이 함께 하지 아니하는 기도, 깨끗한 행원이 깃들지 아니하는 기도, 간절한 행동이 출렁이지 아니하는 기도, 보살행(菩薩行)이 없는 기도, 이것은 씨눈 없는 씨앗처럼, 아무것도

---

13) "대자대비를 불성이라 부르고, 불성을 여래라 부른다."
　　『열반경』「사자후보살품」

만들어내지 못하고 맙니다. 빈 쭉정이에 불과할 뿐입니다.
  무슨 까닭인가?
  기도는 보살의 서원이기 때문입니다. 기도성취는 원력으로, 원왕(願王)의 힘으로 되는 것인데, 발원이 없는데, '몸 바쳐 보살행 닦겠습니다'라는 보살의 서원이 없는데, 무슨 힘으로써 기도를 성취할 수 있겠습니까?
  그런 까닭에 우리는 우리의 기도를 매양 이렇게 끝맺고 있습니다.
  "가없는 중생을 맹세코 다 건지리이다."

상처난 한 마리 철새를 위하여

33 '얼마 살지 못할 몸이니, 조금이라도 더 많이 집안 일을 거들어 부모님을 기쁘게 해 드려야지.'
  죽음을 눈앞에 두고 효진이는 이렇게 스스로 결심했습니다.
  바로 이것입니다. 이것이 사홍서원이고, 깨끗한 보살의 행원입니다. 이 조그마한 마음의 변화가 부처님의 대원력(大願力)을 끌어들였습니다. 이것은 마치 라디오를 트는 것처럼 신비하고 놀라운 일입니다. '부모님을 위해서, 이웃을 위해서, 내 한 몸 바쳐 열심히 일하겠다'고 결심할 때, 내 마음의 다이얼은 부처님의 주파수에 합치하고, 그 순간 우렁찬 생명 교향곡이 쾅쾅 쏟아져 나옵니다. 이렇게 하여 행복의 기도는 놀랍게 성취되는 것입니다.

34 이제 우리는 우리의 기도를 법답게 바꿀 것입니다. 내 병 낫기를 위할 때, 이웃의 병이 함께 낫기를 위하여 기도하고, 내 성공을 위할 때, 친구들이 함께 성공하기를 위하여 기도할 것입니

다. '주소서'와 함께 '베풀겠습니다'하고 '더욱 열심히 일하겠습니다' 할 것입니다.

깊은 밤 부처님 앞에 무릎 꿇고 앉아 우리는 고요히 기도합니다.

'항상 함께 하시는 자비하신 부처님, 저희가 지극한 정성으로 부처님께 귀의하옵고,
부처님의 정법 배우고 전하기 위하여 온갖 고난 참고 이기오며,
굳센 신념으로 맹세코 큰 사업 성취하겠나이다. 저희에게 큰 지혜와 용기를 베푸소서.
나무석가모니불.
　　　　　　　　　　　　　　　　　　　　　　-나의 기원-

35 불전(佛傳)에 의하면,[14] 아홉 살 난 어린 왕자 싯다르타는 동생 데바닷타가 쏜 화살에 맞아 큰 상처를 입고 마당에 떨어진 한 마리 백조를 안아다가 치료해 주고 모이를 주어서 살려 냅니다. "내가 쏜 것이니 돌려달라."는 데바닷타의 요구를 단호히 거절하고 어린 왕자는 끝내 그 백조를 하늘로 다시 날려 보냅니다.

그때 어린 왕자는 백조에게 말합니다.
"백조야, 다시는 화살에 맞지 말거라."

벗이여, 지금 우리 주변에는 사람들의 환경파괴와 탐욕스러운 횡포의 공해로 인하여 상처받고 죽어가는 야생의 생명들이 얼마나 많습니까? 한강에서 물고기가 죽어가고 낙동강 하류 을숙도에서 철새들이 죽어가고 미국산 황소개구리 때문에 작은 조선개구리들이 멸종되어 가고, 이 땅의 꽃과 풀들이 사라져 가고….

---

14)『불설보요경(佛說普曜經)』
　　틱 나트한/서계인 역,『소설 붓다』, 장경각, 1993, p.41.

이제 이 땅의 불자들이 나설 시간입니다. 저 죽어가는 생명을 살려내는 작업이 곧 우리 시대의 참다운 방생(放生)이고, 우리 작은 보살들의 기도입니다.

"백조야, 다시는 화살에 맞지 말거라."

이것이 진정 보살의 기도 아닙니까.

36 우리는 누구를 위하여 기도할 것인가? 이제 우리는 무엇을 위하여 기원할 것인가?

보리자(菩提子)는 이렇게 말합니다.

"벗이여, 먼저 당신 자신을 위하여 기도하여요.
당신의 사랑하는 가족을 위하여 기도하여요.
당신의 이웃과, 마을과, 직장과, 저 거리의 행인들, 얼굴 모르는 형제들을 위하여 기도하여요.
이 나라와 이 땅의 백성들을 위하여 기도하여요.
하나뿐인 이 지구촌과 그 위의 동포들을 위하여 기도하여요.
하늘을 날으는 새와 숲 속을 달리는 사슴과 물 속을 헤엄치는 고기와 가을 햇빛 아래 붉은 정열을 토하는 저 사루비아꽃들을 위하여 기도하여요.

벗이여, 우리가 아끼고 사랑하는 모든 이들의 행복을 위하여 기도하여요. 건강과, 성공과, 평화를 위하여 기도하여요.
헤어진 이들의 다시 만남을 위하여, 외로운 이들의 뜨락에 따뜻한 인정의 햇살이 머물기를 위하여 기도하여요.
병상에서 죽어가는 불쌍한 영혼들이 아미타불의 영접을 받고, 지옥 형제들이 지장 보살을 만나고, 마침내 발심하도록 기도하여요.
벗이여, 우리들의 정토를 위하여 기도하여요. 우리들의 피땀으로 이 땅 위에 불국토를 세우고, 미륵 부처님 하생하시기를 지성으로 기도하여요."

－무엇을 위하여 기도할까?－

회향발원 (법답게 기도하옵니다)

　자비하신 부처님.

　이제 저희 청보리들, 푸르른 부처의 씨앗들, 법답게 기도하옵니다. 법답게 행복을 위하여 기도하옵니다. 먼저 저희 자신과 더불어 고단한 이웃을 위하여 함께 기도하옵니다. 저희 가족과 더불어 이 땅의 동포들을 위하여 함께 기도하옵니다. 상처 받은 한 마리 철새와 들꽃을 위하여 기도하옵니다. 말로만 하지 않고, 몸으로 기도하옵니다. 생각으로만 하지 않고, 행동으로 실천함으로써 기도하옵니다. 부처님 앞에 예배 올리고 그 명호를 부르면서, 이웃 형제를 위하여, 땀 흘리며 열심히 기도하는 것이 진정한 기복의 길임을 믿습니다.

　　　　　　　　　　　　　　　　　　　　　　－나무석가모니불－

찬불가　대비관세음을 배우고저

내용익힘

1. 다음 문장을 완성해 봅니다.
   ① 여기에 모인 신들은 (   )의 신이건, (   )의 신이건, 신과 인간이 다 같이 섬기는 완전한 (   ) 앞에 예배하라. 그리고 (   ). 완전한 (   ) 앞에 예배하라. 그리고 행복하라. 완전한 (   ) 앞에 예배하라. 그리고 행복하라.
   ② 항상 함께 하시는 자비하신 (   ), 저희가 지극한 정성으로 (   )께 귀의하옵고, 부처님의 (   ) 배우고 전하기 위하여 온갖 (   ) 참고 이기오며, 굳센 (   )으로 맹세코 큰 (   ) 성취하겠나이다. 저희에게 큰 (   )와 (   )를 베푸소서.
   ③ 벗이여, 먼저 (   )을 위하여 기도하시오. 당신의 사랑하는 (   )을 위하여 기도하시오. 당신의 (   )과, 마을과, (   )과, 저 거리의 (   ), 얼굴 모르는 (   )을 위하여 기도하시오.

2. 다음 물음에 간결하게 답합니다.
   ④ 불교가 이 세상에 존재하는 까닭은 무엇인가?
   ⑤ 종래의 기복불교는 어떤 면에서 비판받아야 하는가?
   ⑥ 무엇이 법다운 기도인가?

교리탐구 방생(放生)이란 무엇인가?
   1. 방생의 교리적 의미
   2. 종래의 방생에 대한 평가
   3. 앞으로 추구해야 될 새 시대의 방생

실천수행 공해로 인하여 고통받는 야생 생물을 찾아 살려냅니다.
1. 우리 주변에서 상처받고 있는 야생 조류·물고기·식물을 찾아낸다.
2. 공해의 원인과 현실을 조사한다.
3. 공해를 제거하고 야생 생물을 보전할 구체적 행동을 실천한다.

4과 • 감사와 참회와 기쁨으로

"나는 너희들에게 악인과 선인이 설 땅에 대하여 말하리라. 악인의 땅이란 어떤 것인가? 은혜와 감사가 없는 곳이니라. 은혜와 감사가 없는 자가 악인이니라. 선인의 땅이란 어떤 것인가? 은혜와 감사가 있는 곳이니라. 은혜와 감사가 있는 자가 선인이니라"　　—파리증지부—

탐구과제
- 보살의 기도는 어떻게 이루어지는가를 명상합니다.
- 우리는 어떻게 기도를 시작할 것인가를 깨닫습니다.
- 이웃의 은혜를 생각하고 어떻게 갚아나갈 것인가를 깨닫고 몸소 실천합니다.

은혜와 감사의 땅에 서라

37 여기 한 의사의 고백이 있습니다.
　황(黃) 박사는 부산에서도 널리 알려진 내과 개업의다. 명성이 높은 만큼 자만심도 높고, 이웃 사람들에 대한 위엄도 무서웠다. 가정에서는 엄격한 가장으로 군림하였고, 병원에서는 아랫 사람들의 실수를 쉽게 용서하지 않는 강한 지배자로 행세하였다.
　그러던 황 박사에게 어느 날 두서운 사건이 발생하였다. 큰 병에 걸린 것이다. 그것도 불치의 내장암에 걸렸다. 그가 동원할 수 있는 현대의술을 다 써 보았지만 병세는 이미 돌이킬 수 없었다. 그는 삶의 의지를 잃고 절망 속에 빠졌다. 성질은 더욱 맹렬해지고, 옆에 사람이 거의 접근할 수 없으리만큼 사나워졌다.

어느 날 부인이 다니는 절의 스님이 찾아왔다. 평소 같으면 거들떠보지도 않았던 황 박사였지만 때가 때인지라 부인의 권유로 스님과 마주앉았다.
스님이 입을 열었다.
"박사님 병은 왜 생겼습니까?"
그는 대답도 하기 전에 화부터 치밀었다. 자존심이 상했기 때문일까? 얼굴이 벌개졌다.
이때 스님이 단호하게 선언했다.
"박사님 병은 그 맹렬한 성질 때문에 생긴 것이오. 그 마음을 돌이켜야 살아날 것이오."
충격을 받은 황 박사는 지푸라기를 잡은 절박한 심정이 되어, 스님의 법을 청하였다.
"스님, 이 마음을 어떻게 돌이킵니까?"
"일심으로 부처님을 생각하고, 관세음보살의 명호를 부르시오. 오늘부터 집에서나 병원에서 만나는 모든 사람들에게 '감사합니다, 감사합니다'하고, 고개 숙여 절하시오. 그러시면 반드시 불보살님의 가피(加被, 은총)로 회생할 것이오."
이때부터 황 박사는 사람이 달라졌다. 손에서 단주(短珠, 짧은 염주)를 놓지 않고, 입으로는 쉴 새 없이 '관세음보살, 관세음보살'을 계속 불렀다. 그럴수록 이상하게 마음이 편안해지고 성질이 부드러워졌다. 가정부나 간호원들에게 일부러 농담도 건네고, 초라하게 뵈는 환자들도 몸소 치료를 해주고 돌봐주면서 조그마한 일에도 '감사합니다. 감사합니다'하고 고개숙이기를 멈추지 않았다.
아침 저녁으로 부인과 함께 예불 드리고, 관음 기도를 계속하였다. 일요일마다 절에 가서 스님 법문도 듣고, 부처님 앞에 백팔배를 올리면서 참회하였다. 부처님 모습이 점점 가까이 다가오면서, 몸 안에 미미한 변화가 생기고 있다는 것을 그는 의사의 본능으로 느낄 수 있었다.
　'나는 결코 죽지 아니한다. 관세음보살님께서 나를 살리신다.'
　절망이 엄습해 올 때마다, 그는 주먹을 불끈 쥐고 이렇게 외쳤다.
　이렇게 지나기를 일 년 남짓, 병의 증세는 흔적 없이 사라지고 황 박사는 왕성한 건강을 되찾았다. 그는 자신의 삶이 이 고난을 통하여 새롭게 바뀐 놀라움에 더욱 크게 감사하고, 감사와 기도와 봉사로써 새 인생을 살아가기에 열중하였다. 그는 병원을 더욱 열성적으로 운영하고, 매월 수십 명의 가난한 이웃들에게 무료 진료 카드를 발행하였다. 무료 카드를 갖고 온 마을 주민들에게 그는 더욱 정성을 쏟았고, 그들의 어려운 생계를 위해서도 함께 염려하였다.
　이렇게 사는 것이 부처님께서 열어주신 새 인생에 대한 당연한 보답이라고 생각하면서, 황 박사는 지금도 진료 가방을 챙겨들고 가난한 주민을 찾아 서둘러 나서고 있다.

38 우리는 어떻게 기도할 것인가?

　이제 우리는 어떻게 기도 성취의 역사를 생활해 갈 것인가?
　보리자는 이렇게 말합니다.

　"벗이여,
　먼저 감사와 참회와 기쁨으로써 믿음의 땅을 갈아요.
　조그맣고 깨끗한 발원(發願)으로써 기도의 씨앗을 심어요.
　자나깨나 앉으나 서나 일념으로 불보살님을 생각하고 그 명호를 불러요.
　힘껏 일하고 벌어서, 정성껏 부처님과 형제들에게 공양 올림으로써, 기도의 씨앗을 키워요.
　그리하면 기도의 나무는 자라고 열매 맺어, 우리의 곳간은 차고 넘칠 것이오."
　　　　　　　　　　　　　　　　　　　－이렇게 기도하여요－

39 보살행은 농사와 같습니다. 기도가 보살의 일상적 수행이고, 불자들의 자연스런 삶이기에, 기도 성취의 역사도 농부의 농사나 노동자의 노동과 같습니다. 먼저 일할 터가 있어야 하고, 심을 씨앗, 다듬을 원료가 있어야 하지요. 그 연후에 농부는 땀 흘려 땅을 갈고, 노동자는 신명나게 망치를 두들깁니다.

"일할 터가 어디 있나? 내게는 논도 밭도 없다. 뿌릴 씨앗도 없고, 돈도 없다."

벗이여, 행여 이렇게 탄식하지 마십시오. 탄식과 실망은 불자의 것이 아닙니다.

당신 앞에는 기름진 복전(福田, 행복을 가꾸는 밭)이 펼쳐져 있고, 건강한 씨앗도 마련되어 있습니다.

40 무엇이 복전(福田)인가?

부처님·진리·성중들, 곧 삼보(三寶)가 우리들의 무한한 복전이고 낙토(樂土)입니다. 행복을 가꿀 삶의 터전입니다. 땀 흘리며 한 번 신명나게 일해 볼 대지입니다.

'거룩하신 부처님께 귀의합니다.'

이렇게 삼귀의를 행할 때, 이미 저 행복한 대지는 우리 앞에 활짝 열립니다.

세존께서 말씀하십니다.

"선남자 선여인아, 만약 마음을 돌이켜 공경하고, 복을 닦고자 하거든, 세 가지 법이 있으니 첫째는 불보(佛寶)요, 둘째는 법보(法寶)요, 셋째는 승보(僧寶)라. 대중을 공양하면 그 복이 백 배요, 법을 공양하면 그 복이 천 배요, 부처님을 공양하면 그 복이 만배니, 이것이 불(佛)·법(法)·승(僧) 삼보에 귀의하는 무한한 행복이니라."

―대고왕경―

41 무엇이 씨앗인가?

사홍서원과 함께 부처님 앞에 사뢴 우리들의 간절한 염원입니다. 곧 우리들의 서원(誓願)이야말로 몇 번을 태어나서도 결코 손상됨이 없이, 마침내 열매 맺을 기도의 씨앗, 보리 씨앗입니다.
"부처님,
관세음보살님,
원컨대, 제가 이 병을 극복하고, 이 세상을 위하여 더 열심히 일하도록 보살펴 주소서."
저 황 박사가 이렇게 발원할 때, 이미 그는 훌륭한 씨앗을 마련한 것입니다.

42 넓고 기름진 땅도 마련했고, 건강하고 알찬 씨앗도 준비하고,

벗이여, 이제 밭을 갈 시간입니다. 쟁기로 땅을 깊이 갈아 밭을 일구고, 괭이로 이랑을 만들고, 호미로 흙을 고르고…….
'우리의 쟁기는 무엇일까? 괭이와 호미는 무엇일까?'
벗이여, 행여 이렇게 머뭇거리지 마십시오. 지금 우리가 손에 쥐고 있습니다.
무엇인가?
감사가 곧 우리 쟁기이고, 참회가 괭이이며, 기쁨이 호미입니다. 우리는 마땅히 은혜에 감사함으로써 묵은 땅을 깊이 갈고, 허물을 드러내 참회함으로써 새 이랑을 만들고, 함께 기뻐하고 미소함으로써 보드랍고 포근하게 흙을 고를 것입니다.
이렇게 해서 우리들의 보리 농사는 시작됩니다.

43 '감사의 쟁기로 묵은 땅을 갈고.'

이것은 참 예사 말씀이 아닙니다. 기도 성취의 신비가 은혜에 대한 감사로부터 시작된다는 진실을 우리는 깊이 명상할 것입니다.

'은혜·감사'

이것은 훌륭한 윤리적 덕목일 뿐만 아니라, 우리 운명을 바꿔 놓는 깊고 뜨거운 신행(信行)입니다. 낡고 묵은 인생을 갈아서 기름진 복전으로 바꿔 놓는 보살의 근원적인 수행입니다.

그래서 스님은 병들어 죽어가는 황 박사님을 향해서 이렇게 권면합니다.

"오늘부터 집에서나 병원에서 만나는 모든 사람들에게 '감사합니다, 감사합니다' 하고 고개숙여 절하시오."

44 벗이여, 잠시라도 멈추어 서서 생각해 보세요, 우리는 정녕 얼마나 놀라운 은혜 속에 살고 있습니까?

나를 낳으시고 이토록 길러주신 부모님 은혜〔父母恩〕, 혹은 사랑하고, 혹은 미워하면서도 깊은 인연 속에 더불어 살아가는 이 형제들의 은혜〔衆生恩〕, 흙과 물과 공기와 빛과 초목으로 한량없는 양식을 공급하는 자연의 은혜〔國土恩〕, 이 모든 은혜의 모체(母體)이시며 우리를 진리로 인도하시는 부처님 은혜〔佛恩〕,[15] 이 너무도 명백한 은혜를 어찌 우리가 모른다고 외면할 수 있습니까. 이 크나큰 축복을 우리가 어찌 감사하고 기뻐하지 아니할 수 있습니까.

세존께서 말씀하십니다.

"나는 너희들에게 악인(惡人)과 선인(善人)이 설 땅에 대하여 말하리라. 악인의 땅이란 어떤 것인가? 은혜와 감사가 없는 곳이니라. 은혜와 감사가 없는 자가 악인이니라. 선인의 땅이란 어떤 것인가? 은혜와 감사가 있는 곳이니라. 은혜와 감사가 있는 자가 선인이니라."

― 파리증지부 ―

---

15) 이것을 '네 가지 은혜〔四恩〕'라고 한다. 국토의 은혜를 국왕의 은혜, 부처님 은혜를 삼보님 은혜라고도 한다. 『심지관경』

45 앵무새 한 마리가 길을 잃고 방황하다가 어느 낯선 산으로 날아 들었다. 그 산의 온갖 새들과 짐승들이 이 앵무새를 위로하고 잘 보호하여, 앵무새는 다시 기운을 회복하고 자기 산으로 돌아갔다. 몇 달 뒤, 그 산에 큰 불이 나서 새들과 짐승들이 다 타 죽게 되었다. 멀리서 이 위급함을 본 앵무새는 급히 날아와 작은 몸으로 시냇물을 적셔 이 산불 위에 뿌리기를 거듭하였다.

이때 하늘 신이 앵무새를 보고 말했다.

"딱도 하구나, 앵무새야. 네 작은 깃털 물로 어찌 천 리의 불을 끄겠다고 하는가?"

앵무새가 대답했다.

"나도 그것을 모르는 바 아니지만, 내가 입은 지난 은혜를 생각하니, 어찌 이 형제들을 버려두겠습니까? 차마 그냥 보고 있을 수가 없습니다."

이에 감동한 하늘 신이 곧 큰 비를 내려 산불을 껐다. －백유경－

드러내고 참회하라

46 저 앵무새 얘기를 들으면서, 나는 차마 고개를 들어 푸른 하늘을 바라볼 수가 없습니다. 나는 실로 수많은 형제들의 은혜 속에 살고 있으면서, 그 은혜를 알지〔知恩〕 못하고, 갚을〔報恩〕 생각조차 하지 못하면서 살아온 악인이기 때문입니다. 은혜를 갚기는 커녕, 도리어 조금만 내 마음에 들지 않으면 비난하고, 책임을 전가하고, 혹은 무관심으로 절대심을 위장하고, 혹은 '두고 보자'고 보복할 생각을 품어 온 죄인이기 때문입니다. 동료가 잘 되면 배 아파하고, 이웃 형제의 기쁨을 함께 기뻐하지 못하는 교만하고 시기심 많은 못난 자이기 때문입니다. 부처님의 풍성한 은혜

를 선용하지 못한 채, 내 인생을 궁핍케 하고, 가족들에게도 고통을 주고 있는 어리석고 무능한 자이기 때문입니다.

47 '본래 청정(本來淸淨)인데 죄가 어디 있나.'
 벗이여, 이런 생각일랑 정말 하지 마세요. 이 교만이 죄의 씨앗입니다. 지금 우리는 청정이 아닙니다. 허물이 많습니다.
 '내 지은 바를 누가 알랴.'
 벗이여, 이렇게 감추려 하지 마세요. 부처님께서 우리 맘 깊은 곳에서 다 알고 계시지 않습니까.[16] 감춘 죄가 깊어질수록 우리의 마음도 몸도 더 독한 병에 걸리고, 복된 땅은 황폐해 갑니다. 정신 질환에 걸리고, 신체 이상(異常)이 되고, 원하는 바가 실패하는 근본원인이 이 감춘 죄에 있습니다.
 죽을 각오로 이 업장을 참회하지 않으면서 기도 발원한다는 것은 마치 자갈밭에 씨를 뿌리는 것처럼 부질없는 헛수고가 될 뿐입니다.
 세존께서 엄히 경책하십니다.

 "만약 중생이 나쁜 업을 짓고서도 감추고 회개하지 아니하고, 마음에 부끄러움이 없으며, 인과업보(因果業報)를 보지 않으며, 능히 지혜로운 스승에게 고백하지 아니하고, 선한 벗을 가까이 하지 아니하면, 이 사람은 어떤 양의(良醫)가 돌보아도 능히 치유치 못하느니라." －열반경－

48 "이 사람은 어떤 양의가 돌보아도 능히 치유되지 못하느니라."
 이 준열한 꾸지람을 들으면서, 저 황 박사님의 병과 회생(回

---

16) "이제 시방 일체 제불께 귀명 정례하나이다. 부처님께서는 진실한 지혜, 진실한 눈으로써 일체 중생의 선 악업을 다 아시고 다 보시나이다."
 『금광명최승왕경』

生)이 결코 우연이 아니라는 진실을 새삼 깨닫고 있습니다. 부처님 법이 오늘 이 세상에 너무도 생생히 작용하고 있는 현실 앞에 새삼 두려움마저 느끼고 있습니다.

'내 잘 났다'라는 교만, 은혜 속에 있으면서 은혜를 모르는 무지, 갖가지 허물을 감추고서도 회개할 줄 모르는 메마른 양심.

바로 이 교만과 무지와 비양심(非良心)이 병균입니다. 황 박사님이 나쁜 병에 걸리고, 나와 당신이 허덕이고 무너져 내리는 모든 질병과 좌절이 병균 때문에 생기는 것입니다.[17] 이 병균을 버려두고, 아무리 주사 맞고 약 먹어도 무슨 효험이 있겠습니까. 병을 더 깊이하고 악화시킬 뿐이지요. 최첨단의 전문의라 할지라도 이 병을 어찌지 못하는 것입니다.

49 나는 무릎 꿇고 엎드립니다. 저 황 박사님을 좇아 꿇어 엎드려, 부처님 앞에 내 지난 허물을 고합니다. 못난 죄를 드러내고 참회합니다.

"저는 이제 부처님께 귀의하고, 부처님 앞에 모든 것을 드러내어, 덮고 감추지 않으며, 지은 죄를 다 참회합니다. 모든 보살이 보리행을 닦아 모든 업장을 다 참회하듯, 저도 이제 모든 업장을 참회하여, 그것을 드러내어 덮고 감추지 않으오니 원컨대 이미 지은 죄는 다 소멸시키고, 미래의 악은 다시 짓지 않게 인도하소서."
　　　　　　　　　　　　　　　　　　　　　　　　-금광명최승왕경-

50 나는 듣고 있습니다. 땀과 눈물 속에 들려오는 부처님의 한 소리〔一音〕를 듣고 있습니다.

---

17) 이 병균을 번뇌(煩惱)라고 해서, 생사윤회의 근본 원인으로 진단하였다. 번뇌는 혼미〔惑〕·물듦〔染〕·묶음〔結〕 등 많은 다른 명칭이 있고, 그 종류도 병균의 수만큼 다양하여, 백팔번뇌·팔만사천번뇌 등으로 불린다. (水野弘元/무진장『佛敎槪說』, pp.319~333)

"너희가 비록 먼저 악(惡)을 지었으나 이제 능히 드러내며 회개하고 부끄러워하여 다시 짓지 아니할지라. 흐린 물에 구슬을 넣으면 구슬의 힘으로 물이 곧 깨끗해지고, 구름이 걷히면 달이 곧 밝아지느니, 악을 지었으되 능히 회개하면 또한 이와 같으니라."

─ 열반경 ─

영원한 승리자의 기쁨으로

51 나는 기쁩니다. 환희심(歡喜心)이 납니다.

왜?

부처님께서 내 간절한 참회의 눈물을 거두셨기 때문입니다. 나는 이제 업장을 허물처럼 벗고, 온전히 부처님 대비(大悲) 품 속에 깊이 안겼기 때문입니다. 부처님께서 나의 발원을 들으시고, 님의 원력(願力)으로 깊이 생각하시기 때문입니다.

저 황 박사님에게 응답하시듯, 불보살님께서는 나와 당신의 참회에 크나큰 축복으로 응답하십니다. 만약 응답받지 못한다면, 이것은 우리들의 기도 농사가 잘못됐다는 증거입니다. 감사하지 않으면서, 피눈물 나는 자기참회(自己懺悔)하지 않으면서, 맨땅에 꽃이 피기를 기다리는 어리석은 농부처럼, 우리는 기도의 결실을 욕심내고 있는 것입니다.

52 어려운 병에 걸리고 세상의 곤란을 만나면, 우리는 먼저 정신을 잃고 당황하고 두려워합니다. 나를 욕하고 우리 사업을 방해하는 자를 만나면, 우리는 먼저 흥분부터 하고 저주하고 보복할 궁리에 열심입니다. 그래서 우리는 더 어려운 지경에 빠지고, 더

무서운 악업(惡業)을 짓게 되는 것이지요.
"당신 암이오, 고혈압이오, 심장병이오."
의사가 이렇게 진단하면, 우리는 금새 공포로 무너지고 맙니다. 이 공포가 실로 더 무서운 병입니다. 우리의 정신을 파멸시키고, 우리의 육신을 허물어뜨립니다.
모든 질병이 마음 병으로부터 발생한다는 것은 현대 의학이 널리 말하고 있거니와, 캘리포니아 의과대학의 노만·커즌스 교수는 난치병의 85%가 마음에서 생기고 마음으로 치유된다는 사실을 밝혀내고 이렇게 말하고 있습니다.

"난치병을 앓고 있는 사람의 병명은 항상 두 가지다. 하나는 진단된 실제의 난치병이고, 다른 하나는 그로부터 생기는 '공포'라는 병이다." [18]

53 그러나 고요히 명상해 보면, 이 '공포'는 착각입니다. 두려워할 이유가 없는 것이지요.
무슨 까닭인가?
내 생명은 불성생명(佛性生命) 진리생명(眞理生命)이기 때문입니다. 불성에는 어떤 질병도 본래 없고, 진리 속에는 어떤 죽음도 본래 없는 것이기 때문입니다. 의사가 진단한 난치병은 육신 위에 나타난 한때의 그림자에 불과한 것이기 때문입니다.
그림자가 실체를 침범할 수 없듯이, 육신의 질병이 우리 생명을 침범할 수 없습니다. 하늘의 구름이 햇빛을 차단할 수 없듯이, 육신의 혼미가 진실 생명을 손상할 수 없습니다. '암에 걸렸으니 나는 죽었다.'라는 공포는 생명의 실상을 이해하지 못한 데서 오는 착각이고, 뒤바뀐 생각〔顚倒夢想〕입니다.

---

18) 中央日報 5681호 (1984. 2. 18) 12면, '난치병과 心理상태'

54 반야심경의 진리를 믿고 부처님께 기도함으로써 아내의 위암을 고친 박취산 님은 이렇게 증언합니다.

"그러나 이제 와서 생각하니 굳이 '기적'이라 할 것이 없었다. 부처님의 말씀대로, '본래로 있는 것은 부처님 생명과 능력뿐이며, 현상적으로 보이는 질병 같은 것은 없는 것이다.'라는 진리가 표현된 것뿐이었다. 우리는 세 차례의 질병을 통하여 『반야심경』의 원리를 체험할 수 있었다. 그 뒤부터 아내는 완전히 건강을 되찾았고, 부처님께 늘 감사하는 마음으로 지금까지 살아가고 있다." [19]

55 의사가 진단한 난치병은 한때의 혼미한 현상일 뿐만 아니라, 이것은 도리어 우리의 진실 생명을 일깨우는 각성제가 됩니다. 우리 속에 잠복된 어둔 병균이 겉으로 드러나 소멸되어 가는 자기치유의 과정이고, 건강을 회복하는 재생(再生)의 증거입니다.[20]

어찌 병뿐이겠습니까?

실패와 좌절과 방해와 도전과…… 일체의 재난이 실로 우리를 깨우치고 발심케 하고 회생케 하는 은혜로운 계기가 되고, 분발과 성공의 소중한 기회가 되고 있습니다. 황 박사님에게 저런 시련이 없었던들, 그가 어찌 감사하고 봉사하는 참된 생(生)의 가치를 깨달았겠습니까. 평생을 자만과 안하무인의 껍질을 쓰고 무의미하게 업(業)만 더 보탰을 것 아닙니까.

---

19) 박취산, '생명엔 본래 병이 없다' 월간 「佛敎」 141호(1984. 1) p.97.
20) 그는, 현대의학이 밝혀 낸 바에 따르면, 인체에 발생하는 모든 병의 85% 정도는 인체 자체에 의해 조절될 수 있는 것으로 밝혀졌다고 말한다. 인체는 면역체계라든가 자기 복원력을 갖고 있어, 항상 질병에서 벗어나려는 노력을 하는데, 85%의 질병이 이에 해당되고, 나머지 15%만이 완전히 외부적인 치료를 요하는 것이다. (「中央日報」, 앞의 인용)

56 이런 도리를 이해할 때, 우리의 기도는 정녕 고요한 기도가 됩니다. '이 기도가 성취될까, 안 될까?' 이렇게 속으로 의심하고 조바심하면, 우리의 기도 농사는 스스로 혼란에 빠져 자멸하고 맙니다.

　우리는 지성으로 기도할 뿐, 그 결과에 대해서는 생각하지 말 것입니다. 도리어, 그 결과가 어떤 것이 되든, 그것은 부처님의 훌륭한 응답인 줄을 믿고, 우리는 기뻐하고 감사할 것입니다. 실패조차도 기쁨으로 받아들일 때 우리의 기도는 온전해집니다.

　그래서 선사(先師)께서 말씀하십니다.

"몸에 병 없기를 바라지 말라. 몸에 병이 없으면 탐욕이 생기기 쉽나니, 그래서 성인(聖人)이 말씀하시기를 '병고(病苦)로써 양약(良藥)을 삼으라.' 하셨느니라.

세상살이에 곤란 없기를 바라지 말라. 세상살이에 곤란이 없으면, 업수이 여기는 마음과 사치한 마음이 생기나니, 그래서 성인이 말씀하시기를 '근심과 곤란으로써 세상을 살아가라.' 하셨느니라.……"

　　　　　　　　　　　　　　　　　　　　－보왕삼매론－

57 이제사 저 돌부처마저 돌팔매에 맞아 깨어진 입술로도 저렇게 고요히 미소하는 까닭을 겨우 짐작할 듯합니다. 저것은 실로 공포와 절망을 영영 잊어버린 영원한 승리자의 기쁨입니다. 아니, 저것은 죽음마저도 영생의 기쁨으로 받아들이는 나와 당신 기도의 미소입니다.

　벗이여, 이제 우리 마음 놓고 한바탕 크게 웃어요. 우리 기도가 이미 성취되어 있다는 이 엄청난 섭리 앞에 한바탕 크게 웃어 보아요. 하하하…….

회향발원 부처님 감사합니다.

　자비하신 부처님.

　이제 저희 청보리들, 푸르른 부처의 씨앗들.

　두손 모아 부처님께 감사의 예배를 올립니다. 부처님 앞에 엎드려, 내 생명이 지금 여기에 이르기까지, 수많은 이웃들과 부모형제와 천지자연의 무한한 은혜가 비처럼 부어져 왔음을 생각합니다. 그러면서도 이 풍성한 은혜를 깨닫지 못하고, 감사할 줄 모르고, 도리어 교만하고 원망하며 살아온 지난 허물을 눈물로 참회합니다. 은혜와 감사를 모르는 악인으로 살아온 척박한 지난 인생을 눈물로 참회합니다.

　부처님, 감사합니다. 부처님, 감사합니다.　　　－나무석가모니불－

찬불가 뉘우치오니

내용익힘

1. 다음 문장을 완성해 봅니다.
   ① 나는 너희들에게 악인과 선인이 설 땅에 대하여 말하리라. 악인의 땅이란 어떤 것인가? (   )와 (   )가 없는 곳이니라. (   )와 (   )가 없는 자가 악인이니라. 선인의 땅이란 어떤 것인가? (   )와 (   )가 있는 곳이니라. (   )와 (   )가 있는 자가 선인이니라.
   ② 저는 이제 (   )께 귀의하고, (   ) 앞에 모든 것을 드러내어, 덮고 감추지 아니하며, (   )를 다 참회합니다. 모든 보살이 (   )을 닦아 모든 (   )을 다 참회하듯, 저도 이제 모든 (   )을 참회합니다.
   ③ 몸에 (   )이 없기를 바라지 말라. 몸에 (   )이 없으면 (   )이 생기기 쉽나니, 그래서 성인께서 말씀하시기를 '(   )로써 (   )을 삼으라.' 하셨느니라.

2. 다음 물음에 간결하게 답합니다.
   ④ 보살은 어떻게 기도하는가?
   ⑤ 불자의 '네가지 은혜'란 무엇인가?
   ⑥ 왜 '우리의 기도는 이미 성취되었다.'라고 하는가?

교리탐구 복전(福田)이란 무엇인가?
   1. 복전의 뜻
   2. 복전의 종류
      ① 삼보전
      ② 빈궁전
      ③ 기타

실천수행 은혜로운 분들에게 감사의 정을 정성껏 보냅니다.
 1. 국민학교·중학교·고등학교·대학교 — 지난 날의 스승님 소식을 찾아서 문안편지를 올린다.
 2. 부모님의 생신과 결혼일 등을 명심하고 작은 마음의 선물을 마련한다.
 3. 청소원·경비원·파출부 등 힘든 일 하시는 이웃들에게 때때로 작은 정성을 표하고 감사드린다.

단원정리

● **합송** 많은 사람들의 이익과 행복을 위하여

법사 선남 선녀들이여, 부처님은 누구십니까?
대중 부처님은 진리광명, 진리광명으로 몸을 삼으시는 자비로운 어버이십니다. 나와 당신과 일체 중생 삼라만상은, 신(神)도 인간도 사슴도 진달래도, 낱낱이 진리광명이신 부처님으로부터 생명되어 나왔습니다. 그런 까닭에 우리 부처님은 하늘과 땅 위에 홀로 존귀한 세존이십니다.
법사 선남 선녀들이여, 그대들의 기도는 성취되고 있습니까?
대중 그러합니다. 저희들의 기도는 이미 성취되어 있습니다. '나무석가모니불' '관세음보살' '나무아미타불' 이렇게 발음할 때, 저희들의 염원은 이미 실현되어 있습니다. 저희들의 찬탄과 경배는 저희 기도가 이미 성취된 크나큰 은혜에 대한 감사인 것입니다.
법사 선남 선녀들이여, 그대들은 누구를 위하여 기도하고 있습니까?
대중 저희들은 먼저 저희 자신과 가족을 위하여 기도합니다. 동시에 저희들은 많은 사람들의 이익과 행복을 위하여 기도합니다. 저희들은 곧 보살이기 때문에, 기도는 뭇 생명을 제도하려는 보살의 서원이며 수행이기 때문에, 저희들은 이 땅의 동포들과 상처 받은 한 마리 철새를 위하여 기도하고 있습니다.
다함께 산천초목을 위하여 함께 기도하고 있습니다. 상처받은 한 마리 철새를 위하여 기도하고 있습니다. 벗이여, 선남 선녀들이여, 모두 이리로 오시오. 여기 함께 모여 합장 경배하고 지극정성으로 기도하여요. 오염된 강물에서 죽어가는 한 마리 물고기를 위하여 기도하여요. 황폐한 벌판에서 짝을 잃고 외토이 울고 선 한 마리 두루미를 위하여 기도하여요. 상해가는 이 땅의 나무와 풀을 위하여 기도하여요.

● **창작** 환경오염과 공해로 고통받고 죽어가는 생물과 자연에 관한 사진들을 모아 전시회를 엽니다.

● **법담의 시간**
1. 주제 : 환경오염으로 인한 생태계의 위기에 관하여
2. 주요내용 : ① 물고기의 생태계는 어떻게 위협받고 있는가?
　　　　　　② 야생 조류의 생태계는 어떻게 위협받고 있는가?
　　　　　　③ 야생 식물의 생태계는 어떻게 위협받고 있는가?
　　　　　　④ 이 생명들을 살려내는 근본적인 방안은 무엇인가?
　　　　　　⑤ 자연보전을 위하여 우리가 지금 곧 착수할 한 가지 방안은 무엇인가?

제 4 장

무엇이 법다운 공양인가?

●

"만약 보살이 능히 중생을 따라 섬기면
곧 모든 부처님을 따라 섬기고 공양함이 되며,
만약 중생을 존중히 받들어 섬기면 곧 여래를 존중히 받들어
섬김이 되며, 만약 중생으로 하여금 환희심이 나게 하면,
곧 일체 여래로 하여금 환희하시게 함이니라."

— 화엄경 보현행원품 —

제4장 무엇이 법다운 공양인가? 201

이끄는 말

먼저 전법포교로 공양할 것이오

❶ 나는 지금 살아 있는 정성으로 공양 올리고 있는가? 어떻게 하는 것이 살아 계시는 부처님께 공양 올리는 것인가? 이 시대의 가장 긴급한 공양은 무엇인가?

❷ 4장은 '공양의 장'입니다. 살아 있는 불공, 법다운 공양에 관하여 공부할 것입니다. 여기서 우리는 공양 올리는 깨끗한 행복을 발견하고, 우리 주변의 살아 계시는 부처님들께 공양 올리는 것이 진정 향기로운 불공이 되는 도리를 체험하게 될 것입니다.

❸ 벗이여, 정성을 다하여 전법 포교의 길로 나서시오. 무지와 탐욕과 고통의 악순환 속에서 헤어날 줄 모르는 이 안타까운 형제들에게 해탈열반의 진리를 일깨우는 것이 가장 시급한 법공양이 될 것이오.

머리 이야기

옹기장이의 기쁜 공양

  전불(前佛) 카샤파 부처님 시절,[1] 베하링가 시(市)에 가티카아라라는 옹기장이가 있었는데 삼보에 귀의한 불자로서, 오계(五戒, 재가신자의 5가지 계율)를 굳게 지키고 열심히 일하면서 늙은 장님 부모를 봉양하고 살았다.
  어느 날 부처님께서 가티카아라의 집에 가셨다.
  "주인은 어디 계십니까?"
  장님 부모가 대답하였다.
  "부처님, 오늘 부처님의 심부름꾼은 볼 일이 있어서 밖에 나갔습니다만, 솥에는 밥이 있고 남비에는 국이 있습니다. 부디 사양 마시고 드십시오."
  부처님은 시키는 대로 공양을 마치고 그 집을 나오셨다. 가티카아라는 집에 돌아와서 이 말을 듣고 무척 기뻐하였다.
  '아-, 나는 얼마나 행복한가. 카샤파 부처님께서 이처럼 나를 믿어 주신다는 것은 얼마나 고마운 일인가.'
  그는 반 달 동안 계속 기뻐하고, 그 양친은 이레 동안 기쁨에 잠겼다.
  어느 때, 부처님 처소의 지붕에 비가 새자, 부처님께서 비구들에게, "가티카아라의 집에 가서 지붕 덮을 풀을 가져오라."고 하

---

[1] 석가모니 이전에도 많은 과거불(過去佛)이 출현하셨는데 석가모니 직전에 이 세상을 교화하신 부처님이 곧 'kaśapa부처님〔迦葉佛〕'이시다. (김동화, 『原始佛敎思想』, pp.390~399.)

시자, 비구들이 사뢰었다.
"가티카아라 집에는 풀이 없습니다. 그는 요즘 그 공장 지붕을 전부 새로 이었습니다."
그래서 부처님께서 "그 공장의 풀을 벗겨 오너라."하셨습니다. 비구들이 공장에 가서 풀을 벗기자, 가타카아라의 양친이 물었다.
"누가 공장 지붕을 벗기느냐?"
비구들이 "부처님께서"라고 대답하자, 양친이 말하였다.
"부디 가져 가십시오. 부디 가져 가십시오."
가티카아라는 밖에서 돌아와 이 소식을 듣고 기뻐하였다.
'아―, 나는 얼마나 행복한가. 카샤파 부처님께서 이처럼 나를 믿어주신다는 것은 얼마나 고마운 일인가.'
그는 전처럼 기뻐하였다. 그래서 가티카아라의 공장은 석 달 동안이나 허공을 지붕으로 하고 있었지마는, 그동안 비는 한 번도 오지 않았다. 이 얘기를 전해 들은 왕이 깨끗이 찧은 백미 5백 수레를 그에게 보냈다. 그러나 가티카아라는 이를 사양하였다.
"왕이시여, 왕께서야말로 많은 비용이 들 것입니다. 나는 이대로 넉넉합니다."

―아함경―

이것은 석가모니 부처님께서 아난다 존자에게 들려주신 전불(前佛) 시대의 본생담(本生譚, Jataka, 부처님 전생 이야기) 가운데 하나로서, 석가모니 부처님께서 이렇게 매듭하고 계십니다.
"아난다야, 그때의 가티카아라는 다른 사람이 아니라 실은 나이니라."

1과 • 꽃 한 송이, 향 하나라도

"이제 춘다는 큰 이익을 얻고 수명을 얻으며, 물질과 힘과 좋은 명예를 얻고 많은 재산을 얻으며, 죽어서는 하늘나라에 태어나는 과보를 받아 원하는 일이 저절로 되리라."
— 마하빠리닙바나 —

탐구과제
- 부처님께 공양 올리는 것이 어떤 과보를 가져오는가를 깨닫습니다.
- 부처님께 공양 올리는 것이 보살에게 어떤 의미가 있는 것인지 관찰합니다.
- 진실로 정성스런 공양이 무엇인가를 생각하고 몸소 실천합니다.

하늘나라에서 태어나리라

1 '아― 나는 얼마나 행복한가. 카샤파 부처님께서 이처럼 나를 믿어주신다는 것은 얼마나 고마운 일인가.'
저 가티카아라의 환성을 들으면서, 우리는 불자의 행복이 무엇인가를 생각합니다. 우리 인생의 진실한 기쁨이 무엇인가를 명상하고 있습니다. 우리의 기도 농사를 풍성히 수확하는 길이 무엇인가를 바라보고 있습니다.
무엇인가? 기도를 풍성히 수확하는 길은 무엇인가?
곧 공양하는 것입니다. 내가 지닌 소중한 것을 미련없이 부처님께 공양하는 것이 참된 행복과 기쁨과 기도 성취의 비결입니다. 이것은 자명한 도리입니다.
그러길래 눈 먼 저 가티카아라의 양친도 이렇게 흔쾌히 말합니다.
"부디 가져 가십시오. 부디 가져 가십시오."

2 부처님과 출가 수행자들에게 의복·음식·앉을 자리·의약품 등을[2] 공양(供養, pūjanā)하는 것은 초기 교단 이래 재가불자들의 기본적 책무로서 널리 권면되어 왔습니다. 승단(僧團)을 유지하고, 교단(敎團)을 발전시키기 위해서, 공양은 기본수단이 되기 때문입니다.

어느 때, 세존께서 사밧티의 기원정사에 계실 때, 불을 섬기는 바라문 바아라드바아자의 집에 가서 말씀하셨습니다.

"식사 때가 되었는데도, 바라문이나 사문(沙門, 출가수행자)에게 욕하며 먹을 것을 주지 않는 사람, 그를 천한 사람으로 알라."
―숫타니파아타 사품/천한 사람―

3 그러나 부처님께 올리는 공양, 곧 불공(佛供)은 단순히 현실적인 수단 이상의, 보다 본질적인 가치를 지닙니다.

무엇인가?

불공의 본질적 가치가 대체 무엇인가?

불공은 곧 보시바라밀(布施婆羅蜜, Dānaparamita)로서 보살의 제일 수행이 됩니다. 보시 바라밀은, '널리 베풂을 통하여 니르바나의 저 언덕으로 나아간다.' 이런 뜻으로서, 보살이 닦아가는 육바라밀(六婆羅蜜) 가운데 항상 그 첫머리가 됨을 살펴보았습니다.

우리가 부처님께 공양 올리는 것은 보시행(布施行)의 첫 관문을 여는 것입니다. 이것은 곧 보살행의 문을 여는 것이고, 천국의

---

[2] 이 네가지를 '네사(四事), 네 가지 공양'이라 한다.

문을 여는 것이고,[3] 정토의 문을 여는 것이고, 성불의 문을 여는 것이고…… 실로 새 인생과 새 역사의 문을 여는 것입니다. 밥과 국과 지붕의 풀을 기꺼이 보시 공양함으로써, 저 옹기장수 가티카아라가 마침내 성불하여 석가모니 부처님이 되셨다는, 부처님 자신의 증언을 통하여 우리는 공양의 무한한 공덕을 새삼 깨닫고 있습니다.

4 대장장이 춘다(純陀, Cunta)의 버섯 공양을 받으시고 세존께서 중태에 빠지자, 아난다가 그를 원망하며 말했습니다.

"춘다는 공양 올렸으나 복(福)은 없을 것입니다. 왜냐하면 여래(如來)께서는 최후로 그 집에서 공양 받으시고 입멸하시기 때문입니다."

세존께서 말씀하셨습니다.

"아난다야, 너는 그런 말을 하지 말라. 이제 춘다는 큰 이익을 얻고, 수명을 얻으며, 물질과 힘과 좋은 명예를 얻고 많은 재산을 얻으며, 죽어서는 하늘나라에 태어나는 과보(果報)를 받아, 원하는 일이 저절로 되리라. 왜냐하면, 불타가 처음 성도할 때에 공양 올린 사람과, 불타가 멸도할 때에 공양 올린 사람의 이 두 공덕은 똑같은 것이기 때문이니라."

—마하빠리닙바나수탄타—

---

[3] '이웃에게 베풀고〔布施〕계율을 잘 지키면〔持戒〕하늘나라에 태어나리라〔生天〕. 이것이 소위 '삼론(三論)'으로서 초보적 깨침에 이르는 1단계 수행이다. (水野弘元,「부처님의 教化와 悟」월간「佛光」108호, p.114)

빈 손으로 가지 말라

5 '아―, 나는 얼마나 행복한가.'

이제 우리는 저 가티카아라와 같이 기쁨과 감사로 우리 부처님을 찬탄하고, 공양을 마련합니다. 부처님은 진실로 응공(應供, Arhat)이십니다.[4] 신과 사람들로부터 응당 공양 받으실 세존이십니다.

부처님께 올리는 공양은 어떤 것이든 참으로 거룩하고 그 과보(果報)가 훌륭합니다. '이것은 좋고, 저것은 나쁘다.' 이런 분별이 없습니다. 부처님 자신을 죽음에 이르게 한 독(毒) 버섯을 공양올린 춘다에게도 저와 같이 축복하셨는데, 우리가 무엇을 공양올린들 부처님께서 어찌 기뻐하시지 않겠습니까. 큰 축복을 내리시지 않겠습니까.

공양은 실로 믿음의 본질(本質)입니다. 기도의 본질입니다. 공양 없는 믿음은 한갓 자기 감정의 도취입니다. 공양 없는 기도는 부도수표와 같아서 돌아올 것이 없습니다.

6 공양은 정녕 최고의 기쁨이고 영광입니다.

베살리(城)의 창녀 암라파알리(Āmrapāli)는 부처님으로부터 공양 허락을 받고, 이 공양의 기회를 양보해 달라고 거금을 제의한 5백 명의 릿차비 족(族) 귀족들에게 이렇게 대답합니다.

"설사 베살리성(城)을 다 준다 해도, 부처님께 올리는 이 공양만은 양보할 수가 없습니다."

―장아함경 2/유행경 2―

---

4) '응공'은 부처님께 바치는 열 가지 칭호〔十大名號〕의 하나로서, '응공(應供), 마땅히 공양 받으실 분'이란 뜻. '아라한(阿羅漢), 나한(羅漢)'이라고도 하는데, 이는 원시 불교의 최고 성자를 뜻한다. (水野弘元, 『佛敎槪說』, p.126)

7 우리는 응당 부처님께 공양 올리는 신행부터 배울 것입니다. 부처님 앞에 나아갈 때, 빈 손으로 가는 것은 바른 신행이 되지 못합니다. 법회에 몇 년씩 다녀도, 부처님께 공양 올릴 줄 모른다면, 이것은 참 부끄러운 일이고, 그런 정성 가지고는 기도 성취 어렵습니다. 내 정성이 지극하지 아니한데, 부처님께서 어찌 감응하실 수 있겠습니까.

"부처님께 공양 올리고 싶어도, 나는 가진 것이 없다."

벗이여, 행여 이렇게 말하지 마십시오. 계절 따라 피는 꽃 한 송이, 정성 들여 길은 청정수(淸淨水) 한 그릇, 고운 마음으로 피우는 향(香) 하나…… 우리 부처님께서는 이 작은 공양에도 크게 감응하시고, 크나큰 성취의 축복을 내리십니다.

8 공양은 힘껏, 정성껏 하는 것입니다. 공양의 공덕은 결코 물질의 양에 비례하는 것이 아닙니다.

'많이 바치면 복도 많이 받는다.'

이런 법은 불교에는 없습니다. 아니, 어떤 종교에도 있을 리 없습니다.

왜?

부처님은 영원히 가난한 걸식 행자이시기 때문입니다. 한 벌의 누더기, 하루 한 끼의 식사, 비와 이슬을 가릴 한 칸의 초막으로도 부처님께서는 오히려 넉넉하신데, 우리에게 무엇을 더 바라시겠습니까? 바라시는 게 있다면, 그것은 나와 당신의 지극한 정성일 뿐입니다. 저 옹기장수 가티카아라는 한 그릇의 밥과 국, 몇 줌의 풀로써도 부처님을 기쁘게 해 드렸다는 사실을 우리는 곰곰 명상할 것입니다.

9 절에서 올리는 불공(佛供, 부처님께 올리는 공양)은 매우 거룩한 신행입니다. 불공은 보시의 뜻을 일깨우는 보살의 수행이고,

기도 성취의 의식입니다.
 불가의 명절이나 재일(齋日, 특별히 공양이나 기도 드리는 날)이 되면, 우리는 마땅히 기쁜 마음으로 불공에 동참할 것입니다. 불공 동참은 우리 불자들의 당연한 의무 가운데 하나입니다.
 개인으로나 집안에 기쁜 일, 슬픈 일이 있거나, 특히 기도할 일이 있을 때에는 홀로 또는 가족과 함께 절에 가서 불공 드릴 것입니다. 관혼상제의 의식도 불공 의식으로 모두 바꿀 것입니다. 불자는 마땅히 불가(佛家)의 가정의례에 따를 것입니다. 불자가 절에서 스님 뫼시고 혼인식을 올리지 않고, 일반 예식장에서 족보에도 없는 무국적 예법으로 혼인한다는 것은 참 부끄러운 일이지요.

부처님은 이미 다 알고 계시는데

10 집안에 기쁜 일이 있을 때, 우리는 먼저 절을 찾아 불공 올립니다. 생일, 합격, 취직 등 경사가 있을 때에는 정성껏 불공 올림으로써 은혜에 감사합니다. 사업에 성공하거나 돈을 벌었을 때에는 그 성공의 일부를 기꺼이 공양함으로써, 부처님의 축복에 감사합니다. 슬프고 괴로운 일이 있을 때, 우리는 먼저 절을 찾아 불공 올립니다. 청정수를 길어 올리고, 마련해 간 향을 피우고, 촛불을 밝히고, 부처님 앞에 엎드려 기도합니다.
 "부처님.
 이 모든 일, 님의 무한하신 원력대로 인도하옵소서."

11 우리는 마땅히 스스로 기도하고, 스스로 공양할 것입니다. 스님의 집전이나 인도도 필요하겠지만, 기도 불공은 본래 스스로

하는 것입니다. 스스로 기도의 목표, 곧 서원을 분명히 세우고, 부처님께 스스로 사뢸 것입니다. 생각으로 사뢰어도 좋고, 글로 써서, 말로 사뢰어도 좋습니다. 부처님과 우리는 마주 서 있습니다. 부처님과 우리 사이에는 어떤 매개체도 개입할 수 없습니다.

 무슨 까닭인가?

 부처님은 자부이시고, 나와 당신은 저마다 부처님의 외딸 외아들이기 때문입니다. 부모 자식 사이에 무슨 중개가 필요하고, 대리인이 필요하겠습니까. 그런 까닭에 우리의 기도 불공은 항상 직접 화법입니다. 돈 얼마 맡겨 놓고, '기도 불공 해달라'는 것은 진정한 만남이 될 수 없는 것이지요.

12 '부처님은 아실까? 내가 공양 올리는 것을 부처님께서 어찌 아실까?'

 벗이여, 행여 이렇게 의심하지 마십시오. 부처님의 색신(色身, 육신의 몸)이 아니 보이신다고 해서, 이렇게 의심하지 마십시오.

 우리 부처님은 상주불멸(常住不滅)이십니다. 지금 여기, 부처님은 바로 우리 안에 계시고, 우리 곁에 계시고, 모든 곳에 변만하여 계십니다. 햇빛처럼 계시고, 공기처럼 수고하십니다. 우리가 햇빛의 존재를 미처 눈치채지 못해도, 햇빛은 우리를 감싸고 우리를 비추는 것처럼, 부처님은 그렇게 우리를 감싸고 우리를 비추십니다. 우리가 미처 공기의 작용을 깨닫지 못해도, 공기는 우리 호흡으로 작용하여 우리를 살리듯, 부처님은 그렇게 수고하시어 우리를 살리십니다.

 세존께서 말씀하십니다.

 "선남자 선여인들아, 만일 어떤 중생이 나를 찾아오면, 나는 부처의 눈으로, 그의 신심과 모든 근기(바탕)의 날카로움과 둔함을 관하여 제도할 바를 따라 곳곳에서 설하되 이름이 같지 아니하며, 연대가 많고 적으며 또 다시 나타나 열반(입멸)에 든다 하고, 또 가지가지 방편으로 미묘한 법을 설하여, 중생으로 하여금 능히 환희한 마음을 일으키게 하느니라."

- 법화경 여래수량품 -

13 우리가 정성들여 가을 국화 한 송이를 공양 올릴 때, 우리 부처님은 우리들 속 마음까지 이미 다 알고 계십니다. 가난한 주머니를 털어 백원짜리 동전 한닢을 불단(佛壇)에 공양 올릴 때, 우리 부처님은 우리의 염원을 벌써 낱낱이 다 알고 계십니다. 저 옹기장이 가티카아라의 속 마음을 다 아시듯, 나와 당신의 마음을 다 아시고 보십니다. 그래서 우리는 참 기쁘고 행복합니다.

회향발원　(저희 귀중한 것을 공양올립니다)

　자비하신 부처님.

　이제 저희 청보리들, 푸르른 부처의 씨앗들. 정성을 기울여 공양 올립니다. 저희가 소유한 것 중 가장 귀중한 것을 골라 공양 올립니다. 땀흘려 번 수입 중에서 한 몫을 덜어 공양 올립니다. 절약 저축한 가계 중에서 한 몫을 덜어 공양 올립니다. 공양 올린 다음에 살림을 꾸려가고 가업을 경영합니다. 가장 먼저 부처님께 공양 올리는 것이 저희들에게는 더없이 행복한 일이며 깨침으로 나아가는 보살의 수행임을 굳게 믿기 때문에, 이 공양의 기쁨을 그 무엇과도 결코 바꾸지 아니하겠습니다.

-나무석가모니불-

찬불가　헌화의 노래

내용익힘

1. 다음 문장을 완성해 봅니다.
   ① 이제 춘다는 큰 (   )을 얻고, (   )을 얻으며, 물질과 힘과 좋은 (   )를 얻고, 많은 (   )을 얻으며, 죽어서는 (   )에 태어나는 과보를 받아, 원하는 일이 저절로 되리라.
   ② 우리가 부처님께 (   ) 올리는 것은 (   )의 첫 관문을 여는 것입니다. 이것은 곧 (   )의 문을 여는 것이고, (   )의 문을 여는 것이고, (   )의 문을 여는 것이고, (   )의 문을 여는 것이고, 실로 새 인생과 (   )의 문을 여는 것입니다.
   ③ 우리가 정성들여 가을 (   ) 한 송이 공양 올릴 때, 우리 (   )은 우리들 (   )까지 이미 다 알고 계십니다. 가난한 주머니를 털어 백 원짜리 (   ) 한 닢을 불단에 공양 올릴 때, 우리 (   )은 우리의 (   )을 벌써 낱낱이 알고 계십니다.

2. 다음 물음에 간결하게 답합니다.
   ④ 불공의 과보는 무엇인가?
   ⑤ 보살의 불공은 어떤 의미를 지니고 있는가?
   ⑥ 부처님은 우리들의 공양을 어떻게 다 아시는가?

교리탐구 춘다의 마지막 공양의 과정과 그 과보를 관찰합니다.

   1. 춘다의 마지막 공양의 과정
   2. 춘다 공양 이후에 전개된 상황
   3. 춘다의 공양에 대한 붓다 석가모니의 태도와 말씀

실천수행 우리의 수입과 가계 중에서 가장 먼저 부처님께 공양 올립니다.

1. 사찰·법회와 약속한 월 불사금(佛事金, 회비)을 가장 먼저 낸다.
2. 자매결연금을 먼저 낸다.
3. 사찰·법회의 대중불사에 기꺼이 동참한다.

2과 • 중생공양이 곧 법공양

"선남자 선여인아, 모든 공양 가운데 법공양이 가장 으뜸이 되나니, 이른바 부처님 말씀대로 수행하는 공양이며, 중생들을 이롭게 하는 공양이며, 중생들을 받아들이는 공양이며, 중생들의 고통을 대신 받는 공양이며, 선근을 부지런히 닦는 공양이며, 보살행을 버리지 않는 공양이며, 보리심을 여의지 않는 공양이니라."   —화엄경 보현행원품—

탐구과제
• 법공양이 무엇인가를 깨닫습니다.
• 누가 살아계시는 부처님이신가를 발견합니다.
• 어떻게 하는 것이 법다운 재산 처분인가를 깨닫고, 몸소 실천해 갑니다.

법공양이 으뜸이라

14 "누구에게 공양 올릴까?
 부처님 색신(色身, 육신)이 아니 계시니, 지금 우리는 누구에게 공양 올릴 것인가?"
 이렇게 망설이고 있을 때 문득 부처님의 사자후가 울려 옵니다.
 구시나가라, 사라쌍수(沙羅雙樹, 두 그루 sala 나무) 언덕에서 입멸을 맞이하실 때, 여러 신(神)들이 때 아닌 꽃을 뿌려 부처님께 공양 올렸다.
 이때 세존께서 아난다에게 말씀하셨다.

"이 쌍수 사이의 신들이 때 아닌 꽃으로써 내게 공양하는 것은 여래(如來)를 공양하는 것이 아니니라."
아난다가 여쭈었다.
"어떤 것이 공양입니까?"
"사람이 능히 법을 받아서, 능히 법을 행하는 자를 이름하여 여래(如來)를 공양하는 것이라야 하느니라." －장아함경 권3－

15 '능히 법을 받아서 법을 행하는 공양.'
우리는 이 공양을 '법공양(法供養), 진리다운 공양',[5] 이렇게 일컫거니와 부처님께서는 이제 우리더러, "법 공양을 하라, 법 공양이라야 참된 공양이니라." 이렇게 경책하고 계십니다. 꽃을 뿌리고 등(燈)을 밝히는 것이 공양 아님이 아니지만, 이런 외형의 공양에 안주할 것을 염려하시기 때문에, 부처님께서는 저리 말씀하시는 것이지요.
법 공양이 무엇인가?
무엇이 법다운 공양인가?
보현보살(普賢菩薩)께서 선재동자(善財童子)에게 하신 말씀을 경청합니다.

"선남자 선여인아, 모든 공양 가운데 법 공양이 가장 으뜸이 되나니, 이른바 부처님 말씀대로 수행하는 공양이며, 중생들을 이롭게 하는 공양이며, 중생들을 받아들이는 공양이며, 중생들의 고통을 대신 받는 공양이며, 선근(善根)을 부지런히 닦는 공양이며, 보살행을 버리지 않는 공양이며, 보리심을 여의지 않는 공양이니라." －화엄경 보현행원품－

---

[5] 공양(供養, pujana)에는 재공양(財供養), 법공양(法供養)의 두 가지가 있으니 재공양은 물질(재산)로 하는 것이고, 법공양은 보살행으로 하는 것.

16 법공양이 무엇인가?

그것은 먼저 '부처님 말씀대로 수행하는 공양'입니다. 발심한 보살의 모든 삶이 수행입니다. 부처님 법 따라 살아가려고 애쓰는 나와 당신의 인생 이 자체가 곧 보살의 수행입니다.

그런 까닭에 우리는 우리의 인생을 부처님께 바치는 하나의 거룩한 공양으로 알고 살아가는 것입니다. 우리 가정, 직장, 학교, 이 마을, 저 거리…… 나와 당신이 살고 있는 이 모든 공간이 곧 공양의 현장이고, 성스러운 수행 도량(道場) 아님이 없습니다. 우리의 살림살이, 경영하는 사업, 학문, 예술…… 그 하나하나가 곧 공양이고 불사(佛事)입니다. 내 물건, 내 재산, 내 손, 내 발, 내 몸, 내 생명…… 내가 지닌 소중한 것 그 어느 것인들 부처님께 바치는 공양구(供養具, 공양 올리는 물건) 아님이 없습니다. 참 곳곳마다 도량이고, 일마다 불공입니다.

17 그래서 우리는 오늘 하루 열심히 살아갑니다. 정성과 능력을 다하여 열심히 살아갑니다.

벗이여, 저 황 박사님을 보세요. 부처님을 만나기 전, 그는 지배하고 명령하는 습성의 맛에 끌려 그의 삶을 스스로 하나의 전쟁처럼 만들고 있었습니다. 남에게 가혹하고, 남을 제멋대로 부리려 하고, 화 잘 내고, 격렬하고…… 이것은 삶이 아니라, 차라리 '불타는 집〔火宅〕' 바로 그것입니다. 그의 내면이 이렇게 열기로 타오르니, 그의 육신인들 온전할 수 있겠습니까?

그러나 이제 그는 그의 삶을 허물어 버렸습니다. 높은 성벽과 망루와 포대를 허물어 버리고, 낡은 영토를 포기하였습니다. 그 자리에서 그는 새 삶을 시작하고 있습니다. 부처님 말씀대로 새 하루를 시작하고 있습니다. 끊임없이 기도하고, 일요일마다 법회에 나가고, 병원 환자들을 손수 돌보고, 가난한 이웃을 치료하기 위해서 달려가고, '감사합니다, 감사합니다.' 새 말을 익혀가고

……

18 이렇게 낡은 삶을 바꾸는 것이 곧 훌륭한 공양을 마련하는 것입니다. 이렇게 열심히 기쁜 마음으로 일하는 것이 '부처님 말씀대로 수행하는 공양'이고, 법다운 공양이고, 참된 공양입니다.

그런 까닭에 우리는 오늘 하루를 태만히 낭비할 수 없습니다. 우리 직장, 우리 직업을 밥벌이 수단으로 소홀히 할 수 없습니다. 우리 인생을 '내 것'이라 하여 내 멋대로 살 수 없습니다. 더더구나 자포자기하거나 자살할 수는 결코 없습니다.

내 인생은 실로 '나의 것'이 아닙니다. 이것은 부처님께 올리는 거룩한 공양이고, 보살의 경건한 수행입니다.

살아 계시는 부처님들께

19 이제 우리는 이러한 삶으로써 누구에게 법 공양을 올릴 것인가?

우리는 마땅히 이 땅의 고단한 형제들, 중생들에게 공양 올릴 것입니다. 이 형제들을 이롭게 하고, 이 형제들을 내 품으로 받아들이고, 이 형제들의 고통을 대신 받고, 이 형제들을 따라 섬기고, 이 형제들을 위하여 내 소중한 것들을 힘껏 희사하고…….

이것이 곧 중생 공양(衆生供養)이거니와, 이 중생 공양이야 말로 으뜸가는 법 공양으로서, 어떤 공양보다 뛰어난 공덕이 됩니다.

무슨 까닭인가?

보현 보살의 행원을 다시 경청합니다.

"만약 보살이 능히 중생을 따라 섬기면 곧 모든 부처님을 따라 섬기고 공양함이 되며, 만약 중생을 존중히 받들어 섬기면 곧 여래를 존중히 받들어 섬김이 되며, 만약 중생으로 하여금 환희심이 나게 하면, 곧 일체 여래로 하여금 환희하시게 함이니라."

― 화엄경 보현행원품 ―

20 '중생을 존중히 받들어 섬기면 곧 여래를 존중히 받들어 섬김이 되며.'

아! 이제 찾았습니다.

그토록 찾아 헤매던 '살아계신 부처님〔生佛〕'을 마침내 여기에서 찾았습니다.

'살아계신 부처님'이 누구신가?

바로 당신이십니다. 내 앞에 선 바로 당신이십니다. 나와 더불어 함께 가는 이 땅의 고단한 형제들, 고뇌하는 중생(衆生)들입니다. 아침 저녁으로 무심히 오가는 수많은 당신네들, 비좁은 버스 안에서 어깨를 부비며 가끔 신경질도 내 보는 당신네들, 나와 같은 고민으로 잠못 이루어 괴로워하는 당신네들, 나와 같은 병을 앓고 신음하고 있는 당신네들…….

바로 당신네들이 내가 경배 공양하며 받들어 섬길 '살아계신 부처님'이십니다. 내가 오늘까지 찾아 헤매던 그리운 '님'이십니다.[6]

21 '보살이 능히 중생을 따라 섬기면 곧 모든 부처님을 따라 섬기고 공양함이 되며.'

이 간곡한 말씀을 듣고 조용히 멈추어 생각해 보면, 우리는 지금까지 법 공양, 중생 공양에 너무 태만하고 정성이 부족했던 것

---

6) "부처와 중생이 둘 아니다." 『화엄경』.

을 뉘우칩니다. 우리가 해 온 불공 불사에는 분명 잘못이 있습니다. 몇 천만 원짜리 종(鍾) 불사는 잘 하면서, 포교당 하나 세우는 일은 잘 안 됩니다. 몇 억짜리 불상(佛像) 조성에는 다투어 공양하면서, 학교 하나, 병원 하나, 고아원 하나 짓는 일에는 냉담합니다. 물고기 방생(放生)은 성황을 이루는데 자선 바자회는 파리를 날립니다.

그런 일들이 소용 없다는 얘기가 아닙니다. 다 필요한 일들이지요. 그러나 우리가 정녕 눈뜬 불자라면 법다운 공양, 중생 공양부터 먼저 해야 되지 않겠습니까?

지금 우리에게 진실로 필요한 것은 세계 최대의 불상이 아니지 않습니까? 훌륭한 불상이 없고, 훌륭한 문화재가 없어서, 지금 우리 불교가 안 되는 것 아니지 않습니까?

22 큰 절 짓고, 큰 불상 만들고, 화려하게 장엄(꾸밈)하고, 대규모의 의식(팔관회 등)을 개최하고…… 어떻게 보면 우리 불교가 이런 형식주의, 형상주의 때문에 잘못 되기 시작하였습니다. '불상을 치워라'하고 당장 불상 무용론(無用論)을 주장하는 것 아니지만,[7] 불상 많이 만들고 여기에 매달리기 좋아하다가는, 정말 우리는 우상숭배자로 타락하고 맙니다. 불상이 없으면 또 어떻습니까? 불상이나 형상이 불교의 본질과 무슨 상관 있습니까?

무엇보다 돈이 아깝습니다. 큰 불상, 큰 종 하나 만드는 비용이면, 마을에 포교당 하나 짓고 유치원 하나 만들 터인데, 어려운 우리 살림에 저 귀한 돈이 덜 급한 일에 쓰이는 것이 안타깝고 원통합니다.

---

7) 한용운 선생은 그의 『佛教維新論』에서 사찰의 많은 소상(塑像)을 난신(亂信)의 도구라 규정하고, 나한·칠성·시왕·신중의 소상은 다 없애고, 오로지 석가모니 불상 하나로 통일할 것을 제창하였다. (『韓龍雲全集』, 新丘文化社, 1973, 2, pp.70~75)

"만약 중생으로 하여금 환희심이 나게 하면, 곧 일체 여래(如來)로 하여금 환희하시게 함이니라."

이 간곡한 말씀이 귀에 쟁쟁한데, 왜 우리는 부처님 슬퍼하실 일만 찾아 하면서 불공·불사라고 속입니까?

두렵고 두렵습니다.

불자의 재산 처분법

23 장경호(張敬浩) 거사는 1899년 동래에서 출생하였다. 그는 보성고보를 졸업하고, 20대의 젊은 나이로 장사를 하여 돈을 크게 벌겠다고 결심하였다. 그는 목공소에서 노동일을 하고 가마니 장사도 하였다. 가마니 장사에서 재미를 보자 미곡상을 차리고, 돈이 모이면 창고를 짓고, 군수품 운송도 하고, 석유통을 제작하기로 하였다. 그러면서 착실하게 돈을 축적해 갔다. 그는 한편으로 불심이 깊어 동안거 기간 동안에는 사찰에 가서 수행하기를 계속하였다.

1945년 해방과 더불어 그는 상재(商才)를 발휘하여 조선선재(朝鮮線材) 회사를 설립하고 못 장사부터 시작하였다. 쓰다버린 철조망을 수집하여 못을 만들어 팔았다. 이렇게 해서 그의 철강 인생이 시작된 것이다. 6·25사변 이후 고철을 수집하여 선철을 뽑아서 제강업을 벌렸다. 이 사업이 성장하여 동국제강(東國製鋼)이 되었다. 그 이후 경제개발의 시대 풍조를 타고 그는 동국제강을 국내 굴지의 대기업으로 발전시켰고 마침내 재벌 그룹의 창업주로 성공하였다.

장경호 거사는 돈벌이에만 전념한 것은 아니었다. 그는 일찍부터 대중불교의 포교에 큰 원을 세우고 불교계의 많은 지도자들과 연구와 토론을 거듭하다가, 1973년 서울 남산에 신식 빌딩을 세우고 대원정사(大圓精舍)를 개원하였다. 이것은 이후의 대중불교 운동을 위한 하나의 기폭제가 되었다. 1975년 6월 신병이 깊어지자 그는 자식들을 모아놓고 재산처분에 관한 결심을 말하였다.

"나는 이제 광복절을 기하여 가야겠다. 사업도 기반이 잡혔고, 너희들 먹고 살 만큼의 도움도 주었다. 내 앞으로 남은 재산은 모두 부처님으로부터 받은 은혜를 갚는 데 쓰겠다."

7월 10일, 그는 모든 재산 목록과 서한을 작성, 박정희 대통령에게 보냈고, 박 대통령은 그의 뜻을 좇아 이 재산으로 대한 불교진흥원을 설립하게 하였다.

8월 25일, 장경호 거사는 대원정사에서 조용히 입적하였다.[8]

24 모은 재산은 어떻게 쓸 것인가?

이것은 '재산을 어떻게 모을 것인가?' 하는 문제보다 더 어려운 질문입니다. 우리는 주변에서 힘써 모은 재산을 잘못 사용하고 잘못 처분함으로써 패가망신하는 불행한 사건들을 많이 보아 왔습니다. 창업 1세는 피땀 흘려 돈 벌어놓고, 그 자손들은 그 돈, 그 유산 분배 때문에 법정 싸움을 벌이고 서로 원수가 되고 마는 허망한 사건들이 지금 이 시간에도 벌어지고 있습니다.

재벌 가운데 불자들이 많다지만, 그들이 사회와 불교를 위해서 큰 일했다는 소식은 많이 들어보지 못했습니다. 호화 주택, 호화 분묘를 만들어서 비난 받는 광경은 흔히 보았지만, 정법 포교와 복지 불사를 위하여 가산을 헌납하는 모습은 거의 보지 못했습니다.

벗이여, 이것은 참 얼마나 부끄러운 일입니까? 자기 이익을 위해서 열심히 불공하면서, 불교와 사회를 위하여 소중한 자기 재

---

8)「대중불교의 빛 100인」(대원정사, 1993) pp.16~23.

산 선용하지 못한다면, 이것이 어찌 법다운 불공이 될 수 있겠습니까?

25 벗이여, 저 장경호 거사를 보십시오. 너무도 훌륭하고 당당하지 않습니까? 가마니 장사, 못 장사 해서 알뜰히 돈 모아 대기업을 키우고, 자기 몫의 재산을 한 푼 남김없이 불교진흥재단에 헌납하고, 지금 이 나라 불교가 장경호 거사의 재산 덕을 얼마나 많이 보고 있습니까. 수많은 군법당이 그 덕이고, 세계 최초의 불교 방송이 그 덕이고.

우리들에게 '불자의 법다운 재산 처리법'을 몸으로 실천해 보였다는 의미에서, 장경호 거사는 빛나는 스승입니다. 법다운 불공의 진면목을 일깨웠다는 의미에서, 장경호 거사는 실로 빛나는 보현행자(普賢行者)입니다. 보현행원의 실천자인 것입니다.

26 초기 경전에는 불자들의 재산 처분법에 관하여 이렇게 명시되어 있습니다.　　　　　　　　　　　　　　　　－잡아함경 33－

1. 수입을 4등분하여, 4분의 1은 생활비로 쓰라.
2. 4분의 1은 사업비로 쓰라.
3. 4분의 2는 저축하고 늘려서, 자신과 이웃의 빈궁을 위하여 쓰라.

27 "힘써 벌어서 재산을 모아라.
　　재산은 생활비·사업비로 쓰고,
　　빈궁한 이웃 형제들을 위하여 쓰라."

이제 우리는 마땅히 이와 같이 우리들의 정재(淨財)를 처분할 것입니다. 유산 얼마를 자식들에게 남겨주는 것이 부모의 도리인 양 생각하던 시대는 이미 지나갔습니다. 그것이 허망한 탐욕이며 집착인 줄을 이제 우리는 확실히 깨달아야 합니다. 검소하게 살고, 열심히 사업하고, 절약 저축하여 모은 재산은 사회와 교단을 위하여 희사하는 것이야말로 불보살님을 환희하시게 할 법다운 공양이며, 부처님 은혜에 보답하는 진정한 불공인 것입니다.

회향발원 (살아계시는 부처님들께 공양 올립니다)

　자비하신 부처님.
　이제 저희 청보리들, 푸르른 부처의 씨앗들.
　눈을 돌이켜 살아계시는 부처님들을 뵈옵니다. 연만하신 부모님, 비틀거리며 걸어오시는 노인분들, 지팡이를 짚으며, 휠체어를 타며, 바로 서지 못하는 장애인들, 어버이를 잃고 방황하는 청소년들, 국민소득 만 달러의 찬란한 풍요의 뒤안길에서 아직도 끼니를 걱정하는 이 땅의 가난한 형제들, 이제 저희들은 저 살아계시는 부처님께로 달려가 공양 올리옵니다. 저희 귀중한 것들, 귀중한 재산을 바쳐 저 부처님들께 공양 올립니다.

-나무석가모니불-

찬불가　자비방생의 노래

내용익힘

1. 다음 문장을 완성해 봅니다.
   ① 선남자 선여인아, 모든 공양 가운데 (   )이 가장 으뜸이 되나니, 이른바 (   ) 말씀대로 수행하는 공양이며, (   )을 이롭게 하는 공양이며, (   )을 부지런히 닦는 공양이며, (   )을 버리지 않는 공양이며, (   )을 떠나지 않는 공양이며, (   )을 여의지 않는 공양이니라.
   ② 만약 보살이 능히 (   )을 따라 섬기면 곧 (   )을 따라 섬기고 공양함이 되며, 만약 (   )을 존중히 받들어 섬기면 곧 (   )를 존중히 받들어 섬김이 되며, 만약 (   )으로 하여금 환희심이 나게 하면, 곧 일체 (   )로 하여금 환희하시게 함이니라.
   ③ 그런 까닭에 우리는 오늘 (   )를 태만히 낭비할 수 없습니다. 우리 (   ), 우리 (   )을 밥벌이 수단으로 소홀히 할 수 없습니다. 우리 인생을 (   )이라 하여 내 멋대로 살 수 없습니다. 내 인생은 실로 (   )이 아닙니다. 이것은 (   )께 올리는 거룩한 (   )이고, 보살의 경건한 (   )입니다.

2. 다음 물음에 간결하게 답합니다.
   ④ 법공양이 무엇인가?
   ⑤ 누가 '살아 있는 부처님'인가?
   ⑥ 불자의 법다운 재산 처리법은 어떤 것인가?

교리탐구 보시의 구체적 방법이 무엇인가?

  1. 재시(財施)
  2. 법시(法施)
  3. 무외시(無畏施)

4. 신시(身施)

실천수행 우리 법회와 교계 봉사단체가 주관하는 자원봉사 활동에 힘껏 동참합니다.

1. 우리 법회에서 불우시설과 자매결연하고 지속적으로 봉사활동을 전개한다.
2. 나 스스로 자원봉사자로 등록하고 필요한 수련을 받는다.
3. 정기적으로 노동봉사 활동에 동참한다.

3과 • 우리 시대의 가장 긴급한 불공은?

"먹을 것을 주면 힘을 주는 것이요,
입을 것을 주면 고운 얼굴을 주는 것이다.
탈 것을 주면 안락을 주는 것이요,
등불을 주면 눈을 주는 것이다.

살 곳을 주는 사람은
모든 것을 주는 것이요,
법(法)을 가르치는 사람은
영원 생명을 주는 것이다."

－남장 12－

탐구과제
- 우리 시대의 가장 긴급한 불사·불공이 무엇인가를 관찰합니다.
- 전법포교를 위하여 우리가 어디로 들어가야 할 것인가를 깨닫습니다.
- 지금 곧 착수할 수 있는 전법 포교의 방안을 선택하고 몸소 실천해 갑니다.

쌍용리를 불교 마을로

28 강원도와 충청도의 접경지역인, 태백산맥이 내려와 멎은 오지 마을 강원도 영월군 서면 쌍용리.
　이곳의 아침맞이는 경이롭다. 어느 집에선가 예불송이 흘러나온다. 더러는 목탁 소리도 들린다. 고사리 손 모아 합장하고 아빠

엄마, 어른들 곁에 선 아이들의 낭랑한 염불 소리가 아침기운을 더욱 상큼하고 활기차게 만든다.

꼭 같은 시간대는 아니다. 마을 사람 모두가 그런 것도 아니다. 마을 인구 60%가 불자인 이곳 쌍용리의 불자들 중엔 가정에 부처님을 모신 집이 60여 호가 된다. 그렇지 못한 집에선 거의 부처불자(佛)를 모셔놓고 신행생활을 한다.

예불송 테이프는 거의 집집마다 있다. 이것을 틀어놓고 아침을 맞기도 한다.

아침밥을 짓는 주부의 손길은 먼저 자비와 감사로 시작된다. 매일 아침 첫 손에 덜어내는 쌀은 부처님께 올릴 공양미다. 주부의 입에선 쉴 새 없이 정근이 이루어지고 있다. 매일 아침, 이렇게 덜어내 모은 쌀은 법회날 부처님께 올려진다. 그 공양미는 다시 불우이웃에게 전달된다.

이 땅이 본래 그러한 곳은 아니었다. 불법(佛法)은 물론 '부처님'이란 단어조차 낯설기만 했던 곳이다. 그랬던 이곳에 15년 전, 스물두 살의 한 젊은 청년이, 그저 평범한 한 시골 청년이 마을에 들어오면서 삭막하던 오지의 마을은 자비의 땅으로, 부처님 말씀이 넘실거리는 마을로 바뀌기 시작했다. 이제 서른 일곱의 장년에 들어선 이동성(李東星) 법사가 그 주역이다.

그는 고등학교 1학년 때 불교를 만났다.

울산에서 태어났으나 강원도 영월에서 어린 시절을 보냈고 그곳에서 고등학교를 다닐 때였다. 영월 보덕사 불교학생회에 참석, 곧 학생회장을 맡는다. 이동성 법사가 불교와 맺은 인연의 첫 매듭이었다. 스스로 '끝을 보고 마는 성격'을 지녔다고 말하는 이동성 법사는 이때 탄허 스님께 수계를 받고 자승(自勝)이란 법명을 받는다. 이후 제천불교청년회에 가입, 구도부장을 맡아 집전·교리지도 등 신행의 핵심 부분을 담당한다.

도무지 충족되지 않았다. 뭔가 허전하고 안타까움만 더했다.

그랬다. "법사가 없구나. 있는 법사는 게으르고 체계가 없으며 회원에게 충족감을 주지 못하고 있다."

그는 결심했다. 스스로 다짐을 받듯 회원들에게 약속을 거듭했다. '나는 재가 법사가 되겠다'고.

쌍용리에 와보니 탑골이라는 곳이 있었다. 다 쓰러져 폐허가 된 초라한 절터였다. 탑만 덩그렇게 남아 있었다. 또 하나 용운사라는 절이 있었으나 단지 '절이 거기에 있을 뿐' 아무 노릇도 하는 게 없었다. 마을엔 교회 6개가 있었고 그들은 이미 전도의 뿌리를 탄탄하게 내리고 있었다. 자신이 필요한 곳은 바로 이곳이었다.

'쌍용리'란 이 지역은 두 마리의 용이 승천하는 형국이라서 붙여진 마을 이름이다. 그러나 지금은 '쌍용양회'로 더 유명한 마을이 됐다.

곳곳에 하얗게 깎여 내려진 절벽진 산들이, 제천에서 들어올 때와는 달리 희뿌연 공기가, 오지의 순박한 마을과는 어울리지 않는 대형 벌크시멘트 차들이, 이곳이 국내 최대 양회 생산지역임을 직접 말해주고 있다.

자칫 오지다운 정서마저 잃고 척박해져 갔을지도 모를 쌍용리였다. 그러나 이곳이 자비심 넘치는 부처님 땅이 될 줄은 더욱 아무도 몰랐다.

'77년 3월. '불교마을 건설'을 서원하며 '쌍용양회공업(주) 영월공장'에 입사하는 이동성 법사. 지금은 108가구가 살고 있는 쌍용3리로 그는 아주 이사를 한다.

그리고 영월 보덕사 주지스님(서운 스님)을 찾아갔다. 그가 처음 불교와 인연을 맺었고 주지스님의 신뢰와 사랑을 두터이 받았던 곳.

"스님께 말씀드렸습니다. 힘드시더라도 쌍용지역을 일으켜 보시자구요. 저는 재가운동을 펼테니까 스님께선 사찰불사를 중심으로 불교를 일으켜 보자구요. 어려우셔도 현대적인 포교를 해보시자구 말씀을 드렸죠."

스물두 살 청년의 당돌한 제안일 수도 있었다. 그러나 당시 65세이셨던 서운 스님께선 쾌히 응낙하셨다. 참으로 아름다운 만남이었고 멋진 화합이었다. 실로 가슴이 탁 트이신 어른만이 해낼 수 있는 일이었다.

스님과 이동성 법사는 한뜻으로 움직였다. 이동성 법사는 곧 청년회를 모아 탑골에 천막을 치고 법회를 시작한다. 청년회원은 어린이 법회의 지도 법사가 됐고 이어 연화 부인회를 결성했다. 직접 찬불가를 부르고 교리를 가르치며 때때로 인근 외지에 나가 스님이나 법사님을 모셔오기도 했다.

이동성 법사는 부지런히 신도를 모아들였고, 서운 주지스님께선 사찰 재건 불사를 땀흘려 하셨다. 폐사지나 다름없던 탑골은 '서곡정사'로 다시 일어섰다. 7개 리(里)로 구획되어 있는 쌍용리 지역 인구는 약 7백여 세대에 2천 5백여 명. 서곡정사는 이 쌍용지역 450여 세대 신도의 귀의처가 되었다. 격의 없는 불심이 피워낸 장거가 아닐 수 없다.

쌍용리에 들어와 동분서주하기 5년. 이제 막 일어서려는 찰나였다. 원력이 부족했던 탓이었을까. 너무 무리를 한 탓이었을까. 갑자기 간염으로 쓰러져 2년간의 투병생활을 한다. 다시 일어설 수 있을까. 절망적이었다.

그는 서원을 거듭한다.

"부처님, 이 몸 일으켜 주시면 목숨을 바쳐 전법하겠습니다. 당신 뜻대로 하소서."

그리고 보니 그의 몸은 자신의 것이 아니었다. 이미 부처님의 것이었다. 정성을 다할 수 있었다. 약 한 첩 달여 마시며 『천수경』 한 번 읽고 천 번의 절을 올리기를 거듭했다.

그렇게 추스려진 몸. 지금도 병원에선 염려가 크다. "최대한 휴식을 취하라."는 것이다. 그러나 이동성 법사는 아랑곳 없다. 어떤 건강한 사람보다도 활동량이 많고, 수면과 휴식시간이라곤 최소한이다. 그저 시간이 부족한 게 안타까울 뿐이라니 원력이 깊으면 그리 되는 모양이다.

　이때 극진히 간호해준, 제천불교 청년회 시절에 만난 자비행 보살(이동호 씨)을 부인으로 맞았다. 이 인연이 지중했다. 자비행 보살은 이동성 법사의 하는 일을 하늘 아래 으뜸으로 아는 진짜 보살이다. 부처님께 바친 남편, 시어머니와 1남 1녀의 자녀를 건사하며 이제 더이상 쪼들릴 수 없어 두 달 전부터 부업에 나섰다.[9]

인재(人材) 불사가 가장 급한 일

29 "불공하십시오.
　부처님께 공양 올리십시오.
　가난한 형제들과 우리 교단을 위하여 희사하십시오."
　이렇게 말하면, 아마 많은 친구들은 이렇게 생각할지 모릅니다.
　'나는 가진 게 없는데 –
　내 한 몸, 한 가정 돌보기도 힘든데, 무슨 쓰고 남는 재물이 있어서 공양하고 희사할까?'

30 벗이여, 그러나 이것은 바른 생각이 아닙니다. 아직도 공양의 참뜻을 깨닫지 못하고 있는 것입니다.
　벗이여, 저 이동성 법사를 보십시오. 그가 재산가입니까? 쓰고

---

9)「대중불교의 빛 100인」pp.404~410.

남는 재산으로 불사를 하고 있는 것입니까?

그는 가난한 청년에 불과합니다. 강원도 산골의 한 공장에서 노동하고 월급 받아 겨우 살아가는 가난한 청년일 뿐입니다. 그러나 그는 지금 가장 훌륭한 공양을 올리고 있습니다. 가장 중요한 불사를 훌륭하게 펼치고 있습니다.

벗이여, 생각해 보십시오. 무엇이 가장 중요한 불사입니까? 무엇이 우리 시대의 가장 긴급한 불공이겠습니까?

'인재(人材) 불사,
인재 불공.'

옳습니다. 바로 그것입니다. 인재를 키우는 인재불사야말로 지금 이 시대가 우리 불자들에게 요구하는 가장 급한 일입니다. 부처님 법을 전파하고 가르치는 전법포교야말로 부처님께서 지금 이 땅의 불자들에게 명하시는 가장 긴급한 불사입니다.

31 목이 잘라진 불상들, 절도 없고, 스님도 없는 실크로드의 황량한 벌판, 금촌 마을에서 쫓겨나는 사람들―.

큰 절이 없어서 저렇게 된 것입니까? 동양 최대의 범종이 없어서 저렇게 된 것입니까? 세계 최대의 미륵불상이 없어서 저렇게 된 것입니까?

'사람이 없어서―.'

그렇습니다. 우리 불교 집안에 사람이 없어서 저렇게 된 것입니다. 우리 불교 집안에서 사람 기르는 인재 불사, 교육 불사, 전법포교 불사를 소홀히 하고 투자하지 않았기 때문에 저렇게 된 것입니다. 우리 절·우리 법회에서 어린이회 하지 않고, 학생회 귀찮아 하고, 대학생·청년회 멀리했기 때문에 저렇게 된 것입니다.

32 가난한 이웃에게 밥을 주고 옷을 주는 것은 반드시 해야 할 불사입니다. 장애자를 돌보고 노인네들을 보살피는 것은 반드시 해야 할 불공입니다. 좋은 절을 짓고 불상을 조성하는 일, 꼭 해야 할 불사입니다. 그러나 이와 더불어, 가장 먼저 할 일은 전법 포교하는 것입니다. 부처님의 정법을 선포하고 전파하고 가르치며 함께 실천하는 것입니다. 유치원을 짓고 학교를 만드는 것입니다. 전법사를 양성하고 법사를 배출하는 것입니다. 한 사람의 참된 법사는 이 땅을 밝히는 등불입니다. 강원도 산골 마을을 부처님 마을로 만드는 개척자입니다.

부처님께서 이 도리를 설하십니다.

"먹는 것을 주면 힘을 주는 것이요
입을 것을 주면 고운 얼굴을 주는 것이다.
탈 것을 주면 안락을 주는 것이요
등불을 주면 눈을 주는 것이다.

살 곳을 주는 사람은
모든 것을 주는 것이요
법(法)을 가르치는 사람은
영원 생명을 주는 것이다."

―남장 12―

나 하나 진흙 수렁으로 들어가지 않는다면

33 평생 번 재산을 남김없이 헌납하는 장경호 거사. 스물두 살 젊은 인생을 강원도 산골 마을에 바치는 이동성 법사.

저분들을 보고, '아, 참 강한 분들이다.' '참 좋은 일 하였군'.

이렇게 지나친다면 이것은 참으로 안타까운 일입니다. '그런 일은 특별한 사람들이나 하는 거지.' '저분들은 타고난 분들이야'. 이렇게 지나친다면 이것은 더욱 불행한 일입니다.

왜?

무엇 때문인가?

저렇게 사는 것이 참된 인생이기 때문입니다. 저렇게 사는 것이 참된 인생의 행복이고 영원 생명을 사는 길이기 때문입니다. 저렇게 사는 것이 나와 당신이 마땅히 걸어야 할 인생 행로이기 때문입니다.

벗이여, 이 혼돈의 세상에서 진정 인간답게 살기를 원하십니까? 불안과 공포를 뛰어넘어 정녕 영원 생명으로 살기를 원하십니까? 당신의 삶을 진실로 맑고 향기로운 연꽃으로 피우기 원하십니까? 그렇다면 단일코 저와 같이 살기를 발원하십시오.

'나도 저 장 거사, 이 법사같이 살기 원합니다.'

지금 곧 부처님 앞에 나아가 이렇게 맹세하십시오. 부처님께서 빙그레 미소 띄우며 당신의 머리를 쓰다듬어 주실 것입니다.

34 연못에 연꽃이 피어 있습니다. 붉고 흰 연꽃들이 찬란한 봉우리를 터트리며 향기로운 자태를 뽐내고 있습니다. 행인들은 연못가에 서서, '아, 아름다운 연꽃'하며 감탄합니다. 그러나 행인들은 저 연꽃이 진흙 수렁에서 피어난다는 사실을 깊이 생각하지 않습니다. 연꽃은 의당 진흙에서 피는 법이라고 가볍게 지나치고 맙니다.

사람들은 저마다 복된 인생을 갈망합니다. 성공한 이들을 보면서 박수를 치고 부러워합니다. 그러나 사람들은 저 성공이 기나긴 희생과 인고(忍苦)의 수렁 속에서 결실된다는 사실을 깊이 관찰하지 않습니다. '운이 좋았다'라고 가볍게 지나치고 맙니다. 그런 까닭에 그들은 언제까지나 지나치는 구경꾼의 신세를 면치 못합니다. 그들은 방관자일 뿐입니다.

35 그러나 우리는 구경꾼이 아닙니다. 나와 당신은 발심한 보살입니다. 보살은 언제 어디서나 주인으로 살기를 다짐한 사람들입니다. 우리 스스로 연꽃 피우기를 맹세한 수행자들입니다.

벗이여, 한 번 명상해 보십시오. 우리 스스로 진흙 수렁으로 뛰어들지 아니 하면, 무슨 수로 연꽃을 피울 수 있겠습니까? 이 예토(穢土, 더러운 세상)의 진흙 수렁으로 뛰어들어 스스로 공양 봉사하지 않는다면, 무슨 수로 향기로운 정토를 실현할 수 있겠습니까?

부처님께서 설하십니다.

"선남자 선여인아, 큰 보살은 본원(本願)의 힘으로 깨끗하고 묘한 나라를 취하지 않고, 본원의 힘으로 부정(不淨)한 국토를 택하느니라. 무슨 까닭인가? 선남자 선여인아, 큰 보살은 대비(大悲)를 실현시키기 위하여 이 악하고 부정한 국토를 취할 뿐이니라."

―비화경 대시품―

36 벗이여, 우리가 선택한 예토의 진흙 수렁은 어느 곳입니까? 지금 여기, 우리가 살고 있는 이 마을, 이 거리.

그렇습니다. 바로 여기가 우리들이 뛰어들어갈 진흙 수렁입니다.

벗이여, 우리가 실현할 보살의 본원은 무엇입니까? 전법 포교, 인재 불사, 교육 불사.

그렇습니다. 이것이 바로 시급히 착수하지 않으면 안 될 우리들의 본원입니다.

37 '내가 무슨 힘으로 전법 포교를 할 수 있겠는가? 괜히 마음뿐

이지—.'
 벗이여, 행여 이렇게 움츠리지 마십시오. 이미 우리는 진흙 수렁으로 뛰어들지 않았습니까. 저 장경호 거사도 가마니 장수, 못 장수로서 능히 큰 인재 불사를 해냈고, 이동성 법사도 산골의 한 노동자로서 능히 쌍용리를 부처님 마을로 일구어냈습니다.
 전법 포교는 원력(願力)으로 하는 것입니다.
 '나 하나 진흙 속으로 뛰어들지 아니 하면 누가 우리 불교 꽃 피우며 지키랴.'
 이렇게 발원하고 나서면 반드시 문이 열립니다.
 '나는 전법 포교로써 부처님께 공양 올리오리. 나는 인재 불사로써 보살의 수행을 삼으오리.'
 이렇게 발원하고 나서면 어떤 장애라도 반드시 뚫립니다.

38 먼저 작은 일부터 착수하는 것이 좋습니다. 어린이 학교의 지도교사로 나서고, 한 달 몇 천원씩 우리 학생회 육성회비를 내고, 직장에서 조그맣게 신행 모임을 만들어 함께 공부하고, 불교 책을 사서 친한 이웃에게 선물하고, 병원 환자를 찾아가 함께 기도하고, 상가를 찾아가 밤 새워 지켜주고, 아파트의 아이들을 모아서 한자를 가르치고 불교 동화도 들려주고.
 벗이여, 머뭇거리지 말고 어서 한 발 들여 놓으십시오. 우리 부처님께서 기다리고 계십니다.

회향발원 (이 한 몸 진흙 수렁으로 들어가지 아니하면)

　자비하신 부처님.

　이제 저희 청보리들, 푸르른 부처의 씨앗들. 진흙 수렁으로 들어갑니다. 부처님을 모르는 황량한 이탕지대, 정법을 만나지 못하는 산골과 공단과 갯마을과 병영과 시장거리로 들어갑니다. 들어가 외칩니다. 소리 높여 외칩니다.

　"어서 오시오, 벗들이여.

　빛과 생명의 큰 등불 여기 있소."

　이 한 몸 진흙 수렁으로 들어가지 아니 하면, 누가 있어 이 땅의 정법을 펼치겠습니까. 정법의 연꽃을 찬란히 피우겠습니까. 저희는 이 일을 위하여 이 세상에 왔습니다.

－나무석가모니불－

찬불가　오라, 친구여

제4장 무엇이 법다운 공양인가? 239

내용익힘

1. 다음 문장을 완성해 봅니다.
   ① 먹을 것을 주면 (   )을 주는 것이요, 입을 것을 주면 고운 (   )을 주는 것이다. 탈 것을 주면 (   )을 주는 것이요, 등불을 주면 (   )을 주는 것이다. 살 곳을 주는 사람은 (   )을 주는 사람이요, 법을 가르치는 사람은 (   )을 주는 것이다.
   ② 우리 불교 집안에 (   )이 없어서 저렇게 된 것입니다. 우리 불교 집안에서 (   ) 기르는 (   ) 불사, (   ) 불사, (   ) 불사 소홀히 하고 투자하지 않았기 때문에 저렇게 된 것입니다.
   ③ 우리 스스로 (   )으로 뛰어들지 아니 하면, 무슨 수로 (   )을 피울 수 있겠습니까? 이 (   ), 더러운 세상의 (   )으로 뛰어들어 스스로 공양 봉사하지 않는다면 무슨 수로 향기로운 (   )를 실현할 수 있겠습니까?

2. 다음 물음에 간결하게 답합니다.
   ④ 이동성 법사가 전법 불사에서 성공할 수 있었던 요인은?
   ⑤ 법을 전파하고 가르치는 것은 무엇을 주는 것인가?
   ⑥ 인재 불사, 불공의 구체적인 방법은?

교리탐구 한국 불교의 전법 포교 불사가 부진한 원인은?

1. 교리적 측면에서
2. 역사적 측면에서
3. 심리적 측면에서

실천수행 내가 능히 실천할 수 있는 인재 불사를 선택해서 끊임없이 헌신 봉사해 갑니다.

1. 우리 절·우리 법회에서 봉사할 수 있는 전법 포교.
2. 마을과 직장에서 봉사할 수 있는 전법 포교.
3. 전법자로서 닦아야 할 수행과 공부를 계속하기.

제4장 무엇이 법다운 공양인가? 241

4과 • 자나 깨나 앉으나 서나

"성 안내는 그 얼굴이 참다운 공양구요
부드러운 말 한 마디 미묘한 향이로세.
깨끗한 속 마음이 진귀한 보배요
티없이 맑은 성품 영원한 법신일세."

-송고승전/화엄사 무착전-

탐구과제
- 우리 하루의 삶을 어떻게 부처님과 함께 하는 수행의 삶으로 살아 갈 것인가를 생각합니다.
- 합장 인사를 자연스런 자세로 몸에 익혀갑니다.
- 조석예불을 어떻게 일상화할 것인가를 배우고 실천해 갑니다.

마하반야바라밀

39 '마하반야바라밀.'
아침 잠자리에서 일어나면서, 나는 이렇게 큰 소리로 외칩니다.
'마하반야바라밀.'
이 한 말씀이 오늘 하루를 시작하는 불자들의 '진언(眞言), 진리 소리'입니다. 이 한 소리로 내 아침은 밝아옵니다.
'마하반야바라밀.'
아침 출근길, 대문을 열고 나설 때도 이렇게 외칩니다.
'마하반야바라밀.'

기분이 우울해지고 힘이 빠질 때도, 이렇게 외칩니다. 금세 기분이 밝아지고 힘이 솟구쳐 오릅니다.

40 '마하반야바라밀'이 무엇인가?

이것은 '크나큰 지혜 광명(Mahā-prajnā)으로 나아간다(pāramitā), 진리 광명으로 나아간다.' 이런 뜻입니다.[10] '불성 주인이 은혜의 문을 연다. 진리 주인이 축복의 문을 연다.' 이런 뜻입니다.

그런 까닭에, 우리가 '마하반야바라밀'을 생각할 때, 우리는 불성 주인으로 돌아옵니다. '마하반야바라밀'을 외칠 때, 부처님의 무한 광명한 은혜의 태양이 우리를 감싸고 우리를 인도합니다. 건강과 행복과 성공으로 인도합니다. 자비와 평화의 니르바나 동산으로 인도합니다. 여기에서 일체의 어둠과 혼미와 고통과 재난은 영영 소멸되고, 밝음과 지혜와 기쁨과 행운이 새벽처럼 열려옵니다.

그래서 『반야심경(般若心經)』 첫 머리는 이렇게 시작됩니다.

"관자재보살께서 깊은 지혜 광명으로 나아가실 때, 몸과 맘이 본래 무한 청정한 진실을 비춰보고, 이 세상 모든 고난을 구원하시네.(觀自在菩薩 行深般若波羅蜜多時 照見五蘊皆空 度一切若厄)"

-반야심경-

41 '마하반야바라밀.'

이 한 말씀으로 족합니다. 반야심경 다 안 외워도, 이 한 말씀으로 온전합니다. 반야심경 외울지라도, 뜻을 해석하고 풀이할

---

10) 石田瑞磨/이원섭, 『般若·維摩經의 智慧』, pp.38~42.

것 없습니다. 해석하고 풀이하면 오히려 그 신비한 광명이 사라집니다.

　무슨 까닭인가?

　'마하반야바라밀'은 진리 소리〔眞言〕이고, 부처님의 비밀스런 말씀〔密語〕이고, 은밀한 전승〔密傳〕이기 때문입니다.[11] 위신력 넘치는 신비한 기도 말씀〔神呪〕이기 때문입니다.[12]

42 '마하반야바라밀.'

　이제 이 말씀은 우리 불자들의 약속된 밀어(密語)입니다. 서로 주고 받으면서, 공경과 화합과 축복과 애정을 교환합니다.

　보리자는 말합니다.

　"불자여, 선남 선녀여,
　'마하반야바라밀'.
　만날 때 서로 합장하고,
　이렇게 인사하여요.
　헤어질 때 서로 합장하고,
　이렇게 인사하여요.

　'마하반야바라밀'.
　함께 모여 일을 도모할 때
　서로 손잡고
　이렇게 맹세하여요.
　곤경과 회의에 부닥칠 때
　서로 굳게 손잡고

---

11) "그런 까닭에 마땅히 알아라. 반야바라밀다는 곧 크나큰 신비의 주문이고, 크나큰 광명의 주문이고, 위없는 주문이고, 비할 바 없는 주문이니, 능히 일체의 고통을 구제하며, 진실하여 결코 거짓됨이 없느니라."『반야심경』
12) 정병조,『智慧의 完成』, p.153.

이렇게 합심하여요.

'마하반야바라밀'.
괴롭고 슬플 때
가슴에 두 손 모우고
이렇게 기도하여요.
우리의 발원이 지극할 때
향을 사루고 엎드려
이렇게 기도하여요.

'마하반야바라밀'.
이 속에 진리가 있고
광명이 있고,
사랑이 있고,
화합이 있고,
힘이 있고,
건강이 있고,
성공이 있고,
찬란한 정토가 있고…….

'마하반야바라밀'.
벗이여, 형제여,
우리 이렇게 노래하여요."

—마하반야바라밀—

조석 예불을 제일의 법도 삼아

43 "하하하……."

아침에 일어나 세면장으로 들어가 거울을 바라보고, 나는 이렇게 큰 소리로 웃습니다. 이 순간, 지난 밤의 어둔 자취는 흔적없이 사라지고, 신선한 아침 광명이 집안 가득히 넘쳐 흐릅니다.
"하하하……."
퇴근하고 돌아와 거울을 바라보고, 나는 또 이렇게 큰 소리로 웃습니다. 이 순간, 하루의 쌓인 피로와 울적이 싹 가시고, 새 희망과 활력이 솟구쳐 오릅니다.
직장이나 밖에서도 거울을 보며 소리내어 웃습니다. 소리 낼 형편이 못되면, 씩— 한 번 이빨을 보이며 몰래 웃습니다.

44 "하하하……."
조그만 기쁜 일이 생기거나 반가운 소식을 들어도 이렇게 큰 소리로 웃습니다. 아니, 기가 막히고 눈 앞이 막막할 때도 마음을 고쳐 먹고 이렇게 큰 소리로 웃습니다.
웃음은 참 묘한 능력을 갖고 있습니다. 한 번 크게 웃고나면, 막힌 가슴이 탁 트입니다. 가슴이 트이면서, 새로운 생명력이 콸콸 쏟아져 흘러옵니다. 새 길이 열립니다.
무슨 까닭인가?
생명은 본래 밝은 광명이기 때문입니다. 쾌활한 웃음은 광명의 언어이기 때문입니다. 그런 까닭에, 운명을 바꾸고자 하거든, 마땅히 크게 웃을 것입니다. 즐거워서 웃는 것이 아니라, 웃으면 즐거움이 쫓아오는 것입니다.
세존께서 말씀하십니다.

"크게 기뻐하라. 크게 기뻐하는 것〔大喜〕이 불성이고, 불성이 곧 여래이니라."
　　　　　　　　　　　　　　　　　　－열반경 사자후보살품－

45 아침마다 우리 가족들은 함께 모여 아침 예불을 드립니다. 큰

방 불단(佛壇, 조그마한 불상 하나 모신 자리지만) 앞에 모여 앉아서, 합장 삼매 올리고 '10분 예불'을 드립니다.
'10분 예불'의 순서는 이러합니다.

- 삼귀의 : 합장하고 함께 노래합니다.
- 반야심경 : 함께 소리 높여 합송합니다.
- 입정 : 3분간 고요히 입정합니다.
- 기도 : '일상 기도문(一常祈禱文)'을 합송하고, '관세음 보살' 정근(精勤)을 합니다.

예불이 끝나면, 가족들은 함께 아침 공양(삭사)하고, 하루를 준비합니다.

46 우리들의 '일상 기도문'은 '나의 기원'으로 시작되는데, 그 전문은 이러합니다.

"항상 함께 하옵시는 자비하신 부처님, 저희가 지극한 정성으로 부처님께 귀의하옵고, 부처님의 정법 배우고 전하기 위하여, 온갖 고난 참고 이기오며, 굳센 신념으로 맹세코 큰 사업 성취하겠나이다. 저희에게 큰 지혜와 용기를 베푸소서.
저희는 부처님의 실재하심과 무한 절대한 위신력을 굳게 믿습니다. 관세음 보살님의 32응신[13]과 불가사의한 신통력을 굳게 믿습니다. 저희가 본래 청정하여, 금강같이 굳세고 바다처럼 풍성한 부처님의 자식임을 굳게 믿습니다.
이 세상 끝까지 부처님의 보리 씨앗 심으오리이다. 그리하여 이 나라 정토화의 대작 불사, 기어이 성취하겠나이다. 이 모든 서원, 부처님의 무한하신 원력대로 성취케 인도하옵소서.

---

13) 관세음 보살님은 중생의 근기(바탕과 조건)에 따라 32가지의 화신(化身, 應身)으로 오셔서 제도하신다. 『법화경』「관세음보살보문품」

부처님, 부처님, 부처님.
(관세음 보살 정근)"
- 일상기도문 -

47 만일 그날 가족 중에 특별한 일이 있을 때에는, 정근하기 전에 계속해서 '오늘 발원〔今此發願〕'을 합니다. 생일, 시험, 입학, 졸업, 취직, 여행, 결혼 등 함께 기뻐하고 격려할 때에도 기도하고 신병, 낙방, 실패 등 함께 슬퍼하고 위로할 때에도 기도합니다. 기도 말씀은 아버지 어머니 등 윗 사람이 미리 준비해서 합니다.

얼마 전 둘째 아이가 입시에 낙방하고 학원에 처음 나가던 날, 우리 가족은 이렇게 함께 기도하였습니다.

"하늘과 땅 위에 홀로 존귀하신 부처님.
이제 저희 가족들이 님 앞에 엎드려 기도 드리오니, 저희 부름에 감응하옵소서.
자비하신 부처님.
님의 사랑하는 불자 성근이가 오늘 새로운 희망을 향하여 첫 출발을 합니다. 실패와 아픔을 딛고 다시 일어섰습니다.
자비하신 부처님.
이 아들을 귀히 여기시고 이 아들을 격려하소서. 이 한 해의 고뇌와 회의를 훌륭하게 극복하고, 나중 난 뿔처럼 우뚝하게 서서, 불자의 기쁨과 영광을 빛낼 수 있도록 이 아들 곁에서 지켜주소서. 저희 가족들이 또한 좋은 벗이 되고 조언자가 되어서 이 아들과 함께 이 한 해를 함께 가겠나이다.
자비하신 부처님.
저희들은 이 아들과 저희 가족과 이 땅의 사랑하는 동포들 위에 비처럼 부어지는 님의 풍성한 은혜를 굳게 믿으며 감사하나이다."
- 금차기도문 -

48 얼마 전 우리 청보리 법회의 서준희 법우가 오랜 신병으로 병원에 입원하였습니다. 우리 법우들은 절에서 그 형제를 위하여 공양 기도하고, 법회 가족들이 순번으로 가서 그를 위로하고 돌보았습니다.

우리는 그의 손에 단주를 쥐어주고, 함께 관음 기도를 드렸습니다.

"대자대비 관세음 보살님.
이제 저희 두 손 모아 님께 귀의하오니,
님의 천안으로 저희들의 아픈 마음 살피시고,
님의 천수로써 저희들의 고단한 몸 구하여 주소서.
구고구난 관세음 보살님.
저희들의 지난 허물 다 참회하오니,
저희 사랑하는 가족과 형제들, 이 고난에서 구하여 주소서.
[님께서 사랑하시는 불자 서준희 법우를 이 고통에서 건져 주소서. 관세음보살님 아니시면, 누가 이 귀한 딸을 회생케 하오리까. 저희들이 이 딸의 고통을 함께 받으오리니, 저희 부름에 감응하시어 서른 두 몸 나투소서.](금차기도)
자애로운 어머니 대비 관세음 보살님.
이제 저희들의 모든 것 님께 의탁하옵고, 오직 일심으로 님의 명호를 부르오니,
님의 무한하신 원력대로 저희를 인도하소서."   －관음 기도문－

'부처님'이 한 생각으로

49 "부처님, 감사히 먹겠습니다."

우리들은 식탁에 둘러 앉아서 합장하고, 이렇게 공양 기도를 드립니다.
"부처님 감사하게 먹었습니다."
이 말이 늘 우리 입에서 떠나지 않고, 이 생각이 항상 우리 머리 속에서 맴돌고 있습니다. 복잡한 버스 속에서 누가 내 발을 밟아도, '감사합니다' 나는 무심코 이렇게 말합니다. 그래서 감사할 일이 더욱 많이 생기는지 모를 일입니다.

50 우리 가족은 웃는 합장, 미소 합장으로 항상 서로 인사합니다. 아침에 일어나서도 미소 합장으로 서로 문안하고, 집을 나갈 때나 들어와서도 미소 합장으로 인사합니다.
 버스 안에서나 거리에서도, 항상 부드러운 미소로 바라봅니다. 직장 동료들에게 늘 부드러운 미소로 대하고 상쾌한 말, 기분 좋은 말로 대화합니다.
 중생 공양이 그렇게 크고 힘든 일이 아니라고 생각합니다. 미소하는 얼굴, 기분 좋은 말 한 마디, 조그마한 친절, 사소한 도움, 이 미미한 공양으로서도 우리는 얼마든지 형제들을 기쁘게 하고, 이 세상을 밝게 할 수 있는 것이지요.
 오대산 문수보살(文殊菩薩)의 게송을 우리는 곰곰이 명상해 봅니다.

"성 안내는 그 얼굴이 참다운 공양구요,
부드러운 말 한 마디 미묘한 향이로세.
깨끗한 속 마음이 진귀한 보배요,
티 없이 맑은 성품 영원한 법신일세."

―송고승전 20, 화엄사 무착전―

51 토요일 오후가 되면 나는 아이들과 함께 청보리 정토원으로

갑니다. 지난 20여 년 동안 학생회와 청년 보리회를 맡아 정성을 다 기울여 왔습니다.

내 힘껏 이 푸른 보리들을 가르치고 인도하는 것이 내가 할 수 있는 최선의 중생 공양이라고 믿고 있습니다. 또 이 일은 부처님께서 내게 내리신 부촉(付囑)이라고 나는 굳게 믿고 있습니다.

우리 청(靑)보리들은 매월 셋째 일요일마다 성남 자광원을 찾아 갑니다.

우리는 굳게 서원하고, 3년을 한결같이 자광원의 노인들을 함께 보살피고 있습니다. 매월 4째주 법회에서는 동참 회사를 행하고, 정성껏 흰 봉투에 공양금을 냅니다. 얼마 안 되는 돈이지만, 세월이 흐를수록 공양금도 늘어나는 것을 보고, 우리 보리 나무가 자라는 모습을 확인하는 것 같아 우리는 기쁘고 흐뭇합니다.

52 나는 염려하지 않습니다. 이제 우리에게는 아무 것도 구하는 것이 없습니다. 부처님께서 우리 원하는 바를 먼저 알고 계시고, 부처님 대원력(大願力)대로 인도하실 줄 알기 때문입니다. 결과가 어떤 것이든, 그것은 나를 더 크게 성취시키려는 부처님의 숨은 자비인 줄 알기 때문입니다.

'부처님.

부처님.

부처님.'

내게는 오직 이 한 생각뿐입니다. 자나 깨나 앉으나 서나, 나는 다만 이 한 생각만 할 뿐입니다. 나는 이 한 생각으로 우리 가족들을 사랑하고, 내 직장을 사랑하고, 우리 법회를 사랑합니다. 이 나라 역사를 사랑하고, 이 땅의 불교를 사랑합니다.

이제 보리자는 노래합니다.

"달이여, 내 맘 실어다 님 가슴에 비쳐 주어요.

당신 얼굴 그리워서 잠 못 이루고
홀로 시름하는 어린 사람 여기 있다고
닭이 울도록 호롱불 곁에서 기다리고 있다고.

파랑새여, 내 맘 물어다 님 창가에 걸어 주어요
당신 목소리 그리워서 뜨지 못하고
홀로 애끓이는 어린 사람 여기 있다고
7월이 다하도록 창포꽃 곁에서 기다리고 있다고.

자나 깨나 앉으나 서나
슬픔도 당신 생각 기쁨도 당신 생각
오호 나무여, 영원의 나무여.
오호 나무여, 사랑의 나무여."
─자나 깨나─

회향발원 (자나 깨나 앉으나 서나)

  자비하신 부처님.

  이제 저희 청보리들, 푸르른 부처의 씨앗들.

  부처님 생각하는 맘 가운데 오늘 하루를 살아 갑니다. 깨어날 때부터 잠들 때까지 자나 깨나 앉으나 서나, '부처님'이 한 생각으로 살아갑니다. 기쁘고 슬픈 일, 즐겁고 궂은 일, 어떤 상황을 당하여도 고요히 합장하고, '부처님 감사합니다. 부처님 저희를 바른 길로 인도하소서.' 이렇게 기도합니다. 모든 것을 부처님의 대비 원력에 맡기고 걱정하지 않습니다. 실패와 고통다저도 감사하며, 오늘 하루 열심히 살아갑니다.

-나무석가모니불-

찬불가 부처님 마음일세

제4장 무엇이 법다운 공양인가? 253

내용익힘

1. 다음 문장을 완성해 봅니다.
   ① (   ) 안내는 그 얼굴이 참다운 (   )요, 부드러운 (   ), 미묘한 향이로세. 깨끗한 (   )이 진귀한 보배요, 티없이 맑은 (   ) 영원한 법신일세.
   ② 나는 거룩하신 부처님의 (   ), 맑고 깨끗한 (   ), 오늘 하루의 삶을 기뻐하고 (   )합니다. 내 속에서 미소하시는 (   )의 무한한 자비가 나와 가족과 우리 (   )의 앞길을 항상 광명과 행복과 (   )으로 인도하심을 믿습니다.
   ③ 나는 (   ) 않습니다. 이제 우리에게는 아무 것도 (   ) 것이 없습니다. (   )께서 우리 원하는 바를 먼저 알고 계시고, (   ) 대원력으로 인도하실 줄 믿기 때문입니다.

2. 다음 물음에 간결하게 답합니다.
   ④ '마하반야바라밀'이 무슨 뜻인가?
   ⑤ 조석예불의 순서는?
   ⑥ 기도 드리는 순서는?

교리탐구 예불문의 큰 뜻은?

  1. 한문 예불문(암송)
  2. 한글 예불문(해석)
  3. 예불문에 담긴 큰 뜻

실천수행 조석 예불을 수행의 제일 법도로 작정하고 일상적으로 실천합니다.

  1. 부처님 사진 한 장을 모시더라도 불단을 꾸민다.

2. 아침 저녁 예불문·반야심경 한 편을 외우더라도 조석 예불을 꼭 올린다.
3. 식사할 때 합장하고 "부처님 감사합니다." 식사 마칠 때 합장하고 "부처님 감사합니다." 이렇게 감사드린다.

단원정리

● **합송** 부처의 씨앗을 심고 가꾸기 위하여

법사 선남 선녀들아, 보살은 무엇으로써 부처님께 공양 올립니까?
대중 저희들의 가장 귀중한 것으로써 공양 올립니다. 일터로 나아가 땀 흘려 벌고, 검소하게 살펴 아끼고 저축한 저희 귀중한 재물 중에서 가장 먼저 부처님께 공양 올립니다. 저희들의 부(富)와 성공이 모두 불보살님의 한량없는 은혜의 결실입니다.
법사 선남 선녀들아, 법다운 공양이 무엇입니까?
대중 많은 사람들의 이익과 행복을 위하여 헌신 수고하는 것입니다. 우리 이웃들을 따뜻한 마음으로 이해하고 공감하며, 그들의 성숙과 성공을 도와주는 것이야말로 진정 법다운 공양입니다. 그들이 기뻐할 때, 우리 부처님께서도 기뻐하십니다.
법사 선남 선녀들아, 지금 가장 긴급한 법 공양이 무엇입니까?
대중 인재를 기르는 일입니다. 부처의 씨앗을 심고 가꾸는 인재 불사에 힘 모아 투자하는 것이야말로 지금 이 땅의 불자들이 가장 긴급히 착수할 법 공양입니다. 씨앗을 심고 가꾸지 아니하면, 정토의 내일을 어찌 기약할 수 있겠습니까.
다함께 벗이여, 선남 선녀들이여. 이제 우리 모두 열심히 일하고 재물 모아요. 깨끗한 재물을 들어, 어린이·학생·청년들 키우는 일에 헌공하여요. 인재 불사를 제일 불사로 삼아 절마다 어린이회·학생회 열고, 법회마다 청년회 열어서, 어서어서 훌륭한 재목들 가꾸고 키워요.

● **창작** 어린이·학생회 가족들과 한 패가 되어서 계절놀이, 자치기·공기돌리기·제기차기·연날리기·술래잡기 등을 합니다.
● **법담의 시간**

1. 주제 : 우리 시대의 바람직한 불사(佛事)에 관하여
2. 주요내용 : ① 불사의 본래 의미가 무엇인가?
② 지금까지 이루어진 불사의 문제점은 무엇인가?
③ 인재불사·교육불사가 잘 안 되는 원인이 무엇인가?
④ 인재불사·교육불사의 현실적인 진흥방안은 무엇인가?
⑤ 우리 법회의 어린이회, 학생회, 청년, 대학생회의 구체적인 육성방안은 무엇인가?

제 5 장

무엇이 부처의 씨앗인가?

●

"그러므로 범부가 곧 부처이며,
번뇌가 곧 보리이다. 앞선 생각이 어두웠을 때는
범부였지만, 뒷 생각이 깨달으면 곧 부처다."
- 육조단경 -

제5장 무엇이 부처의 씨앗인가? 259

이끄는 말

무지와 탐욕으로 지혜의 등불 삼으시오

❶ 나는 왜 빛을 보지 못하는가? 내 몸이 곧 진리광명이라는데, 산과 강과 하늘이 곧 진리광명으로 빛난다는데, 나는 어찌하여 보지 못하는가? 어찌하여 이 눈부신 광명천지를 보지 못하고 끝없는 번뇌망상으로 허송세월하고 있는가?

❷ 5장은 '지혜발심의 장'입니다.
만고광명(萬古光明)의 진리로 돌아가는 지혜의 행로를 공부하게 될 것입니다. 여기서 우리는 진리가 이 세상의 진정한 창조능력임을 깨닫고, 우리를 괴롭히는 이 무지와 번뇌가 곧 지혜의 활력이며 부처의 씨앗임을 보게 될 것입니다.

❸ 벗이여, 떨치고 일어나세요. 욕심내고 괴로워하는 이 마음을 돌이켜 지혜의 등불을 밝혀요. 방황하는 자만이 길을 보고, 고뇌하는 자만이 진정 기쁨을 누릴 자격이 있는 법이라오.

머리 이야기

아들과 함께 죽으려는 어머니 〈남전상응부경 15〉

 외아들을 둔 한 어머니가 있었는데, 그 아들이 병을 얻어 목숨을 마쳤다. 어머니는 아들의 시체를 무덤 사이에 옮겨 놓고 근심하고 슬퍼함을 스스로 이기지 못하였다.
 어머니는 생각하였다.
 '이 아들을 노후의 의지로 삼고 있었더니, 이제 나를 버리고 죽으니, 나는 어찌 살 것인가.'
 어머니는 그 자리에서 목숨을 같이 하고자, 먹고 마시지 않은 지 이미 4~5일이 지났다.
 부처님께서는 이를 살피시고 5백명의 비구를 이끌고 무덤 사이로 나아가셨다. 그 어머니는 멀리 부처님께서 오시는 것을 보았다. 그 위신의 광명은 찬란하여 미혹(迷惑)한 잠을 깨우는 것 같았다. 그는 부처님 앞으로 나아갔다.
 부처님께서 말씀하셨다.
 "그대는 어찌하여 무덤 사이에 있느냐?"
 "세존이시여, 오직 하나 있는 외아들이 나를 버리고 가버렸습니다. 간절한 애정으로 죽어서 한 곳에 있고자 하기 때문입니다."
 "그 아들을 살리고 싶지 않은가?"
 "실로 원하나이다. 세존이시여, 저희 아들을 살려 주소서."
 "향을 태울 좋은 불을 구해 오라. 그러면 내가 마땅히 주원(呪願)으로써 그대 아들을 다시 살게 하리라."
 다시 말씀하셨다.

"그 불은 사람이 아직 죽은 일이 없는 집안의 불이라야 하느니라."

이때 어머니는 기쁜 마음으로 곧 나아가서 불을 구하기 시작하였다. 사람을 보기만 하면 먼저 물었다.

"그대 집에서는 아직 한 번도 사람이 죽은 일이 없는가?"

"아뇨. 선조 때부터 모두 죽어서 옛 사람이 되었오."

이와 같이 묻는 집마다 그 대답은 모두 같았다. 온 거리를 다 돌았으나 불을 얻지 못하였다. 그는 부처님 처소로 다시 돌아왔.

"세존이시여, 두루 다니면서 불을 구하려 하였으나, 사람이 죽지 않은 집은 없었습니다. 헛되이 돌아오고 말았습니다."

부처님께서 설하였다.

"천지가 생긴 뒤로 한 번 나서 죽지 않은 이가 없고, 난 사람은 모두 살기를 기뻐하는데, 그대는 어찌 그다지도 미혹하여 죽은 아들을 따르겠다고 하는가."

어머니는 드디어 미혹에서 깨어나 무상(無常)의 도리를 깨달았다. 부처님께서는 그를 위해 널리 법을 설하셨다. 어머니는 곧 지혜의 눈을 뜨고, 성자(聖者)의 첫 경지 '수다원(須陀洹)'에[1] 들어

---

1) 원시불교의 최고 이상은 아라한(Arhan, 阿羅漢)이 되는 것인데, 여기에 이르는 4단계가 있고, 각 단계마다 과정[向]과 완성[果]의 2단계가 있는데, 이것을 '4향 4과(四向四果)', '4쌍 8배(四雙八輩), 4단계 8과정'이라 한다 (증일아함경 40) 4향 4과는 이러하다(向은 道라고도 한다).
제1단계 – 수다원(須陀洹, Srotāpanna, 預流) – 수다원도 → 수다원과 ~ 예비단계
제2단계 – 사다함(斯陀含, Sakṛdāgāmin, 一來) – 사다함도 → 사다함과 ~ 정진단계
제3단계 – 아나함(阿那含, Anāgāmin, 不還) – 아나함도 → 아나함과 ~ 불퇴전단계
제4단계 – 아라한(阿羅漢, Arhan, 無學) – 아라한도 → 아라한과 ~ 완성단계
(김동화, 『原始佛敎思想』, p.344, 水野弘元/무진장 역, 『佛敎槪說』, pp.308~309)

갔고, 무덤 사이에서 지켜보던 사람들은 모두 크나큰 발심 수행의 염원을 일으켰다.

얼마 뒤 기사 고다미 비구니(출가한 어머니)가 사밧티(城)에 들어가 탁발(걸식)을 마치고 숲속으로 돌아와 어느 나무 밑에 앉아 선정(禪定, 참선)에 들었다. 이때 악마의 왕〔魔王〕 파순(波旬)은 기사 고다미 비구니에게 큰 두려움을 주어, 선정에서 일어나게 하고자 하여, 그에게로 가서 게송(偈頌, 시 노래)으로 말하였다.

"아들을 잃은 그대 이제 얼마나 울면서 홀로 있으며
 홀로 숲 속에 들어 몸은 사내를 찾고자 함인가."

기사 고다미 비구니는 마왕의 속 뜻을 알아차리고 게송으로 대답하였다.

"아이를 잃은 어머니이던 시절을 지났다.
 사내라는 것도 없어졌다.
 나는 슬퍼하지 않고 울지 않는다.
 모든 세상의 쾌락은 다 버렸다.
 어둠을 깨뜨리고 죽음의 군사를 쳐부셨다.
 모든 번뇌를 다해 버리고, 나는 여기에 있다."

그때 악마 파순은 기사 고다미 비구니가 자기의 정체를 알아차린 줄 알고, 괴로워하면서 풀이 죽어서 그 자취를 감추고 말았다.

1과 • 오로지 진리〔正法〕가 있어서

"오로지 바른 진리〔正法〕가 있어서 나로 하여금 스스로 깨치게 하여 성불케 하나니, 나는 마땅히 이 진리를 공경, 존중, 봉사, 공양하고, 이 진리에 머무느니라. 무슨 까닭인가? 과거의 모든 부처님은 또한 진리를 존중 공경, 존중하고 받들어 섬겨 공양하며, 거기에 머물렀고, 미래의 모든 부처님들도 또한 그러할 것이기 때문이니라."

― 잡아함경 44 ―

탐구과제
- Dharma(Dhamma, 法)의 뜻이 무엇인가를 고찰합니다.
- '진리에 귀의한다(歸依法)'는 것이 어떻게 하는 것인가를 깨달습니다.
- 사경(寫經)의 의미가 무엇인가를 생각하고 몸소 실천합니다.

진리가 이 세상을 만들었으니

1 'Dhammaṃ Saraṇaṃ Gacchāmi〔歸依法〕
　　담맘　　　사라남　　가차미

세존이시여
이제 저희가 거룩하신 진리에 목숨 바쳐 귀의하나이다.'

우리는 부처님 앞에 향을 사루고, 무릎 꿇고 엎드려, 이렇게 사뢰옵니다. 이것은 우리들의 지극한 구도심(求道心)의 고백이고, 지혜의 길로 나아가려는 발심한 보살의 서원입니다.

귀의법(歸依法)은 곧 지혜의 행로,

땀흘리며 열심히 공부하는 삶입니다. 이 지극한 지혜의 삶을 통하여 나는 진리 앞에 나아갑니다. 우리는 이 땅 위에 정토를 세우고, 마침내 위 없는 Bodhi를 성취하여 함께 성불합니다.

2 '법(法)·정법(正法)·불법(佛法)'

이렇게 우리는 도처에서 법이란 말을 만납니다. 불경을 열어 보면, '부처님〈佛〉'이란 말보다 '법〔法〕'이란 말이 더 많이 나옵니다. 법륜(法輪)·법어(法語)·법사(法師)·법회(法會)·법좌(法座)·법(法)답게……법(法) 들어가는 용어들이 하늘의 별처럼 총총합니다. 그만큼 법(法)이란 말은 우리 불교의 중심 개념이 되고 있다는 것을 쉽게 짐작할 수 있습니다.

법이 무엇인가?

법이 대체 무슨 말인가?

법의 의미는 그 쓰임이 다양한 만큼이나 간단하지가 않습니다.

법의 첫번째 뜻은, '진리(眞理), 생명(生命)의 진리, 무한한 생명의 진리', 이런 것입니다. 하늘과 땅, 신(神)과 사람, 사슴과 진달래, 나와 당신……우주만물(宇宙萬物) 삼라만상(森羅萬像) 이 우주만물 삼라만상 되는 크나큰 생명의 진리, 이 근본진리(根本眞理)를 일컬어 '法, Dharma'라고 부릅니다.

Dharma(達磨-달마)는 인도 원어(Sanskrit어)로서, dharma의 dhr는 '…을 유지한다, …을 질서 있게 만든다'는 뜻이기 때문에, dharma는 '…을 유지하는 것(침, 원리), …을 질서 있게 만드는 것(힘, 원리)', 이런 의미입니다. 그런 까닭에 Dharma는 우주만물의 근본 원리(根本原理), 근본 도리(根本道理), 근본 질서(根本秩序), 근본 법칙(根本法則), 곧 진리(眞理)를 뜻합니다.[1] 그래서

---

1) 이기영, 『元曉思想』 I, 圖音閣, 1967, p.62.

중국인들이 'Dharma'를 '法(진리)'이라고 번역하였습니다.
경(經)에서 말씀하십니다.

"이 세상이 이렇게 되게끔 되어 있는 것, 이것이 곧 법(法)이다."
                                                    －아함경－

3 하늘과 땅과 신(神)과 인간과 사슴과 진달래가 각기 하늘이 되고, 땅이 되고, 신이 되고, 인간이 되고, 사슴이 되고, 진달래가 되고, 각기 하늘과 땅과 신과 사람과 사슴과 진달래로서 유지 발전되고, 무너지고 사라지고, 그러면서 서로 섞이지 아니하고 분명한 질서를 지키면서, 함께 어울려 크나큰 우주를 형성하고 있는 이 대자연의 신비(神祕).

이 신비는 결코 우연이 아닙니다. 그 누구의 뜻도 아닙니다.

이것은 곧 법, Dharma의 작용입니다. 법이 있어서, 이 법이 우주만물 삼라만상을 우주만물 삼라만상 되게 하고, 서로 엄연한 질서를 지키게 하고, 함께 어울려 무한한 하나의 세계를 형성케 하는 것입니다. 이 우주만물은 법이 만들었습니다. 이 크나큰 세계는 진리가 창조하였습니다. 진리가 곧 창조주입니다.

세존께서 말씀하십니다.

"법이 세상을 건립하였느니라."   －잡아함경 36－

4 "법이 세상을 건립하였느니라."

그러나 이것은, '누가 흙을 빚어 사람을 만들었다.' 이런 말이 아닙니다. 참 생명은 그렇게 의식적으로 만들어지는 것 아닙니다. 빚어지는 것 아니지요. 그것은 공장에서 생산되는 '기계의 생명'은 될 수 있을지언정, 나의 생명, 당신의 생명, 우주 만물의 생명, 대자연의 생명은 결코 될 수 없습니다.

무슨 까닭인가?

생명은 본래 스스로 말미암아〔自由〕, 스스로 존재하고〔自在〕, 스스로 사는 것〔自活〕이기 때문입니다. 생명의 본질은 실로 자유 자재〔自由自在〕이기 때문입니다. 자유 자재한 이 참 생명을 일컬어, '법신(法身), 불성(佛性), 불성생명(佛性生命)', 우리는 이렇게 부릅니다.

세존께서 이 불성 생명을 찬탄하십니다.

"불성(佛性)은 태어나는 것이 아니고, 멸하는 것이 아니며, 가는 것이 아니고, 오는 것이 아니며, 과거도 아니고, 미래도 아니며, 현재도 아니고……태어남도 아니고, 낳는 것도 아니며……."

－열반경 성행품－

진리만이 참으로 존재하는 생명

5 "법이 세상을 건립하였느니라."

이제 이 말씀은, '이 세상은 진리〔法〕로 만들어졌다. 이 세상 만류는 진리로부터 생명되어 나왔다, 천지 만물은 진리의 산물이다, 나와 당신은 진리의 산물이다, 진리의 나타남〔現顯〕이다, 진리 그 자체다.' 이런 뜻입니다.

이제 이 말씀은, '이 세상은 빛〔光明〕으로 만들어졌다, 이 세상과 만류는 빛으로부터 생명되어 나왔다, 천지 만물은 빛의 산물이다, 빛의 나타남이다, 빛 그 자체다.' 이런 뜻입니다.

이제 이 말씀은, '이 세상은 자비(慈悲)로 만들어졌다, 이 세상과 만류는 자비로부터 생명되어 나왔다, 천지 만물은 자비의 산물이다, 자비의 나타남이다, 자비 그 자체다.' 이런 뜻입니다.

무슨 까닭인가?

진리는 곧 무한의 빛〔無量光, Amitābha〕이고, 무한의 자비〔大慈大悲, MahaKaruna〕이기 때문입니다.

세존께서 밝혀 보이십니다.

"이 법신이 지혜의 광명이 되어서 나타나고, 그 광명이 사람을 깨우치는 것이다."
-금광명경-

6 여기에서 우리는 다시 저 영산 회상(靈山會上)의 대설법을 경청하고 있습니다. 이 회상에서 부처님께서는 광명개벽(光明開闢)하십니다. 크나큰 광명을 놓아 신천지를 여십니다.

"그 때 부처님께서 백호(白毫, 이마의 흰 털)의 한 광명을 놓으시니, 곧 동방 5백만억 나유타〔헤아릴 수 없는 큰 숫자의 단위〕 항하(恒河, 갠지스 강)의 모래같이 많은 국토에 있는 여러 부처님을 볼 수 있거늘, 그 여러 국토는 땅이 파려〔보배의 일종〕로 되고, 보배 나무와 보배 옷으로 장엄〔장식〕되었으며, 한량없이 많은 천만억 보살이 그 가운데 충만하고, 보배 장막이 둘러쳐져 있었다. 보배 그물을 위에 덮었고, 그 국토의 부처님들은 크고 미묘한 음성으로 법을 설하며, 또 한량없이 많은 천만억 보살이 국토마다 가득하여 중생을 위하여 법을 설하는 것도 보았으며, 남·서·북방과 사유〔동서남북의 사이사이〕·상하 어느 곳이나 백호의 광명이 비치는 곳은 모두 이와 같았다.』
-법화경 견보탑품-

7 시방의 우주공간을 능히 비추는 저 백호의 대광명, 보배로 꾸며진 무수한 국토, 그 속에서 중생을 제도하시는 부처님과 천만억 보살님들….

이것은 바로 진리로 세워진 우주 만물의 찬란한 모습입니다. 빛과 자비로 충만한, 아니 빛과 자비 그 자체인 우주 만물의 실상(實相) 바로 그것입니다.

정녕 이러합니다. Dharma, 법, 진리는 곧 모든 존재의 참 생명입니다. 진리는 거룩하신 부처님의 참 몸일 뿐만 아니라, 나의 참몸, 당신의 참몸입니다. 하늘과 땅과, 신과 사람과, 사슴과 진달래와…… 만류의 참된 몸입니다. 그래서 우리는 존재 하나하나를 '법, Dharma'라 부르고, 모든 존재를 통틀어서, '제법(諸法), 일체 제법(一切諸法)', 이렇게 부릅니다.[2] '일체의 존재가 곧 진리다, 진리가 일체의 몸이고, 생명이다.' 이런 뜻입니다. 동시에 우리는 이 세계를, '법계(法界, Dharmadhātu), 진리의 세계', 이렇게 일컫지요.[3]

8 진리란 대체 무엇을 뜻하는가? 왜 우리는 'Dharma'를 '진리'라고 말하는가?

그것은 Dharma[法]의 본성, 곧 법성(法性, Dharmatā, Dharma의 변하지 않는 본성·본질)은 진실하여 거짓이 없고, 영원하여 변함이 없이 항상 그대로(如是-여시) 작용하고 있기 때문입니다. 진실하고 변함이 없기 때문에 '진리'라고도 하고, 또 '진여(眞如)'라고도 일컫습니다. '진여(眞如 Tathatā)'란, '진실하여 거짓이 없고[眞], 영원히 변함없이 그 모습 그대로 한결같이 [如]' 이런 뜻이지요.[4]

세존과 천주(天主)의 문답을 경청합니다.

"세존이시여, 어찌하여 '법의 세계(法界)'라고 부릅니까?"

"천주여, 마땅히 알아라. '법의 세계'란 곧 허망(虛妄)하지 않다는 뜻이니라."

"세존이시여, 어찌하여 '허망하지 않다'고 하십니까."

---

2) 이기영, 앞의 책, p.62
3) 김잉석, 『華嚴學槪論』, 法輪社, 1974, pp.170~176.
4) 김동화, 『佛敎學槪論』, pp.194~198.

"천주여, 이것은 곧 변하지 않기 때문이니라."
"세존이시여, 어찌하여 '변하지 않는다'고 하십니까?"
"천주여, 이것은 모든 법이 진실하고 한결같기〔眞如〕때문이니라."
—대반야경 권 567—

9 '법의 세계, 법계(法界)'가 무엇인가?
이것은 곧 이 우주, 이 세계, 이 세상을 말합니다.
왜?
법이 우주를 세우고, 법이 이 세계를 포용하며, 법이 이 세상을 인도하기 때문입니다.
법이 이 우주를 세우고, 이 세계의 근본입니다. 이 우주는 법이 물결치는 무한의 바다입니다. 영겁에서 영겁으로 물결치는 참되고 한결같은 진리의 바다, 진여의 바다〔眞如海〕입니다.[5]

10 '법, Dharma, 진리, 진여(眞如), 법의 세계, 법계(法界), 진여의 바다〔眞如海〕……'
'그러나'하고 다음 순간 우리는 곰곰이 되묻고 있습니다.
'과연 법은 존재하는가? 이 세상에 실로 진리는 작용하고 있는가? 이 세계는 정녕 참되고 한결같은가?'
허위가 번창하고, 불의가 승리하며, 귀하고 사랑스런 모든 것들이 무너져 가는 듯한 이 현실의 혼돈 앞에서, 우리는 이렇게 회의하고 있습니다.
이때 저 깊은 곳으로부터 세존의 음성이 고요히 울려옵니다.

"오로지 바른 진리가 있어서〔唯有正法〕, 나로 하여금 스스로 깨치게 하여 성불케 하나니, 나는 마땅히 이 진리를 공경, 존중, 봉사, 공양하고, 이 법에 머무느니라. 무슨 까닭인가? 과거의 모

---

5) 이기영, 앞의 책, pp. 689~69.

든 부처님도 또한 진리〔正法〕를 공경 존중하고, 받들어 섬겨 공양하며, 거기에 머물렀고 미래의 모든 부처님도 또한 그러할 것이기 때문이니라."

—잡아함경 44—

11 "유유정법(唯有正法)
오로지 바른 진리가 있어서"

이 한 말씀은 혼돈과 회의 가운데에서 우리를 일으켜 세우는 사자의 소리이십니다. 이 우렁찬 사자후 앞에, 우리들의 어둔 상념들은 산산이 깨어집니다. 하늘을 덮은 구름은 뿔뿔이 흩어지고, 상쾌한 가을 바람이 밝은 달을 몰고 옵니다.
　달빛을 안고 벌어지는 저 광활한 산하대지(山河大地).
　벗이여, 정녕 저 곳엔 달빛뿐입니다. 높은 산, 깊은 강이 달빛으로 굽이치고, 풍성한 대지가 달빛을 안으며, 부엉이가 눈을 뜨고 달빛을 노래합니다.

12 "오로지 바른 진리가 있어서."
　정녕 이러합니다. 이 세상에는 오로지 진리가 있을 뿐입니다. 참되고 영원한 진리만이 한결같이 작용할 뿐입니다. 많은 것이 있는 듯하지만, 진리 아닌 것은 실로 존재하지 않습니다. 아니, 존재할 수 없습니다. 한 때 있는 듯이 보여도, 이것은 착각입니다. 환상입니다. 한 때 왕성한 듯 보여도, 이것은 곧 사라지고 맙니다.
　왜?
　진리 아닌 것은 생명 아니기 때문입니다. 비법(非法)은 곧 비생명(非生命)이기 때문입니다.
　경(經)에서 말씀하십니다.
　"이 모든 세상 가운데, 진리가 만들지 아니 한 것은 하나도 없다〔一切世間中無法不造〕."
　　　　　　　　　　　　　　　　　　　　－화엄경 야마천궁품－

13 "나는 마땅히 이 법을 공경·존중·봉사·공양하고, 이 법에 주(住)하느니라."

　너무도 간곡하고 겸허하신 부처님 말씀 앞에서, 우리는 새삼 부끄러움과 자신의 어리석음을 절감하고 있습니다.
　'우물 안 개구리'
　그렇습니다. 나는 지금껏 한낱 우물 안 개구리입니다. 내 주변의 극히 좁은 공간을 체험하고, 나는 '세계를 보았다. 세상을 알았다'고 스스로 자만해 왔습니다. 내 주변의 한 줌 흙탕물을 보고, '온 세상은 흐리다, 모든 것은 다 썩었다.' 이렇게 자신과 남을 기만해 왔습니다.
　"오로지 바른 법이 있어서."
　이 말씀 듣고, 나는 이제 놀라움과 기쁨으로 설레이며, 머리를 치켜 듭니다. 이 우물 저 편에 굽이치는 바다를 향하여 귀기울입니다. 한발 내디딜 채비를 서두릅니다. 저기 저 푸른 바다에는 용(龍)도 있고, 거북이도 있고, 고래도 있고, 물개도 있다지요. 산호도 있고, 유전도 있고, 어디엔가 진주도 있을테지요.[6]

14 '세존이시여,
　이제 저희가 목숨바쳐 거룩하신 부처님 법에 귀의하나이다.'
　이것은 바다로 향하여 떠나가려는 구도자의 용기 있는 결단의 고백입니다.

---

6) "마땅히 알라, 진여의 큰 바다도 이러하니라.
　　영원히 모든 비(非)진리를 떠난 까닭이며,
　　만물을 포용하는 까닭이며,
　　온갖 덕성을 갖추지 아니함이 없는 까닭이며,
　　나타나지 않는 모습이 없는 까닭이니라."(원효,『大乘起信論疏』)

'이 세상에는 진리가 있다.
아니, 이 세상에는 오직 진리가 있을 뿐이다.
나는 진리생명이다.
진리만이 나의 참 생명이다.'
이제 우리 발심한 보살들은 이렇게 확신하고 있습니다.
'진리를 찾으리.
이 혼돈과 무질서 속에서,
반드시 진리를 찾고야 말리.'
이제 우리 보살들은 이렇게 결심하고 있습니다. 이것이 '귀의불(歸依佛)'의 참된 뜻입니다. 귀의불은 본질적으로 나 자신의 참생명을 찾으려는 우리 생명력의 발동인 것입니다.

'저희는 마땅히 이 진리를 공경·존중·봉사·공양하고, 이 진리에 머물겠나이다.

회향발원 (목숨 바쳐 진리 찾습니다)

자비하신 부처님.
이제 저희 청보리들, 푸르른 부처의 씨앗들.
목숨바쳐 바른 진리 찾습니다. 부처님께서 깨우쳐 보이신 바른 진리, 정법(正法)을 찾기 위하여 피땀 흘리며 열심히 구도합니다. 유유정법(唯有正法), 오로지 바른 진리가 있어서, 이 진리가 나의 참 생명이고, 천지만물 삼라만상, 신과(?) 인간의 참 생명이 되는 이치를 깨닫고, 내 참 생명 찾기 위하여 열심히 공부합니다. 이 세상과 이 우주의 참 모습 찾기 위하여 열심히 공부합니다. 부처님의 참 모습 찾기 위하여 피땀 흘리며 열심히 공부합니다. ㅡ나무석가모니불ㅡ

찬불가 부처님께 기원합니다.

내용익힘

1. 다음 문장을 완성해 봅니다.
    ① 오로지 (   )가 있어서 나로 하여금 스스로 깨치게 하여 성불케 하나니, 나는 마땅히 이 (   )를 공경, 존중, 봉사, 공양하고, 이 (   )에 머무느니라. 무슨 까닭인가? 과거의 모든 부처님도 또한 (   )를 공경 존중하고 받들어 섬겨 공양하며, 거기에 머물렀고, 미래의 모든 (   )도 또한 그러할 것이기 때문이니라.
    ② (   ), 법, (   )는 곧 모든 존재의 (   )입니다. (   )는 거룩하신 (   )의 참 몸일 뿐만 아니라, (   )의 참몸, (   )의 참몸입니다. 하늘과 땅과, (   )과 사람과, 사슴과 진달래와 (   )만류의 참몸입니다.
    ③ 이 세상에는 (   )가 있다. 아니, 이 세상에는 오직 (   )가 있을 뿐이다. 나는 (   )이다. (   )만이 나의 참 생명이다.

2. 다음 물음에 간결하게 답합니다.
    ④ Dharma(法)의 뜻이 무엇인가?
    ⑤ '법이 이 세상을 건립하였느니라.'라는 말씀의 뜻이 무엇인가?
    ⑥ '법에 귀의한다.'는 것은 어떻게 하느 것인가?

교리탐구 Dharma〔Dhamma, 法〕의 여러 가지 뜻에 관하여 고찰합니다.
    1. 진여(眞如)로서의 Dharma
    2. 모든 존재로서의 Dharma
    3. 가르침으로서의 Dharma

실천수행 「반야심경」을 사경합니다.
 1. 사경(寫經)의 의의와 방법을 배운다.
 2. 「반야심경」 사경용지를 준비한다.
 3. 일자 일배(一字一拜), 한 번 절하고 한 자 쓰고, 한 번 절하고 한 자 쓰고 이렇게 사경한다.

2과 • 지혜가 없는 까닭에

"지혜가 부족한 자는 이 법을 알지 못하고, 지혜의 눈이 청정한 자는 이 법을 능히 보리라."
― 화엄경 ―

탐구과제
- 진리를 앞에 두고 보지 못하는 원인이 무엇인가를 깨닫습니다.
- 지혜 없는 신앙, 지혜 없는 사랑이 어떤 파탄과 불행을 초래하는가를 관찰합니다.
- 우리 주변의 미신적 풍토가 무엇인가를 관찰하고 그것들을 하나씩 청산해 가기 위하여 노력합니다.

왜 파멸의 길로 치닫는가?

15 "오직 바른 법이 있어서〔唯有正法〕"

'그런데 지금 이 법〔진리〕은 어디에 있는가? 하늘에 있는가? 땅에 있는가? 안에 있는가? 밖에 있는가? 붉은 것인가? 푸른 것인가?……'

벗이여, 행여 이렇게 두리번거리지 마십시오. 법은 저기 멀리 떨어져 있는 객관적 존재이거나 추상적 이론이 아닙니다. 법은 내 가까이 있습니다. 법은 우리 모두, 모든 것을 둘러싸고 있습니다. 법은 우리 안에서 우리를 움직이게 하고, 우리 밖에서 우리를 지탱하고 있습니다. 법은 곧 우리를 움직이게 하고, 우리 밖에서 우리를 지탱하고 있습니다. 법은 곧 우리들 자신이고, 우리들의 생활 그 자체입니다. 내가 진리의 주체이고, 우리 일상 생활이 진리가 넘쳐흐르는 법의 현장입니다.
 진각 선사(眞覺禪師, 고려 때 스님)는 이제 이렇게 법의 경지를 노래합니다.

"배고프면 먹고, 목마르면 물 마시고,
한가로우면 앉아 있고, 고단하면 잠잔다." ㅡ진각어록(眞覺語錄)ㅡ

 '나는 누구인가? 내 생명은 태초에 어디로부터 왔는가? 누가 나를 창조하였는가?……'
 이 오랜 의문에 대한 우리들의 대답은 이제 분명합니다.
 우리는 당당히 선포합니다.

 "나는 여래(如來)의 바른 자식이다. 그의 몸으로부터 태어난 자, 법으로부터 태어난 자, 법으로 만들어진 자, 법의 상속자이다."
ㅡDig Nikaya 27, Aggana Suttaㅡ

16 "법으로부터 태어난 자, 법으로 만들어진 자, 법의 상속자"
 감당하기 어려운 이 크나큰 긍정과 축복의 말씀을 앞에 놓고, 우리는 기쁨보다는 오히려 더 깊은 근심에 잠깁니다.
 왜?
 우리의 현실이 진리와는 너무 어긋나기 때문입니다. 진리는 참되고 한결같고 선(善)하고 평화롭고 행복한 것인데, 우리의 삶은 이렇지가 못하기 때문입니다.
 나는 법으로부터 태어났는데, 내 인생은 어찌하여 어리석은 실패만 거듭하고 있는가? 우리는 진리의 아들이며 딸인데, 우리는 어찌하여 욕심내고 서로 싸우고 멸망하는 쪽으로 자꾸만 기울어져 가는가? 이 세상은 '법계(法界), 진리의 세계'인데, 어찌하여 죄악과 불의와 비법(非法)이 이 세상을 쉴 새 없이 놀라게 하고 있는가? 믿음과 사랑을 외치는 목소리는 거세어져 가는데, 어찌하여 이 땅 위에는 불신과 중오의 상처만 깊어져가는가?

17 1992년의 코리아는 참으로 부끄러웠습니다. 10월 어느 날 최후의 심판이 벌어지고, 모두 다 불세례를 받고 다 죽는데, 예수 믿는 몇 사람만 구원받아 천국으로 휴거(携擧)되어 간다면서, 도처에서 열광적인 집회가 벌어졌습니다. 수많은 사람들이 가정을 버리고 몰려들고, 직장을 버리고 달려들었습니다.

청소년들은 학교 수업을 버리고 휴거를 찾아 몰려들었습니다. 격한 음악이 연주되는 속에 박수를 치고 노래하는 사람, 눈물 흘리며 기도하는 사람, 땅바닥에 엎드려 통곡하는 사람, 두 손을 치켜들고 외치는 사람, 그 앞에서 천국의 비밀을 털어놓는 십대의 예언자들—

그러나 돌이켜 보면, 이런 소동이 한두 번 아닙니다. 예수 이래 이런 류의 종말 소동은 수없이 반복되어 왔고, 또 앞으로도 계속될 것입니다.

18 학교에서 진학지도를 하는데, 한 어머니가 터무니없이 억지를 부렸습니다. 그 학생의 성적으로는 도무지 승산이 없는데, 어머니가 와서 어느 대학을 써달라고 한사코 주장했습니다. 담임선생님이 싸우다 지쳐서 원서를 써 주면서 물었습니다.

"어머님, 어째서 그 대학에 가면 틀림없이 합격된다고 믿습니까?"

그 어머니가 태연히 대답했습니다.

"우리 절의 보살님이 도통한 예언가인데, 틀림없다고 장담했거든요. 안 되면 성을 바꾸라고 했거든요."

19 어느 집에 끔찍한 강도 사건이 벌어졌습니다. 도적들이 침입하여 가족들을 난자하고, 금품을 털어갔습니다. 2살·6살·11살

난 세 남매는 그 자리에서 숨지고, 젊은 어머니는 중상을 입고 입원했습니다.

그러나 정작 끔찍한 일은 따로 있었습니다. 진범은 그 어머니였습니다. 가정불화로 남편과 싸우고, 그 여인은 자살하기로 결심했습니다.

"어린 자식들을 에미 없는 세상에 버리고 죽기가 너무 불쌍해서 같이 데리고 가려고 했습니다. 아이들을 너무 사랑하기 때문에 혼자 갈 수 없었습니다."

그 여인은 이렇게 통곡하였습니다.

20 왜들 이러는가? 제 정신 갖고는 차마 못할 짓들을 왜 우리들은 이렇게 저지르고, 이 상상할 수도 없는 일들이 1980년대 이 땅 위에서 계속 벌어지고 있는가?

사람이 한 번 죽으면, 육신은 흙으로 돌아가고 만다는 것은 삼척동자도 다 아는 단순한 생명의 이치인데, 왜 저들은 알지 못하고, 엉뚱한 곳에서 '영생(永生)'을 찾아 헤매는가? 어찌하여 부처님 모신 절에서 점을 치고 불자라 하면서 점을 믿는가? 제 자식을 죽이는 짓은 금수도 차마 못하는 법인데, 어찌하여 저 어머니는 이 평범한 사랑의 법을 버리고, 제 자식들을 사랑한다면서 죽이는가?

우리들의 자화상을 거울에 비춰 보면서, '오늘 우리가, 외아들을 좇아 죽으려는 저 가련한 어머니보다 나아진 게 무엇인가?'라는 허망한 회의에 빠집니다. '하늘을 날으고, 컴퓨터 기적을 일으키고 있는 현대인의 의식 수준이, 3천년 전 미개한 농경인에 비하여 향상된 것이 과연 무엇인가?'라는 허무한 실망감으로 무너져 내리는 몸을 주체하기 어렵습니다.

21 죽은 자식의 시체 옆에서 따라 죽어나는 저 어머니, 육신 휴

거를 몽상하며 박수 통곡하는 저 안타까운 군상들, 점을 믿고 자식을 파탄으로 몰고가는 저 어리석은 눈뜬 장님들, 제 분에 못이겨 어린 자식들을 죽이는 저 미친 여인……

대체 이 파탄의 원인은 무엇인가? 나와 가정과 이 세상을 파멸로 몰고 가는 이 수많은 비극의 장본 원인은 무엇인가?

나는 왜 법을 보지 못하는가? 우리 스스로 진리의 자식인데, 어찌하여 우리 스스로 진리를 보지 못하는가? 깨닫지 못하는가?

경(經)에서 명쾌히 말씀하십니다.

"지혜가 부족한 자는 이 법을 알지 못하고, 지혜의 눈이 청정한 자는 이 법을 능히 보리라."
― 화엄경 ―

눈 어두워 보지 못하고

22 "지혜가 부족한 자는 이 법을 보지 못하고."

너무나 자명한 말씀 앞에, 우리는 할 말을 잊고 맙니다.

그렇지요. 내가 스스로 어리석기 때문입니다. 우리가 지혜롭지 못하다는 것 말고, 또 무슨 원인이 있겠습니까? 장님은 빛 가운데 있으면서도 빛을 보지 못합니다. 우리도 저 장님과 같이 지혜의 눈이 멀었기 때문에 스스로 진리의 자식이면서 진리를 보지 못합니다. 무식한 이는 낫 놓고도 'ㄱ'자를 알지 못합니다. 우리도 무지(無知)하기 때문에, 눈 앞의 법을 깨닫지 못합니다.

23 진리는 결코 멀리 있지 않습니다. Dharma는 그렇게 난해(難解)한 것이 아닙니다. 그러나 눈 어둔 이는 어디에서도 찾지 못합니다. 지혜 능력이 부족한 이는, 지극히 단순한 도리인데도, 이

를 이해하지 못합니다. 참 가까우면서도 멀리 있고, 참 쉬우면서도 어렵습니다. 그래서, '법은 미묘하다'고 하는 것입니다.

세존과 천주(天主)의 문답을 다시 경청합니다.

"세존이시여, 어찌하여, '모든 법은 참되고 한결같다' 하십니까?"

"천주여, 마땅히 알라. 진여(眞如)는 깊고 미묘해서, 지혜로운 자만이 가히 알 수 있고, 말로서는 설명할 수 없느니라."

―대반야경 567―

24 우리는 저마다 불성의 주인으로서 본래 청정한 지혜의 눈을 타고 나왔습니다. 그러나 '세상살이'라는 압도적인 현실 속에서 쫓기다 보니, 알게 모르게 티끌과 공해로 눈이 흐려지고, 시력이 약해진 것입니다. 때로는 눈병이 나고 헛것이 보이게 되는 것이지요. 그래서 이 육신을 보고, '이 몸이 참나이다.' 이렇게 착각하고, 매달리게 됩니다.[1] 이 육신에서 영생을 찾으려고 발버둥치게 됩니다. 그래서 나쁜 업[業, 행위]을 짓고, 그 과보를 받아 괴로워하고 멸망해 갑니다.

'혹(惑, 번뇌)―업(業)―고(苦)'[2]

저러한 과정을 우리는 이와 같이 정리하였거니와, 여기에서 가장 주목할 것은, 혹(惑, 無知) 때문에, 곧 지혜가 부족하기 때문에, 우리는 이 세상과 저 세상에서 저러한 윤회의 과정을 끊임없이 반복하고 있다는 두려운 사실입니다.

---

1) 이러한 번뇌를 '신견(身見), 몸에 대한 삿된 견해'라고 하는데, '5견(五見), 5가지 삿된 견해'의 하나로서, '10가지 번뇌[十惑]'의 1종이다. 이 육신을 참된 몸이라고, 착각하는 것. (김동화, 『佛敎學槪論』, p.158. 水野弘元/무진장 역, 『佛敎槪說』, p.326)
2) 이러한 과정을 '업감연기설(業感緣起說)'이라고 일컫는 데, 업력(業力) 때문에 고통의 현상세계가 전개된다는 뜻.(김동화, 『佛敎學槪論』, pp.145~165)

25 무지하다는 것처럼 불행한 일은 다시 없을 것입니다. 지혜 능력이 미약하다는 것 이상의 공포는 다시 없을 것입니다.

우리는 믿음의 거룩함을 알고 있습니다. 사랑의 크나큰 힘도 잘 알고 있습니다. 이것은 모두 부처님께 나아가는 보살의 행로이지요. 그러나 지혜가 이 믿음과 사랑을 향도하지 못할 때, 우리는 크나큰 위험에 부딪칩니다. 지혜 없는 믿음은 마치 등불 없는 배와 같아서, 표류하다가 좌초하여 파멸하고 맙니다. 지혜 없는 종교는 마치 제어장치 없는 자동차와 같아서, 질주하다가 전복하여 파멸하고 맙니다.

26 자식 따라 죽어가는 어머니, 부활 처녀와 그 군중들, 자식들을 죽이는 저 여인 …… 이것은 결코 남의 얘기가 아닙니다. 진리를 사랑하지 아니할 때, 우리는 저보다 더한 오류와 파탄을 자초할 것입니다.

선사(先師)께서 갈파하십니다.

"비록 믿음이 있으나 지혜가 없다면, 지혜없는 이 믿음은 어리석음을 보태고 키워, 어리석음에 머무나니, 그런 까닭에 지혜가 으뜸이 된다고 설하느니라."
— 대비바사론 —

지혜 없는 사랑은 사랑 아니라

27 "지혜 없는 이 믿음은 어리석음을 보태고 키워."

우리는 긴 인류사를 통하여 이 말씀의 진실을 너무도 사무치게 체험해 왔습니다. 종교가 빠지기 쉬운 최대의 위험이 바로 여기에 있습니다. 종교가 믿음의 북을 너무 지나치게 울려서 인간의 이성(理性)을 마비시키고, 인류의 지성(知性)을 마취시킨다는 것입니다. 열성이란 이름으로 광기(狂氣)가 되고, 신념이란 이름으로 독선이 되고, 전도란 이름으로 배타가 되고, 구원이란 이름으로 도취가 되고…… 지금도 멀고 가까운 우리 형제들이 이 광기의 열병을 앓고, 세뇌당하고, 마취되어서, 어딘지 모르게 끌려가고 있습니다.

28 도대체 인간이 어떤 독단론(Dogma)의 도구가 되어야 한다는 것 자체가 얼마나 두렵고 부끄러운 일입니까.[3]

왜?

나는 자유이기 때문입니다. 우리는 영원히 자유의 주인이기 때문입니다.

세존께서는 저 유명한 '뗏목의 비유'를 통하여, '모든 것으로부터 자유로워지라'고 경책하고 계십니다.

"나는 이 뗏목의 비유로써, 법을 배워 그 뜻을 안 뒤에는 버려야 할 것이지, 결코 거기에 매달릴 것이 아니라는 것을 말하였다. 너희들은 이 뗏목처럼, 내가 말한 법까지도 버리지 않으면 안 된다. 하물며 법 아닌 것이랴."
　　　　　　　　　　　　　　　　　　　　　　　　－남전 중부 사유경－

29 지혜 없는 믿음은 믿음이 아닙니다. 그것은 샤머니즘이며, 미신이며, 맹신이어서, 무서운 광신으로 떨어지고 맙니다. 지혜 없는 사랑은 사랑이 아닙니다. 그것은 욕심이며, 집착(얽매임)이며, 애욕이어서, 무서운 탐욕으로 떨어지고 맙니다. 광신과 탐욕은 다 같이 파멸의 근본 원인이고 윤회의 동력이 됩니다.

---

3) 이러한 잘못을 '사견(邪見), 삿된 견해'라고 해서 5견·10혹의 하나인데, 잘못된 가치관이나 독단론을 고집하는 것이다.(水野弘元/무진장, 앞의 책, pp.324~327)

우리 시대의 가장 심각한 병은 믿음과 사랑의 결핍이 아닙니다. 그것은 도리어 밝은 지혜에 의하여 향도되지 아니하는 맹목적인 믿음과 탐욕적인 사랑의 남용입니다. 이 맹신이 인간의 지성을 마비시키고, 이 탐애(貪愛, 탐욕적인 사랑)가 나와 당신의 눈을 멀게 합니다. 이것은 나와 당신을 얽어 매는 무서운 멍에입니다. 우리는 이 멍에를 벗고, 훨훨 자유롭게, 맑은 정신으로 걸어가고 싶습니다.

세존께서 권면하십니다.

"숲속에서 묶여 있지 않은 사슴이 먹이를 찾아 여기 저기 다니듯이 지혜로운 이는 독립과 자유를 찾아, 무소의 뿔처럼 혼자서 가라."
—숫타니파아타/무소의 뿔—

30 이제 문제는 분명해졌습니다. 우리가 지혜로워야 이 무서운 번뇌와 고통의 불길로부터 벗어날 수 있습니다. 우리에게 지혜, 지혜 능력이 있어야 신앙도 참된 신앙이 되고, 사랑도 참된 사랑이 될 수 있습니다. 지혜를 얻는 것이 긴급한 과제입니다.

아들을 따라 죽으려는 저 어머니, 죽은 아들을 살리겠다고 사람 죽은 일이 없는 집안을 찾아 향을 구하는 저 여인.

이제 우리는 더 이상 저 어머니의 비극을 반복하지 말 것입니다. 더 이상 저 여인의 탄식과 눈물을 반복하지 말 것입니다. 더 이상 어둠의 자식들이 되지 말 것이고, 추한 집착의 종이 되지 말 것입니다. 더 이상 무덤 사이에서 헤매지 말 것입니다.

회향발원 (밝은 믿음으로 돌아가옵니다)

자비하신 부처님.
이제 저희 청보리들, 푸르른 부처의 씨앗들.
정법신앙, 밝은 믿음으로 돌아가기 발원합니다. 그동안 오랜 인습과 풍속에 젖어서 무심코 길들여져 온 미신적 풍토를 낱낱이 점검하여 살펴보고, 정법 아닌 것은 하나씩 하나씩 버려 가겠습니다. 무엇보다 먼저, '종말이 오면 심판 받는다'는 어둔 신앙의 공포를 훨훨 털어 버리겠습니다. 나의 운명이 나밖의 무엇에 의하여 결정된다는 어리석은 신념의 그림자를 훌훌 벗어버리겠습니다. 점술을 믿고 점치러 다니는 못난 짓을 훌훌 털어버리겠습니다. 이제 저희들 정녕 밝은 믿음, 진리의 믿음으로 돌아가겠습니다. 지혜의 등불을 찾아 밝히옵니다.

−나무석가모니불−

찬불가 밝은 태양

내용익힘

1. 다음 문장을 완성해 봅니다.
   ① (   )가 부족한 자는 이 (   )을 알지 못하고, (   )의 눈이 청정한 자는 이 (   )을 능히 보리라.
   ② 나는 (   )의 바른 자식이다. 그의 몸으로부터 태어난 자, (   )으로 부터 태어난 자, (   )으로 만들어진 자, (   )의 상속자이다.
   ③ (   ) 없는 믿음은 믿음이 아닙니다. 그것은 (   )이며 (   )이며 (   )이어서, 무서운 (   )으로 떨어지고 맙니다. (   ) 없는 사랑은 사랑이 아닙니다. 그것은 (   )이며 (   )이며 (   )이어서, 무서운 (   )으로 떨어지고 맙니다. (   )과 (   )은 다 같이 (   )의 근본원인이고 (   )의 동력입니다.

2. 다음 물음에 간결하게 답합니다.
   ④ '혹(惑)-업(業)-고(苦)'가 무엇을 해명하는 과정인가?
   ⑤ '뗏목의 비유'는 무엇을 일깨우려는 가르침인가?
   ⑥ 무엇이 미신인가?

교리탐구 불교에서는 점치고 굿하는 행위 등을 어떻게 보는가?
  1. 부처님의 가르침
  2. 불교 주변에 이런 관습이 남아 있는 원인
  3. 점·굿에 대한 바른 판단

실천수행 점치고 굿하는 행위를 단호히 청산합니다.
1. 내 스스로 점치고 굿하는 행위를 청산한다.
2. 점치고 굿하는 사람들이나 장소는 찾지 않는다.
3. 점치고 굿하고 싶을 때 법당에서 불공 기도한다.

3과 • 번뇌로써 부처의 씨앗을 삼으라

"마땅히 알라. 일체의 번뇌가 여래의 종자가 되는 것이니, 비유하면, 큰 바다에 들어가지 않고서는 능히 최고의 보배구슬을 얻지 못하는 것과 같으니라. 이와 같이 번뇌의 큰 바다에 들어가지 않고서는 곧 일체지(一切智)의 보배를 능히 얻지 못하나라." —유마경 불도품—

탐구과제
- 진리는 어디 있고, 실제로 무엇이 진리광명인가를 깨닫습니다.
- 무지(無知, 無明)의 실체가 어떤 것인가를 명상합니다.
- 우리들의 혼미와 고뇌를 어떻게 부처의 씨앗으로 활용해 갈 것인가를 생각하고 몸소 실천해 갑니다.

내 마음이 곧 진리광명

31 '지혜는 어디 있나? 어떻게 지혜를 얻을 것인가? 대체 누구로 부터 얻는다는 것인가? 부처님께서 주시는가?'
이렇게 의심하고 있을 때, 붓다가야 보리수 아래로부터 첫 새벽의 함성이 울려 퍼지고 있습니다.

"마치 크나큰 세계의 일을 남김없이 기록하여 둔 경권(경전)이 한 티끌 속에 묻혀 있는 것을 천안(天眼)을 지니신 분은 그것을 발굴하여 내듯이, 여래의 지혜가 중생의 몸 가운데에 갖추어져 있지만, 어리석어서 스스로 모르는 것을, 여래는 걸림없는 청정한 지혜의 눈으로 밝게 관찰하고 말하기를, '기이하도다, 모든 중생이 다 같이 여래의 지혜를 갖추어 지니고 있건만, 어리석어 알지 못하고 보지 못하니, 내가 성스러운 길을 가르쳐서, 망상을 여의고, 자기 몸 가운데에서 여래의 광대한 지혜를 보게 하리라' 하셨다."

— 화엄경 출현품 —

32 "자기 몸 가운데에서 여래의 광대한 지혜를 보게 하리라."

이 말씀은 실로 청천벽력입니다. 이토록 무디고 일상의 때〔垢〕와 먼지로 찌든 내게 거룩하신 부처님의 지혜 광명이 본래 갖추어져 있다는 세존의 사자후는 실로 감당하기 어려운 충격이고, 두려운 고통이기조차 합니다.

'그렇다면 지금 이 찬란한 지혜는 어디 있는가? 내 안〔內〕 어디에 있는가? 머리 속인가, 가슴 속인가?'

이때 선사(先師)의 벼락 같은 음성이 내 혼미한 생각을 두들깁니다.

"그러므로 이 마음을 버리고, 따로 부처를 구할 수 없으며, 이 마음을 떠나서 보리(깨침, 지혜)나 열반을 찾는다면 옳지 않다. 저마다의 성품〔自性〕은 진실하여 인(因)도 아니고 과(果)도 아니며, 법은 곧 마음이니, 자기 마음, 이것이 보리요 열반이다."

— 달마(達磨) 대사, 혈맥론(血脈論) —

33 "법은 곧 마음이니, 자기 마음, 이것이 보리(깨침, 지혜)요, 열반이다."

정녕 이러합니다. 내 마음이 법입니다. 참되고 영원한 진리입니다. 내 마음이 곧 지혜입니다. 밝게 빛나는 지혜의 능력입니다.

무슨 까닭인가?

내 마음은 곧 불성(佛性)이기 때문입니다. 찬란한 불성 광명, 진리 광명이기 때문입니다.

우리는 여기에서 Dharma의 두번째 의미를 깨닫습니다.
무엇인가? Dharma, 법(法)이 무엇인가?
곧 이 마음입니다.[1] 이렇게 고뇌하며 생각하고 있는 나와 당신의 마음, 이 마음이 진실하고 영원한 진리입니다.

34 '내 마음'

깊은 밤에 홀로 깨어나 내 마음의 소리에 귀 기울여 봅니다. 길이 막히고 속이 답답할 때, 고요히 마음의 소리를 듣고 있습니다.
'내 마음, 이 어둠을 밝히는 최후의 등불.'
신의 목소리조차 단절되어 버린 25시의 캄캄한 절망 속에서, 내가 끝끝내 믿고 의지할 수 있는 것은 내 마음의 등불부에 또 무엇이 있습니까? 세상이 나를 버리고, 사상이 나를 속이고, 종교가 나를 실망케 할 때, 끝끝내 나를 버리지 않는 것은 내 양심(良心)말고 또 무엇이 있습니까?

35 석가모니의 입멸(入滅)을 미리 알고, 절망감으로 통곡하는 아난다에게 들려주신 세존의 말씀을 우리는 다시 생각하고 있습니다.

"아난다야, 이에 자기를 등불 삼고 법을 등불 삼아서, 남을 등불 삼지 말라. 마땅히 자기에게 귀의하고 법에 귀의하여, 남에게 귀의하지 말라."
-장아함경 2 유행경 2-

우리는 이 설법을 '자등명(自燈明) 법등명(法燈明), 자귀의(自

---

1) 이 '마음'은 많은 다른 이름으로도 불리니, '심지(心地)'『보살계』·'보리(Bodhi)'『반야경』·'법계(法界)'『화엄경』·'여래(如來)'『금강경』·'열반(涅槃)'『반야경』·'여여(如如)'『금광명경』·'법신(法身)'『정명경』·'진여(眞如)'『기신론』·'불성(佛性)'『열반경』·'총지(總持)'『원각경』·'여래장(如來藏)'『승만경』·'원각(圓覺)'『요의경』이라 하였고, 원효 스님은 '일심(一心)'『대승기신론소』, 보조국사는 '진심(眞心)'『진심직설』이라 하였다. 보조국사/이기영 역,『眞心直說』(現代佛敎新書9), p.34.

歸依) 법귀의(法歸依)', 이렇게 일컫거니와, 이 말씀을 통하여, 우리 자신이 진리의 몸이고, 우리 마음이 지혜의 등불이라는 만고의 대진실을 깊이 명상하고 있습니다.

무지는 본래 없는 것

36 나는 고요히 내 마음의 현실을 반조(返照, 되돌아 봄)하고 있습니다. 광풍에 나부끼듯, 내 마음은 쉴 새 없이 춤추고 있습니다. 금세 좋아서 날뛰다가, 금세 싫다고 토라집니다. 마음 속으로 수없이 미운 놈을 죽이기도 하고, 남과 나를 비교하면서 샘을 냅니다. 얼굴을 점잖은 채 위엄을 가식하면서도, 내 생각은 실로 천한 강아지처럼 온갖 냄새를 쫓아 분주합니다.

『법구경』말씀이 생각납니다.

"고기가 물에서 잡히어 나와
땅 바닥에 버려진 것과 같이
악마 무리 날뛰는 속에서
우리 마음은 어지러이 달리고 있네."
— 법구경 심의품 —

37 '이런 마음을 보고 어찌 지혜라고 할까? 이 어지러운 한갓 번뇌를 보고 어찌 부처님의 지혜라고 할 수 있을까?'

나는 부끄러움을 주체할 수 없습니다. 기쁨이 실망으로 잦아드는 허탈감마저 느낍니다.

이때 보살께서는[2] 우리에게 다가오셔서, 우리 어깨를 두들기시

---

2) 이 보살은 곧 문수 보살(文殊菩薩, Manjusri)로서 지혜가 뛰어난 부처님의

고 미소로 말씀하십니다.

"마땅히 알라. 일체의 번뇌가 여래의 종자가 되는 것이니, 비유하면 큰 바다에 들어가지 않고서는 능히 최고의 보배 구슬을 얻지 못하는 것과 같으니라. 이와 같이 번뇌의 큰 바다에 들어가지 않고서는 곧 일체지(一切智)의 보배를 능히 얻지 못하리라."
—유마경 불도품—

38 "번뇌로써 여래의 씨앗을 삼아라."

이 말씀 들으면서 나는 기쁜 눈물을 감추지 못합니다. 부족하고 번뇌 망상 속에 허덕이는 우리를 물리치지 않으시고, 불보살님께서는 도리어 찬양하시고, 내 하잘 것 없는 생각들을 '여래의 씨앗'이라 긍정하고 격려해 주십니다.

이 말씀 듣고도 진정 발심하지 못한다면, 나는 이미 죽은 송장입니다.

생각해 보면, 우리 마음은 본래 청정(本來淸淨)한 것이지요. 저 푸르른 하늘처럼 밝고 맑은 것이지요. 그러나 이 세상 살이에 쫓겨 하루하루 살다보니, 때가 묻고 먼지가 쌓인 것입니다.

작은 혼미가 축적되어서 큰 무지로 굳어지고, 이 무지와 번뇌의 먼지가 마음의 빛을 차단하고 말았습니다. 우리 불성은 진흙 속에 함몰되고, 시궁창의 구슬처럼, 우리 불심은 지혜의 능력을 상실하고 만 것입니다.

이것이 우리 마음의 현실이고, 윤회와 파멸의 근본 원인입니다.

제자. '부처의 종자'에 대해서, 유마 거사의 물음에 답한 말씀.
문수 보살은 또 말씀하였다.
'고원의 건조한 땅에서는 연꽃은 자라나지 못하지만, 더러운 흙탕물이라면 잘 자란다.' 『유마경』, 石田瑞磨/이원섭 역, 『般若·維摩經의 智慧』玄岩社, 1976, pp.266~271.

39 '무지(無知, 無明)가 번뇌를 낳고, 번뇌가 업을 낳고, 업이 고통을 낳고……' 이렇게 말하면, 흔히들, '그럼 무지(無知, 無明)는 무엇이 낳았는가?' 이렇게 묻습니다.

그러나 무지는 참으로 존재하는 것이 아닙니다. 하늘이 구름에 가려 한때 흐려지듯, 무지는 한때의 그림자에 불과합니다. 바람이 불어 구름이 흩어지면, 무지의 그림자도 흔적 없이 사라지고, 청청 하늘에 햇빛만 눈부시게 빛납니다.[3] 구름이 한때이듯, 무지도 한때입니다. 영원히 푸른 것은 저 하늘이듯, 영원히 청정한 것은 나와 당신의 마음입니다.

세존께서 밝혀 보이십니다.

"마음의 본성은 청정하여 때〔垢〕로 물들지 않으니, 비유컨대, 하늘에 연기, 먼지, 구름 안개가 덮여 밝지 못하고 깨끗치 못하나, 능히 하늘의 본성은 물들지 않으니, 일체 중생도 바르지 못한 생각이 일어나 온갖 번뇌를 일으키나, 이 마음의 본성은 청정하여 가히 더럽히지 못하느니라. 더럽히지 못하는 까닭에 이 마음의 본성은 청정하여 해탈을 얻게 되느니라."   −승사유범천소문경−

40 그런 까닭에 이제 우리가 먼지와 때〔垢〕를 털어버리고 이 마음만 청정히 하면, 지혜 광명은 스스로 찬란하게 빛나고, 무지〔無明〕와 무지의 그림자들(생·노·병·사 등 번뇌와 고통)은 자취 없이 소멸됩니다. 저 하늘의 구름 먼지처럼, 무지 번뇌는 본래 없는 것입니다. 아무리 강성한 세력으로 하늘을 덮어도 그것은 실체가 없는 일시적 현상에 불과할 뿐입니다. 본래 실체가 없는 것이기 때문에, 새삼스럽게 '없어졌다'라고 할 까닭도 없습니다. '없어졌다'는 말은 '본래 있었다'는 것을 전제로 하는 말 아닙니

---

3) 김동화, 『佛教學槪論』, pp.224~226.

까.

그래서 우리는 반야심경에서 매양 이렇게 노래하고 있습니다.

"무명도 없고, 〈그런 까닭에〉 또한 무명이 다함도 없으며, 나아가 늙음과 죽음도 없고, 〈그런 까닭에〉 또한 늙음과 죽음이 다함도 없으며……."
－반야심경－

이 생각 이대로가 부처의 씨앗

41 여기 한 가지 생각할 문제가 있습니다. 번뇌를 털어버리고 마음을 깨끗이 한다고 하였지만, 번뇌를 다 없애버려야 한다고 주장하는 것은 아닙니다. 이것은 실제로 불가능한 일입니다. 우리가 모두 하루하루 쉴 새 없이 생업(生業)을 위하여 뛰고 있는데, 이런 저런 생각들, 번뇌를 어찌 다 없애버릴 수 있겠습니까? 이것은 마치 바닷물이 출렁이지 말고 항상 고요하기를 바라고, 하늘에 매양 구름 한 점 없기를 바라는 것같이, 이치에 어긋나는 생각입니다.

대체 번뇌(煩惱), 혼미한 생각이란 무엇입니까?

이것은 살아 있는 우리 마음의 작용입니다. 번뇌, 망상, 잡념, 회의, 탐욕, 성냄, 어리석음…… 이것은 다 마음의 작용이고, 내가 살아 있다는 증거입니다. 내 지혜의 잠재력이 왕성하게 요동치고 있다는 증거입니다. 생(生)의 에너지라 할까요.[4]

---

4) "이 몸이 여래의 씨앗이며, 무명(無明)과 애착이, 탐·진·치 삼독이 여래의 씨앗이다."『유마경』「불도품」

42 그런 까닭에 우리는 무지와 번뇌를 두려워하지 말 것입니다. 이 번뇌가 다 사라진 상태는 곧 죽음을 의미할 뿐입니다. 바다는 출렁거려야 바다고, 하늘에는 구름이 날으고 천둥번개가 울려야 하늘입니다. 번뇌 망상에 시달려야 그것이 바로 인간입니다. 욕심이 없고, 사랑이 없고, 미움이 없다면 그게 목석이지, 무슨 인간입니까? 그래 가지고는 사람도 못되고 부처도 못됩니다.

세존께서 말씀하십니다.

"만일 사람이 성불하려면
탐욕을 파괴하지 말라.
모든 법은 이 곧 탐욕이니
이것을 아는 것이 곧 성불이니라

탐욕과 성냄과 어리석음을
능히 아는 자가 없구나!
이것은 모두 공(空)과 같으니
이것을 알면 곧 성불이니라."

－제법무행경 하권－

43 그럼 어찌할 것인가?

마땅히 번뇌로써 '부처의 씨앗'을 삼을 것입니다. 마땅히 이 번뇌의 힘을 지혜의 힘으로 바꿀 것입니다. 번뇌와 지혜는 다 같이 마음의 힘입니다. 문제는 이 힘을 쓰는 방향입니다. 같은 물이지만, 소가 먹으면 우유가 되고, 뱀이 먹으면 독(毒)이 됩니다. 한 물이 발전(發電)도 하고, 벼를 키우기도 하고, 추한 구정물이 되기도 합니다. 이것이 모두 우리 마음의 힘입니다.[5]

벗이여, 무덤 사이에서 울고 있는 저 여인을 보십시오. 저 큰

---

5) 이러한 이치를 '일체유심조(一切唯心造), 모든 것은 마음이 만들어 낸다'고 해서 유심사상(唯心思想)의 중심이 되고 있다. (김동화, 『大乘佛敎思想』 pp. 21, 86, 163)

어리석음, 저 큰 고뇌가 없었던들, 저 여인이 어찌 다시 살아나겠습니까? 죽은 아들 다시 살려내겠다는 슬픈 탐욕이 없었던들 저 여인이 어찌 '무상의 법(無上法)'을 깨칠 수 있겠습니까?

잠 못 이루는 캄캄한 어둠의 진통 없이는 찬란한 아침의 광명도 없습니다. 진흙의 혼탁 없이는 연꽃의 청정함도 없습니다. 처절한 고뇌 없이는 위없는 깨침의 기쁨도 실로 없는 것입니다.

44 요컨대 문제는 번뇌를 지혜로 바꾸는 능력입니다. 방향만 바꾸면 번뇌 망상이 변하여 지혜 광명이 됩니다. 어둠이 변하여 빛이 되고, 죽음이 변하여 영생이 되고, 중생이 변하여 부처님과 하나 됩니다.

그래서 선사께서 말씀하십니다.

"그러므로 범부가 곧 부처이며, 번뇌가 곧 보리(깨침·진리)이다. 앞 생각이 어두웠을 때는 범부였지만, 뒷 생각이 깨달으면 곧 부처다. 앞 생각이 대상에 집착했을 때에는 번뇌이지만, 뒷 생각이 대상을 떠나면 곧 보리인 것이다."　　　－혜능(慧能), 육조단경－

45 이제 우리 청보리들 기쁨으로 찬탄합니다.
"우리는 농부들 밭을 가는 보살 농부들
땀으로 흙을 파고 정성으로 물길을 터서
어여쁜 씨앗 하나 희망으로 심고 있네
씨앗이 어디 있나, 벗이여 묻지 마오.
님 그리는 이 믿음 지극한 씨앗일레.
님께 바치는 이 서원 부처의 씨앗일레

우리는 농부들 밭을 가는 보살 농부들
땀으로 흙을 파고 정성으로 물길을 터서
어여쁜 씨앗 하나 희망으로 심고 있네

씨앗이 어디 있나, 벗이여 묻지 마오.
잠 못드는 이 번뇌 지극한 씨앗일레
캄캄한 이 무지 부처의 씨앗일레

우리는 농부들 밭을 가는 보살 농부들
땀으로 흙을 파고 정성으로 물길을 터서
어여쁜 씨앗 하나 희망으로 심고 있네
씨앗이 어디 있나, 벗이여 묻지 마오.
살을 에는 이 고통 지극한 씨앗일레.
떨리는 이 공포 부처의 씨앗일레.

믿음과 지혜와 자비의 고행으로
꿈을 가꾸는 우리는 부처 씨앗들
오늘도 진흙 속에 연꽃을 피운다
오늘도 아픔 속에 보리를 키운다."

-부처 씨앗들-

회향발원 (이 고뇌와 혼란을 딛고 서서)

　자비하신 부처님.
　이제 저희 청보리들, 푸르른 부처의 씨앗들.
　무지의 장벽을 깨치고 일어나 지혜의 깃발을 높이 올립니다. 망설임과 주저함과 회의와 갈등의 늪을 박차고 일어나 깨침의 대지를 열어제낍니다. 이제 저희 청보리들은 무지가 본래 없는 것임을 깨닫습니다. 무명이 본래 없는 진실을 깨닫습니다. 아니, 저희들의 이 무지와 혼란과 어리석음이 곧 지혜의 빛이며 여래의 씨앗임을 깨닫습니다. 이 생각 이대로가 진리광명, 불성광명임을 깨닫고, 우렁찬 희망의 노래를 부릅니다.　　　　　　　　　-나무석가모니불-

찬불가　나는 태양

내용익힘

1. 다음 문장을 완성해 봅니다.
   ① 마땅히 알라. 일체의 (   )가 (   )의 종자가 되는 것이니, 비유하면, 큰 바닥에 들어가지 아니하고는 능히 (   )을 얻지 못하는 것과 같으니라. 이와 같이 (   )의 큰 바다에 들어가지 않고서는 곧 (   )의 보배를 능히 얻지 못하니라.
   ② (   )도 없고, 또한 (   )이 다함도 없으며……나아가 (   )과 (   )도 없고, 또한 (   )과 (   )이 다함도 없으며……
   ③ 그런 까닭에 우리는 (   )와 (   )를 두려워하지 말 것입니다. 이 (   )가 다 사라진 상태는 곧 죽음을 의미할 뿐입니다. (   )에 시달려야 그것이 바로 인간입니다. 욕심이 없고, (   )이 없고, 미움이 없다면, 그게 목석이지, 무슨 인간입니까? 그래 가지고는 (   )도 못되고 (   )도 못됩니다.

2. 다음 물음에 간결하게 답합니다.
   ④ 진리 광명은 구체적으로 무엇인가?
   ⑤ 무엇이 부처〔如來〕의 씨앗인가?
   ⑥ 왜 '무명이 없다〔無無明〕'고 하는가?

교리탐구 번뇌는 무엇이고 어떻게 구분되는가?
   1. 번뇌의 의미
   2. 번뇌의 구분
   3. 번뇌의 적극적인 의미

실천수행 체험자들의 신행수기를 읽고 고뇌와 고난을 깨달음으로 승화시켜 갈 지혜와 용기를 배웁니다.
 1. 좋은 신행수기를 구입한다.
    ※참고도서 ;「산이 다하고 물이 다한 곳에」, 불광출판부
              「참새와 사형수」, 박삼중, 서울출판사
 2. 책을 명상하며 정독한다.
 3. 독후감을 쓰며 자신의 문제를 정리해 간다.

4과 • 지혜를 드러내는 세 가지 공부

"그렇다, 아난다야, 네 물음과 같이 말세 중생을 제도하는 방법은 그 마음을 올바르게 가다듬게 하는 일이다. 그래서 수행하는 데에 세 가지 정해진 도리가 있다. 마음을 거두는 계율, 계로 말미암아 생기는 선정, 선정으로 말미암아 드러나는 지혜, 이것이 번뇌를 없애는 세 가지 공부다."

-수능엄경 6-

탐구과제
- 지혜를 드러내는 전통적인 세 가지 공부가 무엇인가를 고찰합니다.
- 우리 시대에 맞는 새로운 세 가지 공부에 관하여 관찰합니다.
- 우리의 일상적 삶을 어떻게 공부하는 삶으로 바꿀 것인가를 생각하고 몸소 실천해 갑니다.

번뇌를 없애는 세 가지 공부

46 "범부가 곧 부처이며, 번뇌가 곧 보리이다. 앞 생각이 어두웠을 때는 범부였지만, 뒷 생각이 깨달으면 곧 부처다."

옳습니다. 우리 앞에 던져진 최대 과제는 생각을 바꾸는 것입니다. 우리들의 어둔 생각, 어둔 마음을 밝은 생각, 밝은 마음으로 바꾸는 것입니다. 생각을 바꾸면, 우리 내면의 본래 지혜가 여지 없이 터져 나옵니다. 장님이 눈을 뜨는 것이지요. 이 밝은 눈으로 진실(진여·진리, Dharma)을 보고, 우리는 법답게, 참되게, 오늘 하루를 훌륭히 살아갑니다. 바른 신앙을 갖고, 참된 사랑 나누면서, 지금 이 자리에 조촐한 정토를 장엄(꽃피움)해 가는 것입니다.

47 어떻게 생각을 바꿀 것인가?

어둔 생각(마음)을 밝은 생각으로 바꾸어 지혜를 드러내는 방법은 무엇인가? 무엇이 지혜의 길인가?

세존께서 밝혀 보이십니다.

"그렇다, 아난다야, 네 물음과 같이 말세 중생을 제도하는 방법은 그 마음을 올바르게 가다듬게 하는 일이다. 그래서 수행하는 데에 세 가지 정해진 도리가 있다. 마음을 거두는 계율, 계로 말미암아 생기는 선정, 선정으로 말미암아 드러나는 지혜, 이것이 번뇌를 없애는 세 가지 공부다."

-수능엄경 6-

48 "마음을 거두는 계율〔戒〕
계로 말미암아 생기는 선정〔定〕
선정으로 말미암아 드러나는 지혜〔慧〕"

우리는 이것을, '삼학(三學), 해탈에 이르는 세 가지 공부', 이렇게 일컫거니와, 삼학(tisso sikkhā)은 원시 불교 이래로 정립되어 온 수행의 근본입니다. 삼학은, 계율 공부〔戒學〕·선정 공부〔定學〕·지혜 공부〔慧學〕를 합친 말인데, 줄여서, '계·정·혜 삼학(戒定慧三學)'이라고 흔히 일컬어 왔습니다.[1]

우리는 이 세 가지 공부, 삼학을 통하여 각기 탐(貪)·진(瞋)·치(癡) 삼독의 번뇌로부터 크게 벗어나서〔解脫〕, 밝고 걸림없는 지혜〔解脫知見〕를 쓰게 됩니다.

'계(戒) - 정(定) - 혜(慧) - 해탈(解脫) - 해탈지견(解脫知

---

1) 김동화, 『佛敎學槪論』 pp.461~463.

見)'

바로 이것이 지혜에 이르는 다섯 과정으로서 수행의 기본이 되어 왔습니다.[2]

49 '계·정·혜 삼학'

그러나 이제 우리는 이 삼학을 새로운 입장에서 검토해 보려고 합니다.

그 첫째로 검토할 문제는 선정 공부와 지혜 공부와의 상관성입니다.

'선정〔定〕'은 '지(止, Samatha)'라고도 하는데, 지(止)는 모든 잡념을 조용히 쉬어서〔休止〕, 마음을 고요히 하는 것이고, '지혜〔慧〕'는 '관(觀, Vipasayana)'이라고도 하는데, 관(觀)은 조용한 마음의 눈으로 사리(事理)를 관찰하고 판단하는 것입니다.

지(止)와 관(觀)은 삼학(三學)에 있어서의 정(定)과 혜(慧)에 각각 해당됩니다. 그래서, "지(止)는 정(定)을 말하고, 관(觀)은 혜(慧)를 말한다."라고 한 것입니다.[3]

정(定)·혜(慧)는 한 가지 공부

50 정(定)과 혜(慧)는 구분하여 나누면 둘이 되겠지만, 실제로는 하나로 일관되는 정신 작용이라고 볼 수 있습니다. 마음을 고요히 쉬면〔止〕 사리(事理)를 밝게 비추어 관찰할 수 있고〔觀〕,

---

2) 이 5과정을 '5분법신(五分法身)'이라 일컫는데, '깨친 이의 다섯 가지 조건·공덕'이란 뜻. 이것을 향에 견주어서 '5분법신향(五分法身香)'이라고도 한다. (육조대사, 『육조단경』)
3) 김동화, 『佛敎學槪論』, pp.463~464.

사리를 밝게 보면, 우리 마음은 더욱 고요하고 흔들림 없는 경지, 곧 정(定)의 경지로 깊어져 갑니다.

그런 까닭에 마음을 고요히 하는 선정 공부〔定學〕와 사리(事理)를 밝게 관찰하는 지혜 공부〔慧學〕는 전문적으로 세밀하게 분석하면 둘이 되겠지만, 실제에 있어서는 동시에 닦아가는 하나의 공부가 됩니다.

정(定)과 혜(慧)의 이러한 일치성은 원시경전에서도 이미 명백히 인식되고 있었습니다.

어느 때 존자 아난다가 상좌에게 가서 절하고 물었다.
"만일 비구가 빈 곳이나 나무 밑에서나 한가한 방에서 사유하려면, 어떤 법으로 할 것입니까?"
"존자 아난다여, 빈 곳이나 나무 밑이나 한가한 방에서 사유할 때에는 마땅히 두 가지 법으로서 오로지 사유할지니, 소위 지(止)와 관(觀)이니라."
"지(止)를 많이 닦으면 무엇을 이루며, 관(觀)을 많이 닦아 익히면 무엇을 이룹니까?"
"지(止)를 닦으면 마침내 관(觀)을 이루고, 관(觀)을 닦으면 또한 지(止)를 이루나니, 성제자(聖弟子)가 지(止)와 관(觀)을 함께 닦으면, 모든 해탈계(解脫戒)를 이루느니라."

―잡아함경 17/464―

51 이 지(止)와 관(觀)을, 곧 정(定)과 혜(慧)를 함께 닦아갈 때, 우리는 이 하나의 수행, 하나의 공부를 무엇이라 부르는가?

중국 선종(禪宗)의 대가 규봉 선사(圭峰禪師)는 이렇게 해설하고 있습니다.

"선(禪)은 인도 말인데, 갖춰 말하면 선나(禪那)라 하고, 중국에서는 사유수(思維修), 혹은 정려(靜慮)라고 번역하는 바, 이 모두 정(定)과 혜(慧)를 통틀어 부르는 말이다. 그 근원은 일체 중생의 본래 깨쳐 있는 참된 성품인데, 이를 또 불성(佛性)이라고도 부르고, 또는 심지(心地)라고 하는 바, 이것을 깨치는 것을 혜(慧)라 이름하고, 이것을 닦아가는 것을 정(定)이라 이름하니, 정(定)과 혜(慧)를 통틀어 선(禪)이라고 이름한다."

52 "정과 혜를 통틀어 선(禪)이라고 이름한다." [4]

 이상의 관찰을 통하여, 우리는 이제 '선정 공부'와 '지혜 공'을 합쳐 '참선 공부'라고 부르게 되었거니와, 마음을 고요히 쉬는 정(定)과 사리(事理)를 밝게 관찰하는 혜(慧)를 구분하지 않고 함께 닦아간다는 것이 선종(禪宗)의 오랜 원칙이 되어 왔습니다. [5]

 중국 선종의 중흥조(中興祖) 육조(六祖) 혜능(慧能) 선사는 그의 『육조단경(六祖壇經)』에서 이렇게 명시하고 있습니다.

 "내 이 법문은 정혜(定慧)로써 근본을 삼는다. 그러므로 정(定)과 혜(慧)가 다르다 하지 말라. 정(定)과 혜(慧)는 하나요, 둘이 아니다. 정(定)은 혜(慧)의 본체(本體)요, 혜(慧)는 정(定)의 작용(作用)이다. 곧 혜 안에 정이 있고, 정 안에 혜가 있는 것이니, 만약 이 뜻을 알면, 곧 정과 혜를 함께 배운다."

-육조단경 정혜품-

---

4) 규봉종밀(圭峰宗密) 선사, 선원제전집도서(禪源諸詮集都序)
5) 보조 국사는 「定慧結社文」에서 定慧雙修(정과 慧는 나란히 함께 닦아야 한다)를 주장하였다. (圓佛敎思想硏究院 편, 『韓國佛敎思想史』, p.488)

경전·계율·참선의 세 가지 공부

53 삼학 문제에서 다음으로 논의할 과제는, 경전 공부 '경학(經學)'을 새로운 삼학으로 받아들이려는 것입니다.

 종래 흔히 경전 공부, 곧 교리 공부를 소홀히 해 온 감이 없지 않지만, 경전 공부는 모든 수행, 모든 공부의 전제가 되고, 기초가 되고, 지침이 된다는 엄연한 진실을 우리는 결코 부정할 수 없습니다. 우리가 만일 경전 공부를 태만히 한다면 계율 공부, 참선 공부인들 어찌 충실히 할 수 있겠습니까?

 그런 까닭에 세존께서 이미 이와 같이 권면하고 계십니다.

 "세 가지 큰 공부를 하는 자는 그 이름이 참된 학인이라. 첫째는 계율을 갖추어 지킴이요, 둘째는 경법(經法)을 많이 앎이요, 셋째는 능히 이웃을 제도함이니, 이것이 세 가지 큰 진실한 공부이니라."

－사품학법경(四品學法經)－

54 '경전(經典), 경법(經法)'을 세 가지 큰 진실한 공부[三德眞學]로 삼으신 세존의 깊은 뜻을 따라서, 이제 우리는 '경전 공부, 경학(經學)'을 삼학의 하나로 받아들이면서, 경전이 모든 수행을 첫 머리에서 이끌어가는 등불인 것을 생각하여, 새로운 삼학의 첫 머리에 두고자 합니다.

 경전은 곧 부처님의 말씀이고 가르침이십니다. 경전을 공부하는 것은 곧 부처님의 말씀을 직접 듣는 것이고, 부처님의 훈도를 직접 받는 것입니다.

55 벗이여, 저 기사 고다미 비구니를 보세요. 그는 스스로 죽음을 자초하는 무지에서, 세존의 말씀을 듣고 깨어나고 있습니다. 세존의 훈도를 받으면서 계율을 지키고 고요히 선정에 들고 있습

니다. 그는 마침내 지혜의 눈을 크게 뜨고, 생사를 해탈하여, 위대한 성자(聖者)의 길로 들어섰습니다. 무엇보다, 이러한 놀라운 성공이 부처님의 말씀으로부터 시작되었다는 진실을 우리는 명상할 것입니다. 그 말씀이 곧 오늘의 경전 아닙니까?

죽음의 골짜기를 뛰어넘어 메아리쳐 오는 저 비구니의 환호성을 들으면서, 우리는 주저함이 없이 '경전 공부'를 새로운 삼학의 첫 머리에 둡니다.

"나는 슬퍼하지 않고 울지 않는다.
모든 세상의 쾌락은 다 버렸다.
어둠을 깨뜨리고 죽음의 군사를 쳐부쉈다.
모든 번뇌를 다해 버리고, 나는 여기에 있다." —남전상응부경 15—

56 '경전 공부〔經學〕
계율 공부〔戒學〕
참선 공부〔禪學〕'

우리는 이 세 가지 공부를, 지혜를 드러내는 '대중 삼학(大衆三學)'이라고 일컫거니와, 여기에서 잠시 생각할 문제는, 이 삼학은 따로 떨어져 있는 별개의 공부가 아니라, 연결된 세 고리처럼, 함께 어울려 있는, 함께 공부해가는 하나의 공부라는 진실입니다. 어느 하나를 충실히 하면, 자연히 다른 둘도 충실히 하게 된다는 진실입니다.

57 경전을 열심히 읽으면 계율의 뜻을 깨닫게 되고, 계율을 열심히 지키면, 참선에 훌륭하게 전념할 수 있습니다. 이 세 가지 공부를 이렇게 열심히 해 가면, 어찌 우리가 지혜를 성숙시키지 못하겠습니까. 저 어리석은 여인이 성공한 일을, 어찌 우리라고 능히 성공하지 못하겠습니까. 착수가 곧 성공입니다.

세존께서 지금 나와 당신을 향하여 권면하고 계십니다.

"계행(戒行, 계 지키는 행위)이 있으면 저절로 선정이 이루어지고, 선정이 이루어지면 지혜가 밝아지리니, 이를테면 흰 천에 물감을 들여야 그 빛이 더욱 선명하게 되는 것과 같다. 이 세 가지 마음이 있으면, 도(道)를 어렵지 않게 얻을 것이고, 일심으로 부지런히 닦으면 이 생을 마친 뒤에는 청정한 데에 들어갈 것이다."
—장아함 반니원경—

회향발원 (공부하는 수행자로 돌아가옵니다)

　자비하신 부처님.
　이제 저희 청보리들, 푸르른 부처의 씨앗들.
　열심히 공부하는 수행자의 삶으로 돌아가옵니다. 생활이라는 중압감에 쫓겨서, 책을 밀쳐놓고, 삶의 법도를 소홀히 하며, 마음 다스리기를 게을리해 온 저희들의 지난 세월을 깊이 부끄러워합니다. 저희 가슴속에 가득찬 지혜의 빛을 드러내지 못한 채, 생각으로만 불교하고 관념으로만 수행해 온 저희들의 어리석음을 깊이 부끄러워합니다. 이제 한 사람의 학도로 돌아가, 경을 읽고 계율 지키며 참선 정진하기를 발원합니다.
　　　　　　　　　　　　　　　　　　　　　　－나무석가모니불－

찬불가　진리행진곡

내용익힘

1. 다음 문장을 완성해 봅니다.
   ① 수행하는 데 세 가지 정해진 도리가 있다. 마음을 거두는 (　　), (　　)로 말미암아 생기는 (　　), (　　)으로 말미암아 드러나는 (　　), 이것이 (　　)를 없애는 세 가지 길이다.
   ② (　　)를 닦으면 마침내 (　　)을 이루고, (　　)을 닦으면 또한 (　　)를 이루나니, 성제자가 (　　)와 (　　)을 함께 닦으면 모든 (　　)를 이루느니라.
   ③ (　　)공부·(　　)공부·(　　)공부, 우리는 이 세 가지 공부를 (　　)를 드러내는 (　　)이라 일컫거니와, 여기서 잠시 생각할 문제는, 이 삼학은 따로 떨어져 있는 별개의 공부가 아니라, 연결된 세 (　　)처럼, 함께 어울려 있는, 함께 공부해 가는 (　　)의 공부라는 진실입니다.

2. 다음 물음에 간결하게 답합니다.
   ④ 전통적인 삼학(三學)이란 무엇인가?
   ⑤ 경전 공부는 어떤 중요성이 있는가?
   ⑥ '대중삼학'이란 무엇인가?

교리탐구 정(定)·혜(慧)의 의미와 그 관련성은 무엇인가?
   1. 정(定)의 의미
   2. 혜(慧)의 의미
   3. 정·혜의 관련성

실천수행 내가 기거하는 방을 크게 청소 정리하여 '나의 공부방' '나의 5행실'로 삼을 것입니다.
  1. 대청소를 하고 가구를 간소히 정리한다.
  2. 불경·불단·염주·방석 등 수행도구를 갖춘다.
  3. 간결한 수행시간표를 작성한다.

단원정리

● **합송** 오늘 하루 열심히 일하며 공부하며

법사 선남 선녀들아, 오직 무엇이 있습니까? 이 세상에 실로 존재하는 것은 무엇입니까?

대중 오직 진리가 있습니다. 이 세상에 실로 존재하는 것은 오로지 진리 광명뿐입니다. 유신(唯神)도 아니고 유물(唯物)도 아닙니다. 오로지 진리광명뿐입니다. 나도 진리광명이며 당신도 진리광명입니다. 이 세상 천지만물 모두 진리광명입니다. 눈부시게 찬란한 진리광명입니다.

법사 선남 선녀들아, 그런데도 그대들은 어찌하여 어둠 속에서 방황하며 삿된 길로 가고 있습니까?

대중 지혜가 없기 때문입니다. 온갖 번뇌의 티끌로 인하여 눈 어둡기 때문에, 내 맘 속의 진리광명 깨닫지 못하고 갖가지 어리석고 삿된 미신의 길로 빠져들고 있습니다. 사랑한다면서 증오하고, 믿는다면서 광신의 늪으로 빠져들고 있습니다.

법사 선남 선녀들아, 그 번뇌를 어찌할 것입니까? 그 미움과 광신을 어찌할 것입니까?

대중 번뇌로써 깨침의 씨앗으로 삼겠습니다. 미움으로써 사랑의 씨앗을 삼고, 광신·미신으로써 바른 신앙·깨끗한 신앙의 씨앗을 삼겠습니다. 무명(無明)과 번뇌가 본래 없는 까닭에, 탐·진·치의 어둔 생각을 돌이켜 바른 깨침의 길로 정진하겠습니다.

다함께 벗이여, 선남 선녀들이여, 이제 근심을 떨치고 일어나 열심히 일하며 공부해요. 욕심내고, 미워하며 화내고, 고집부리고, 육신부활 망상하고, 점치고 굿하는 그 생각을 돌이켜, 그 열성 그 힘을 돌이켜, 불경 읽으며, 오계 지키며, 참선하며, 이렇게 지혜의 길로 정진하여요. 오늘 하루 이렇게 땀 흘리며 정진하여요.

● **창작** 농악놀이, 씻김굿놀이 등 민속놀이를 배우고 발표하면서 민속의 깊은 뜻을 생각합니다.

● **법담(法談)의 시간**
1. 주제 : 우리 주변의 미신적 관습과 그 극복에 관하여
2. 주요내용 : ① 민속과 미신의 차이는 무엇인가?
　　　　　　② 미신적 관습에는 어떤 것들이 있는가?
　　　　　　　가. 민간신앙적 관습
　　　　　　　나. 불교적 관습
　　　　　　　다. 기독교적 관습
　　　　　　③ 과거 서양 종교세력에 의하여 미신 논리가 어떻게 악용되어 왔는가?
　　　　　　④ 보전되어야 할 민속과 청산되어야 할 미신은 무엇인가?

제 6 장

불경 공부는 어떻게 할 것인가?

●

"어떤 사람이 법을 강(講)하는 곳에
앉아 있다가 다른 사람이 오면 권하여 앉아 듣게 하여,
자리를 나누어 앉게 하면, 이 사람의 공덕은 몸을 바꾸어 태어날 때,
제석천이 앉는 자리거나, 혹은 범천왕이 앉는 자리거나,
혹은 전륜성왕이 앉는 자리에 앉게 되리라."
- 법화경 수희공덕품 -

이끄는 말

경(經) 속에서 만나는 그리운 님의 육성

❶ 나는 경을 읽고 있는가? 얼마나 열심히 읽고 있는가? 이 혼란 속에서, 우리가 반드시 읽어야 할 기본 경전은 무엇인가? 어떻게 읽어야 바르게 읽는 것인가?

❷ 6장은 '불경의 장'입니다. 불경공부의 바른 길을 배울 것입니다. 여기서 우리는 님께서 굴리시는 진리의 바퀴를 만나고, 티끌 속에서 지혜의 금강 구슬을 찾게 될 것입니다. 그리하여 더 이상 울지 아니하고 슬퍼하지 아니할 삶의 반려를 얻게 될 것입니다.

❸ 벗이여, 먼저 『숫타니파아타』와 『법구경』을 펼쳐 들어요. 한 줄 읽고 관(觀)하고, 한 줄 읽고 관하여요. 내가 읽은 다음에는 가족과 친구에게 이 소식을 전해 주어요.

머리 이야기

사슴 동산의 초전법륜(初轉法輪) 〈초전법륜경〉

붓다가야에서 성도하신 세존께서는, '침묵하라'는 마왕(魔王)의 유혹을 뿌리치고, 스스로 깨치신 바를 전파하기로 결정하신 다음, 인연 깊은 다섯 수행자를 찾아 갠지스 강을 뛰어넘어, 바라나시(Baranasi)의 사슴동산(Magadava, 鹿野苑)으로 멀리 행진해 오셨다. 카운디냐(Kaundinya, 교진여) 등 다섯 수행자는 그가 찾아오는 걸 보자 서로 약속하였다.

"보라, 저기에 나타난 것은 고타마다. 그는 고행을 버리고 과거의 생활로 돌아갔다. 우리는 그에게 절해서 안된다. 일어나 마중도 하지 말고, 옷과 발우도 받아주지 말자. 그러나 그가 앉을 자리만은 비워두자. 그가 앉고자 하거든 앉게는 해야지."

세존께서 가까이 오시자, 다섯 수행자는 그 약속을 버리고 일어나 그를 영접하였다. 한 사람은 그의 의발(衣鉢, 옷과 발우(식기))을 받고, 한 사람은 자리를 깔고, 한 사람은 발 씻을 물을 떠왔다.

그들은 세존을 향하여 옛처럼 불렀다.

"친구 고타마여."

세존께서 다섯 수행자에게 말씀하셨다.

"수행자들아, 그대들은 여래를 '고타마'라든가, 또는 '친구여' 하고 불러서는 안 된다. 여래는 마땅히 공양받을 자(應供)이고, 바르게 깨친 자(正遍知)이니라.

수행자들아, 귀를 기울여라. 나는 불멸(不滅)을 얻었노라. 나는 이제 법을 설하리니, 가르치는 대로 따라 행하면, 오래지 않아 위없는 범행(梵行, 깨끗한 행위)을 알고, 실증하며, 거기에 주(住)하리라."

"친구 고타마여, 고행에 의해서도 얻지 못한 존귀한 법을, 이제 과분한 생활로 고행을 버린 그대가 어찌 얻었다고 하는가?"

"수행자들아, 여래는 과분한 생활을 하지 않았노라. 정근(精勤)을 버린 것도 아니요, 과거의 생활로 돌아간 것도 아니니라. 수행자들아, 귀를 기울여라. 나는 불멸을 얻었노라. 나는 이제 법을 설하리니, 가르치는 대로 따라 행하면, 오래지 않아, 위없는 법행을 알고, 실증하며, 거기에 주하리라."

이렇게 세존과 다섯 수행자는 세 번이나 되풀이한 다음에야, 다섯 수행자는 세존의 설법을 듣기 원하였다.

"수행자들아, 수행자는 두 극단을 피해야 한다. 두 극단이란 무엇인가? 하나는 모든 욕망에 탐닉하는 것이니, 이것은 저열 야비하고, 어리석고 성스럽지 못하다. 다른 하나는 자신의 고난에 열중하는 것이니, 이것은 고통스런 것이라, 성스럽지 못하고, 어리석으며, 이익됨이 없느니라. 수행자들아, 여래는 이 두 극단에 의지하지 않고, 중도(中道)를 깨달았다. 이것은 눈이요, 지혜다. 고요함(寂靜), 이해(了知), 깨침(正覺), 니르바나(涅槃)에 이르는 것을 돕는 것이다.

수행자들아, 무엇을 일컬어 중도라 하는가?

곧 바른 견해(正見)・바른 생각(正思惟)・바른 말(正語)・바른 행위(正業)・바른 생활(正命)・바른 정진(正精進)・바른 상념(正念)・바른 정신 통일(正定)의 팔정도(八正道)가 그것이다. 또 사성제(四聖諦)가 있으니, 곧 고성제(苦聖諦)・고집성제(苦集聖諦)・고멸성제(苦滅聖諦)・고멸도성제(苦滅道聖諦)가 그것이다.

수행자들아, 이 사성제는 본래 듣지 못한 법인데, 마땅히 알 것을 내가 이미 알아서, 지(智)가 나고, 눈이 나고 깨달음이 나고,

밝음〔明〕이 나고 통(通)함이 나고, 혜(慧)가 났느니라.

　수행자들아, 내가 만약 이 사성제를 여실히 알지 못했다면, 나는 위없는 바른 깨침을 증득(證得, 체득)하지 못했을 것이다. 그러나 나는 이 사성제를 여실히 알아서, 나는 지금 위없는 바른 깨침을 이루었다. 그러므로 아무 의심도 걸림도 없이, 이 사성제를 설한다. 여래가 이 사성제를 설하는 가운데, 이것을 깨닫는 이가 없다면, 여래는 법륜(法輪)을 굴리지 않을 것이요, 깨닫는 이가 있다면, 여래는 법륜을 굴릴 것이다."

　이 설법이 끝나자 카운디냐는 티끌〔번뇌〕을 멀리하고 때〔垢, 번뇌〕를 여의어, 진리의 눈을 얻었다.

　그는 깨달았다.

　"집(集)의 법이 멸(滅)의 법이다."[1]

　이때 땅과 하늘의 신들이 일제히 소리 질러 기뻐하였다.

　"지금 세존께서 바라나시 사슴 동산에서 위없는 진리의 바퀴〔無上法輪〕를 굴리셨다. 이 법륜은 사문〔沙門〕도, 바라문도, 하늘신도, 이 세상 어떤 사람도 전복시킬 수 없는 것이다."

　대지가 은은히 진동하고 신의 힘을 뛰어넘는 한량없는 대광명이 넘쳐 흘렀다.

　이때 세존께서 기뻐 말씀하셨다.

　"카운디냐는 깨달았다.

　참으로 카운디냐는 깨달았다."

---

1) 고통의 원인, 곧 집착〔集〕을 깨달으면, 고통의 소멸, 곧 니르바나〔滅〕에 이르는 길도 깨닫는다.

1과 • 불경이 곧 진리라

"세에라여, 나는 왕이로되, 위없는 진리의 왕이니라. 진리로써 바퀴를 굴리니라. 거꾸로 돌이킬 수 없는 바퀴를."

―숫타니파아타 대품/세에라―

탐구과제
• 법륜을 굴린다는 것이 실제 무엇을 의미하는가를 관찰합니다.
• 불경이 어떤 의미를 갖는 것인가를 깨닫습니다.
• 불경을 어떻게 존중히 받들 것인가를 생각하고 몸소 실천합니다.

법륜은 곧 붓다의 가르침

1 "지금 세존께서 바라나시 사슴 동산에서 위없는 진리의 바퀴〔無上法輪〕를 굴리셨다."

그렇습니다. 이제 막 세존께서 최초로 법륜을 굴리셨습니다. 사슴 동산에서 다섯 수행자〔곧 五比丘, 최초의 승려들〕를 위하여 법바퀴, 진리의 바퀴를 힘차게 굴리셨습니다. 우리는 이 역사적인 대사건을, '초전법륜(初轉法輪)', 이렇게 찬탄하거니와, '처음으로 법륜을 굴리심', 이런 뜻입니다. 초전법륜은 곧 불교사(佛敎史)의 개막을 의미하고, 인류 구제의 성스러운 대역사가 시작되었음을 하늘과 땅 위에 높이 선포하는 것입니다.

지금도 저 사슴 동산에는 아쇼카 왕(Asoka 王)이 세운 석주(石柱)와 설법하시는 좌상(座像)이 저 날의 대경사를 묵묵히 증거하고 있습니다. 석주의 머리 부분은 네 마리의 사자가 수레 바퀴〔法輪〕 위에 서서 동서남북으로 달려가는 장쾌한 모습으로 장엄되어 있습니다.

2 법륜(法輪, Dharma-Cakra)은 '법의 바퀴, 진리의 바퀴'로서, 곧 '부처님의 가르침'을 일컫습니다. 말씀과 침묵과 행위와 삶을 통하여 보여주신 부처님의 모든 가르침을 '법륜'이라 부르고, 부처님께서 법을 설하시고 가르침을 펴시는 것을, '전법륜(轉法輪), 법륜을 굴리시다, 진리의 바퀴를 굴리시다.' 이렇게 표현합니다.

　바퀴는 권위와 권능의 상징입니다. 하늘신은 '하늘신의 바퀴〔Brahma-Cakra〕'를 지니고, 제국의 군주 전륜성왕(轉輪聖王)은 '정복의 바퀴〔輪報, Cakra〕'를 지녔음에 대하여, 부처님은 '법륜, 진리의 바퀴'를 굴리십니다. 천지 사방으로 법륜을 굴리시어, 수렁 속에 빠져 침몰해 가는 일체 생명을 건져 내십니다. 그런 까닭에 법륜은 부처님의 상징, 가르침의 상징이며, 진리와 자비의 상징입니다. 卍(만)자도 바퀴를 단순화한 것으로, 진리와 자비의 힘으로 무한히 굴러가고 있는 부처님과 불자 성중(聖衆)의 행로를 증언하고 있습니다. 卍, 이제 우리는 이것을 '법륜, 진리의 바퀴'라고 부를 것입니다.

3 "법륜(法輪)
진리의 바퀴
전법륜(轉法輪)
진리의 바퀴를 굴리시다."

　이제 이 말씀은, '부처님의 가르침은 곧 진리다, 부처님의 말씀은 곧 진리다'라는 크나큰 진실을 전제로 하고 있습니다.
　옳습니다. 부처님의 가르침은 곧 진리입니다. 법(法), Dharma입니다. 우리는 여기에서 Dharma의 세 번째 의미를 발견하였습니다.
 무엇인가? Dharma의 세 번째 의미가 무엇인가?
 곧 부처님의 가르침입니다. 부처님의 말씀입니다. 그래서 우리는 부처님의 가르침을 '교법(敎法, Dharma), 불법(佛法)' 이렇게 일컫습니다. '부처님의 가르침은 곧 법이다.' 이런 뜻이지요.
 세존께서 말씀하십니다.

 "법보(法寶, 진리의 보배) 가운데 네 가지가 있으니, 첫째는 교법(敎法)이요, 둘째는 이법(理法)이요, 셋째는 행법(行法)이요, 넷째는 과법(果法)이니라."
 －심지관경－

4 법(法, Dharma)은 본래 나와 당신과 하늘과 땅을 나·당신·하늘·땅 되게 하는 무한한 생명의 힘입니다. 그러나 이 생명의 힘은 멀리 있지 않고, 바로 나와 당신의 본래 청정한 마음 그것입니다. 그러나 무지와 번뇌의 장애로 눈 어두워, 우리는 이 마음의 진리를 쓰지 못하고, 윤회의 수렁 속에서 끝없는 방황을 계속하고 있습니다. 이때 부처님께서 우리에게로 오셔서 지혜와 해탈의 길을 밝혀 보이십니다. 이제 우리는 이 거룩한 가르침〔敎法〕을 통하여 진리 생명의 주인으로 새롭게 탄생합니다.
 부처님의 가르침 없이는, 누구도 진리를 깨칠 수 없고, 진리 생명의 주인으로 일어설 수 없습니다. 그런 까닭에 우리는 부처님 앞에 나아가 향을 사르고 무릎 꿇고 엎드려 고백합니다.

 '세존이시여
 거룩하신 가르침에 귀의합니다.'
 －삼귀의 중에서－

가르침의 으뜸은 사제팔정도

5 왜 부처님의 가르침이 거룩한 진리인가? 왜 이 가르침을 통하지 않고서는 누구도 진리 생명의 주인으로 일어설 수 없는가?

첫째, 부처님은 곧 '진리의 왕'이시기 때문입니다.

'진리의 왕' 무슨 말인가?

여기 숫타니파아타의 한 경(세에라)을 경청합니다. 어느 때 편력(遍歷, 돌아다님)의 수행자 세에라는 세존을 뵈옵고 감탄하며 이렇게 사뢰었습니다.

"스승이시여, 힘이 넘치는 이여, 당신은 몸이 완전하고 빛나며, 태생도 좋고, 뵙기에도 아름답습니다. 금빛으로 찬란한 이여, 이는 아주 흽니다……

당신은 전륜성왕(轉輪聖王, 대정복군주)이 되어, 군대를 거느리고 사방을 정복하여, 잠부주(이 세계)의 통치자가 되셔야 합니다.

왕족이나 시골의 왕들은 당신께 충성을 맹세할 것입니다. 고타마시여, 왕 중 왕(王中王)으로서, 인류의 제왕으로서 인류를 통치하십시오."

스승은 대답하셨다.

"세에라여, 나는 왕이로되, 위없는 진리의 왕이니라. 진리로써 바퀴를 굴리니라. 거꾸로 돌이킬 수 없는 바퀴를."

― 숫타니파아타 대품/세에라 ―

6 "나는 왕이로되, 위없는 진리의 왕이니라."

'진리의 왕'이 누구신가?

곧 '깨치신 분, 크게 진리를 깨치신 분'입니다. 그런 까닭에 부처님의 가르침은 절대 허망하지 않고 진실합니다. 어떤 말씀, 어떤 방법으로 가르치시더라도, 그것은 완전한 깨침, 완전한 지혜(아뇩다라삼먁삼보리)의 발로입니다. 진리 그 자체, 광명 그 자체입니다.

저때 영산회상에서 하시듯, 세존께서 지금 우리를 향하여 사자후하십니다.

"카샤파여, 마땅히 알아라. 여래(如來)는 모든 법의 왕〔法王〕이니, 설하는 바가 다 허망하지 않느니라. 일체 법에 대하여 지혜의 방편으로 연설하였지만, 그 연설하는 모든 법은 온갖 것을 다 아는 일체지(一切智)에 도달하였느니라. 여래는 일체 법이 돌아갈 곳을 관찰하여 알며, 일체 중생이 깊은 마음으로 행하는 바를 알고 통달하여 걸림이 없으며, 또 모든 법의 궁극까지 아주 분명하게 잘 알고, 모든 중생에게 일체 지혜를 보이느니라."

―법화경 약초유품―

7 둘째, 부처님의 가르침은 우리 스스로 진리를 깨치도록 훌륭히 인도하는 등불이기 때문입니다. 부처님은 스스로 깨치시고, 또 나와 당신으로 하여금 깨치도록 가르치십니다. 부처님의 가르침은 실로 자각 각타(自覺 覺他, 스스로 깨치고, 남을 깨치게 함)의 완전무결한 등불입니다.

부처님은 대체 무엇을 깨치셨는가? 무엇을 통하여 크나큰 깨침에 이르셨는가?

사슴 동산의 초전법륜으로 돌아갑니다.

"수행자들아, 내가 만약 이 사성제를 여실히 알지 못했다면, 나는 위없는 바른 깨침을 증득하지 못했을 것이다."

―초전법륜경―

8 '사성제(四聖諦).

사제 팔정도(四諦八正道)'

정녕 이러합니다. 이 사제 팔정도를 들어보지 못한 이가 없으려니와, 이 사제 팔정도(四諦, Catvāsy-ārya-satyāni 八正道, Ārya-Sāngikamarga)가 바로 부처님께서 스스로 깨치신 교법의 기본 골격이고, 우리로 하여금 깨치도록 인도하는 성스러운 진리의 등불(法燈)입니다. 물론 부처님의 가르침은 다양하고 방대해서 팔만 사천입니다(헤아릴 수 없다는 뜻). 그러나 그 가운데에서 이 사제 팔정도가 홀로 우뚝합니다. 부처님께서 설하신 모든 가르침은 이 사제 팔정도 가운데 포섭됩니다.

세존께서 당당히 선포하십니다.

"모든 현자들이여, 비록 한량없는 선법(善法)이 있더라도, 그 모든 법은 모두 사성제에 섭취되어 그 가운데 들어오는 것이다. 사성제는 일체법에서 제일이 되나니, 무슨 까닭인가? 일체 모든 선법을 섭수〔포섭〕하는 까닭이니라.

모든 현자여, 마치 모든 짐승의 발자국 중에는 코끼리의 발자국이 제일인 것과 같으니, 무슨 까닭인가? 저 코끼리의 발자국은 가장 넓고 큰 까닭이니라. 이와 같이 한량없는 저 모든 선법은 모두 사성제 속으로 들어오느니라. 이른바 사성제는 일체법에서 제일이니라."

― 중아함경 상적유경(象跡喩經) ―

불경이 곧 진리의 바퀴

9 저 말씀 들으면서, 우리는 부끄럽고, 뉘우치는 바 많습니다. 왜? 지금까지 우리는 '대승불교'라는 허울좋은 자만에 빠져서 이

성스러운 사제 팔정도를 '소승'으로 취급하여 경시하거나 외면해 왔기 때문입니다. 오늘 한국 불교가 빠져 있는 사상적 혼란은 근본적으로 이러한 원시불교사상(原始佛敎思想)에 대한 무지와 불경(不敬)에서 파생한 자중지난입니다. 지금 우리 주변에서 깨치는 수행자가 적다면, 그 원인 또한 바로 여기에 있습니다. 소승 없이 대승 없고, 사제 팔정도 없이 공(空)도 없고 반야(般若, 큰 지혜)도 없습니다.

부처님께서는 초전법륜에서도 이 사제팔정도를 중심으로 설하셨고, 구시나가라 최후 유교(最後遺敎)에서도 사제 팔정도를 중심으로 설하셨습니다. 만일 우리가 진실로 지혜의 능력을 희구하고 깨침을 염원한다면, 우리는 지금 당장 사제 팔정도의 초전법륜으로 돌아갈 것입니다. 우리는 반드시 성공할 것입니다.

세존께서 이를 증언하고 계십니다.

"여래가 이 사성제를 설하는 가운데, 이것을 깨닫는 이가 없다면, 여래는 법륜을 굴리지 않을 것이요, 깨닫는 이가 있다면, 여래는 법륜을 굴릴 것입니다."

―초전법륜경―

10 경(經)이 무엇인가?

불경(佛經)이 무엇인가?

경(經, Sūtra, Sutta)은 곧 가르침입니다. 부처님의 가르침, 가르침의 창고[法藏]입니다. 그런 까닭에 경은 곧 법입니다. 진리입니다. 경이 곧 가르침입니다. 우리는 여기에서 법(法), Dharma의 네 번째 의미를 발견합니다.

법이 무엇인가? 진리가 무엇인가?

곧 불경입니다. 부처님의 교법을 기록한 삼장(三藏, 경전의 구분) 십이부(十二部, 경전의 형태)의 경전입니다.

선사께서 밝혀 말씀하십니다.

"법에 두 가지 종류가 있으니, 하나는 불타가 연설하신 바의 삼장 십이부 팔만 사천의 법장(경전)이요, 또 하나는 불타가 설하신 바의 법의(法義)니, 이른바 지계(持戒)·선정(禪定)·지혜(智慧)·팔정도(八正道) 및 해탈과 열반 등이니라."

－대지도론 22－

11 '법(法)·법보(法寶)·법륜(法輪)'에 관해서 오래 논의해 왔거니와, 이제 그 결론은 분명해 졌습니다.

무엇인가?

불경이 곧 법이고, 법보이고, 법륜입니다. 진리·진리의 보배·진리의 바퀴는 이제 구체적으로 불경을 뜻합니다. 우리는 불경을 통하여, 사제 팔정도를 배우고, 이 사제 팔정도에 의하여 지(智)를 얻고, 눈을 얻고, 혜(慧)를 얻습니다. 저 카운디냐 등 다섯 수행자처럼, 우리는 이 불경을 통하여 낡은 옷을 훌훌 벗어 버리고 하늘 높이 비상합니다. 자유의 주인되어 훨훨 우주를 날읍니다.

이제 '법에 귀의한다'는 것은 곧 불경을 존중하며 배움으로써 깨침의 길로 나아간다는 것을 의미하는 것입니다.

회향발원 (불경을 받들어 존중하옵니다)

　자비하신 부처님.
　이제 저희 청보리들, 푸르른 부처의 씨앗들.
　큰 두 손 우러러 부처님의 경전을 받듭니다. 불경을 받들어 예배하고 존중합니다. 이 불경들이 부처님께서 굴리시는 진리의 바퀴이며, 저희를 깨침의 저 언덕으로 인도하는 진리의 등불임을 믿으며, 지극한 정성으로 공경 찬탄합니다. 저 때 바라나시 사슴 동산을 진동시키던 붓다의 사자후가 정녕 이 불경 속에서 울려퍼지고 있음을 믿기 때문에, 저희 청보리들은 그리운 마음으로 경전을 받들어 지닙니다.
　　　　　　　　　　　　　　　　　　　　　　　－나무석가모니불－

찬불가 오, 이 기쁨

내용익힘

1. 다음 문장을 완성해 봅니다.
   ① 세에라여, 나는 왕이로되, 위없는 (   )의 왕이니라. (   )로써 바퀴를 굴리니라. 거꾸로 돌이킬 수 없는 (   )를
   ② 모든 현자들이여, 비록 한량없는 선법이 있더라도, 그 모든 법은 모두 (   )에 섭취되어 그 가운데 들어오는 것이다. (   )는 일체법에서 제일이니, 무슨 까닭인가? 일체 모든 선법을 섭수하는 까닭이니라.
   ③ 불경이 곧 (   )이고 (   )입니다. (   )·(   )의 보배·(   )의 바퀴는 이제 구체적으로 (   )을 뜻합니다. 우리는 이 (   )에 의하여 (   )를 배우고, 이 (   )에 의하여 깨침을 얻습니다. 이제 '법에 귀의한다'는 것은 곧 (   )을 존중하며 배움으로써 (   )의 길로 나서는 것입니다.

2. 다음 물음에 간결하게 답합니다.
   ④ '법륜'이란 무엇인가?
   ⑤ 불경이란 무엇인가?
   ⑥ 법(法, Dharma, Dhamma)의 세 가지 의미가 무엇인가?

교리탐구 사제 팔정도가 무엇인가?

1. 사제
2. 팔정도
3. 사제 팔정도의 중요성

실천수행 정기적으로 불경을 구입하고 존중히 보전하며 법회 때 항상 지니고 다닙니다.

1. 불경 구입 계획표를 짜서 정기적으로 구입한다.
2. 불경을 깨끗이 보전한다.
3. 법회 때는 불경을 꼭 지니고 다닌다.

2과 • 경전의 역사를 찾아서

"물어 가로되, 여러 부처님의 경은 무엇 때문에, 처음에, '이와 같이'라는 말을 쓰는가?

대답하기로, 불법의 큰 바다는 믿음으로써 능히 들어가고, 지혜로써 능히 건너는 바, '이와 같이'는 곧 믿음이니라."
　　　　　　　　　　　　　　　　　　　　　　　　　－대지도론－

탐구과제
- 역사적으로 경전편찬이 어떤 과정으로 전개되었는가를 정리합니다.
- '나는 이와 같이 들었다'라는 표현이 무엇을 뜻하는가를 관찰합니다.
- 어떻게 초기불경을 획득하고 먼저 읽어갈 것인가를 배우고 돋소 실천해 갑니다.

팔리 5부와 한역 4아함

12 경(經)은 어떻게 시작되었는가?

이제 우리는 경의 역사를 살펴 볼 때가 되었습니다. 경은 곧 부처님의 교법으로서, 구체적으로는 그 교법을 기록한 경전, 곧 불경입니다. 불경은 그 역사와 분량과 내용이 실로 엄청난 것이기 때문에, 흔히 '대장경(大藏經), 8만대장경(八萬大藏經)'이라고 일컫거니와, 이것은 정녕 인류사의 경이(驚異)이고, 무한의 보고(寶庫)입니다.

인도에서 성립된 장경은 pāli어로 쓰여진 것과 Sanskrit어로 쓰여진 것의 두 계통이 있는데, pāli어 계통은 스리랑카(실론)·버마·타이 등 남방 여러 나라에 전파되었기 때문에 '남전(南傳,

남전 전경)'이라고 불리고, Sanskrit어 계통은 티벳·중국·몽고·만주·한국·일본 등에 전파되었기 때문에 '북전(北傳, 북전 장경)'이라고 불립니다.[1] 우리 나라의 '팔만대장경'은 북전의 하나로서, 13세기 몽고 침입의 국난을 극복하려는 민족 신앙의 결집으로 간행되었는데, 최근 동국역경원(東國譯經院)에서 이것을 우리말로 옮긴 '한글 대장경'이 나오고 있습니다.

13 '불경·대장경', 이렇게 한 마디로 말했지만, 그 내용을 보면 삼장(三藏, Tri-Pitaka)으로 구성되어 있습니다. 삼장은 '세 덩어리의 경전, 세 곳간의 경전' 이런 뜻입니다.[2]

삼장이란, 첫째 경장(經藏, Sutra-Pitaka)으로서, 우주 인생의 근본 진리〔法〕에 관한 부처님의 가르치심을 기록한 책들이고, 둘째 율장(律藏, Vinaya-Pitaka)으로서, 교단과 대중의 생활 규범인 계율에 관한 가르침과 규칙을 기록한 책들이며, 셋째 논장(論藏, Abhidhamma-Pitaka)으로서, 교법에 관한 체계적인 연구 논문을 기록한 책들입니다. 논장도 그 내용에 따라 논(論)·소(疎)·초(抄) 등으로 구분됩니다.

경장은 그 서술 방식에 따라서 십이부(十二部)로 구분되기 때문에, 대장경은 흔히 '삼장 십이부'라고[3] 표현합니다. 이제 우리는 이러한 삼장 십이부의 장경들을 '불경·경전·경', 이렇게 부르기로 약속합니다.

---

1) 김동화, 『佛敎學槪論』, pp.16~17.
2) 앞의 책, pp.17~18.
3) 십이부는 이러하다.
　1. 수다라－산문 2. 기야－산문 뒤의 운문 3. 수기－문답과 예언 4. 가타－운문 5. 우타니－부처님의 자설(自說) 6. 니타나－인연설 7. 아파타나－비유 8. 이데왈다가－지난 세상의 인연설 9. 사타가－부처님의 전생 보살행 10. 비불략－광대한 설법 11. 아무타달마－신통변화 12. 우바데사－교리문답

14 불경이 부처님 당시부터 문자로 기록되어진 것은 아닙니다. 불경의 최초 형태는 암송·합송(合誦, Saṁgiti)으로서, 부처님의 교법이 제자들의 기적적인 기억력에 의하여 입에서 입으로 전승되어 왔었지요.[4] 원시경전이 대개 짤막짤막한 운문체의 형태를 갖고 있는 것도 바로 암송을 위한 필요 때문입니다. 이러한 운문체를 '게·게송(偈頌, gāthā)'이라 하거니와, 불경들은 이처럼 많은 아름다운 게송들로 이루어진 훌륭한 시집(詩集)들입니다.

　암송의 경들이 최초로 pāli어로 기록되는 시기는 대개 불멸(佛滅) 후 4세기 전반기(B.C. 1세기 전반)로 추정됩니다. 이때 이루어진 초기 경전들이 소위 'pāli 5부(pañca-nikāya)'로서, 부처님 교법의 원형(原形)에 가장 가까운 원시 경전군(原始經典群)입니다. 이 pāli 5부가 중국에 전파되어 한역(漢譯)된 것이 곧 『한역 4아함(漢譯四阿含)』인데, pāli 5부 가운데 소부경전(小部經典, khuddaka-nikāya)이 비교적 후기에 편집되었기 때문에, 한역에 포함되지 못했습니다. 그래서 pāli 5부가 한역 4아함이 된 것입니다.

　그러나 소부 경전 속의 여러 경들은, 『법구경』·『숫타니파아타』등과 같이, 부처님의 육성에 가장 가까운 향기 높은 원시 경전들로서 빼어난 가치를 지니고 있습니다.[5]

　팔리 5부와 한역 4아함을 대비하면 이와 같습니다.

15 불경이 수백년간 암송되어 왔었지만, 그 결집 작업은 불멸(佛滅) 후 곧 착수되었습니다. 결집(結集, Samgaha)이란 부처님의 많은 교법을 모아서 정리하고 체계화하는 작업인데, 여러 차례의 결집을 통하여 불경은 그 큰 체계를 갖추게 된 것입니다.

---

4) 增谷文雄/이원섭 역, 『佛敎槪論』, 玄岩社, 1973, pp.274～286.
5) 앞의 책, pp.286～289.

암송된다 하였지만, 아무렇게나 단편적으로 전승된 것이 아니고, 고승 대덕(高僧大德)들이 함께 모여 엄격히 검토하고 심사하여 '틀림없이 부처님 교법이다'라는 판정을 받고, 경으로서 공포된 뒤에, 암송으로 널리 전파되고 신봉되어 왔습니다.

나는 이와 같이 들었노라

16 우리는 제1 결집 때의 장엄한 광경을 생생히 기억하고 있습니다. 석가모니께서 입멸하신 직후, 교단의 지도자인 마하 카샤파 존자(Maha Kassyapa 尊者)는 5백 명의 아라한들을 라자그리하(王舍城) 교외 베바라 산기슭의 판니구하[七葉窟]에 모으고 곧 결집을 선포하였습니다.

대중이 모이자 상수(上首) 마하 카샤파 존자가 제의하였습니다.

"대중이여, 들으시라. 만약 대중들에게 이의가 없다면, 장로 아난다에게 부처님의 교법을 묻겠오."

대중들은 잠잠히 동의하였습니다. 아난다는 수십년간 부처님을 시봉(侍俸, 뫼신)하였던 관계로, 누구보다도 부처님의 교법을 더 잘 기억하고 있었기 때문에, 경(經)의 송출자(誦出者, 외우는 사람)로 선출된 것입니다. 노예 이발사 출신의 우파알리 존자(upāli 尊者)는 계행(戒行, 계율생활) 제일이었기 때문에, 계(戒)의 송출자로 선출되었습니다.

17 마하 카샤파 존자가 물었습니다.

"벗 아난다여, 세존의 첫 설법은 어디서 이루어졌습니까?"

아난다 존자가 곧 암송하였습니다.

"벗 마하 카샤파여,
나는 이와 같이 들었습니다.
어느 때 세존께서는 바라나시의 사슴 동산에 계셨습니다……."

아난다 존자가 한 경을 암송하면, 5백 아라한들이 곧 이것을 검토하고 의견을 발표하여 토론이 벌어지고…… 전원이 합의함으로써 마침내 한 경이 탄생하게 됩니다. 인류사 위에 한 광명이 탄생하게 되는 것입니다.[6]

18 "나는 이와 같이 들었습니다."
(Evam me Sutam)
우리는 이것을 한역(漢譯)해서 '여시아문(如是我聞)'이라 하거니와, 이것은 모든 경전의 문을 여는 첫 말씀입니다.
"나는 이와 같이 들었습니다."
이 '나'는 곧 아난다 존자로서, 그는 이 한 마디 속에서 부처님의 교법에 대한 확고부동한 절대적 신뢰를 고백하고 있습니다. 이것은 곧 부처님과 그 교법에 대한 깊은 믿음의 고백입니다. 지혜의 등불인 부처님의 교법을 깊은 믿음으로 열고 있다는 이 사실을 통하여, 우리는 다시 한 번 믿음과 지혜의 상조적(相照的, 서로 비추는) 관계를 깨닫습니다.

선사〔나가르주나(龍樹)〕께서 말씀하십니다.

"물어 가로되, 여러 부처님의 경은 무엇 때문에, 처음에, '이와 같이'라는 말을 쓰는가?
대답하기를, 불법의 큰 바다는 믿음으로 능히 들어가고 지혜로

---

6) 增谷文雄, 앞의 책, pp.278~282.

써 능히 건너는, '이같이'는 곧 믿음이니라."　　　　－대지도론－

대승경전의 창출

19 불교 교단도 세월이 지남에 따라 많은 부파(部派)가 생기고, 부파들은 자기 부파에 필요한 새로운 불전(佛典)들을 창출해 갔습니다. 이것은 발전과 혁신의 자연스런 과정인 것이지요.
　불멸(佛滅) 후 백년 경(B.C. 3세기경), 교단은 큰 변혁을 맞이하여, 보수적인 상좌부(上座部)와 진보적인 대중부(大衆部)로 양분되고, 이 두 부(部)도 각기 많은 파(派)로, 나뉘어져 경쟁적으로 발전하는데, 이 시대를 '부파 불교 시대(部派佛敎時代)'라고 합니다.[7]

20 불멸(佛滅) 후 3세기 후반 경〔B.C. 2세기 후반경〕부터, 보다 참신하고 민중적인 종교 혁신운동이 전개되면서, 새로운 경전들이 창출되어 나왔습니다. 우리는 이러한 혁신운동을 '대승불교(大乘佛敎, Mahā-yāna), 대승불교운동'이라고 부르고, 이 시기의 새 경전들을 '대승 경전(大乘經典)'이라고 일컫습니다.[8] 이와 더불어, 그 이전 부파 불교, 특히 상좌부 계통을 '소승불교(小乘佛敎, Hina-yāna)'라고 불러서, 소승과 대승의 구분이 생기게 되었습니다.
　여기서 하나 생각할 것은, '소승은 이기적(利己的)이고, 대승은 이타적(利他的)이다'라는 식의 너무 극단적인 비교는 곤란하다는 것입니다. 소승과 대승을 우열 대립의 입장에서 볼 것이 아

---

7) 塚本啓祥/목정배, 『佛敎史入門』 現代佛敎新書 39, pp.87~90.
8) 앞의 책, pp.117~136.

니라, 불교의 역사적인 발전과정으로 이해하는 쪽이 보다 이치에 합당하다고 볼 것입니다. 불교는 석가모니 당시와 불멸(佛滅) 후 백년 경까지의 원시불교시대에서 출발하여, 부파불교시대를 거쳐, 대승불교시대로, 줄기찬 역사적 발전을 계속해 온 것입니다.

21 대승불교는 방대한 대승 경전의 출현과 함께 찬란한 문을 엽니다. 대승의 주요 경전들은 불멸 후 3세기 후반 경부터 수세기간에 걸쳐서 이루어지는 바, 반야경(般若經, prajñāpāramita-sūtra)·법화경(法華經, Saddharmapundarika-Sūtra)·화엄경(華嚴經, Avataṁsaka-Sūtra)을 비롯하여, 열반경(涅槃經)·유마경(維摩經)·승만경(勝鬘經)·아미타경(阿彌陀經)·무량수경(無量壽經)·대일경(大日經)·해심밀경(解深密經) 등이 여기에 포함됩니다.[9]

대승 경전들은 Sanskrit어 경전으로서 비단길[silk-road]을 따라 티벳·중국·한국·일본으로 전파되었기 때문에, '북전(北傳), 북전 장경(北傳藏經)'으로도 불리는 것은 이미 관찰하였습니다.

22 "나는 이와 같이 들었습니다."

대승 경전들도 물론 이렇게 법의 문을 열고 있습니다. 그런데 여기에 문제가 제기되었습니다.

'여기서의 '나'는 누구인가? pāli 5부에서와 같이, 대승 경전의 '나'도 아난다 존자인가? 대승 경전도 석가모니의 직설(直說)인가?……'

오랫 동안 불자들은 '그러리라'고 믿고 조금도 의심하지 않았습니다. 그러나 18세기에 이르러 의문이 제기되고, 학자들의 세밀한 연구 결과, 대승 경전이, 원시 경전과는 달리, 아난다 존자

---

9) 김동화, 『佛敎學槪論』, pp.22~23.
    塚本啓祥, 앞의 책, pp.137~157.

의 송출(암송)이 아니라는 것이 밝혀졌습니다. 이것은 매우 큰 충격이어서, 한때는, '대승 경전은 부처님 가르침이 아니다'라는 주장이 나오기도 했습니다.[10]

23 잠시 멈추어서 생각할 것은 '불교는 역사와 더불어, 민중과 함께 성장해 오고 있다'라는 진실입니다. 불교의 뿌리는 부처님이시고, 경전 또한 부처님으로부터 출발하고 있습니다. 그러나 불교는 뿌리로만 멈추지 않고, 경전 또한 땅 속에 머물러 있지만은 않습니다.[11] 뿌리에서 줄기가 생기고, 가지가 생기고, 잎이 생기고, 꽃이 피고, 열매가 열리고 이와 같이 대승 경전은 부처님의 교법이라는 뿌리 위에서, 새 역사의 토양 속에서, 새 민중들의 염원을 호흡하면서, 새로운 줄기와 가지와 잎과 꽃과 열매로 꽃피어 난 것입니다.

24 실제로 대승 경전들의 근본 사상은 원시 경전 속에 그 뿌리를 깊이 내리고 있습니다. 공사상(空思想)·지혜설(智慧說)·유심론(唯心論)·불성론(佛性論)·법신 사상(法身思想)·중도 사상(中道思想)·보살 정신(菩薩精神)·성불설(成佛說)·정토 사상(淨土思想) 등 대승불교의 씨앗들은 원시불교의 대지 속에 이미 심어져 있었던 것입니다.[12] 이 씨앗들이 자라서 푸르른 나무가 되고, 함께 어울려 풍성한 숲을 이루는 것이지요. 이 숲은 지금 이 시간 이 역사와 이 민중 속에서도 멈추지 않고, 왕성하게 뻗어가고 새로워지고 있습니다.

'불설(佛說)'은 단순히 석가모니께서 직설(直說)하신 것뿐만

---

10) 增谷文雄, 앞의 책, pp.300~305.
   김동화, 『大乘佛敎思想』, pp.9~10.
11) 앞의 책, pp.220~235.
12) 김동화, 『大乘佛敎思想』, pp.18~28.

아니라 석가모니의 진심(眞心)을 드러내 설파한 위대한 논사(論師)들의 교설이기도 합니다. '불설(佛說)'은 단순히 '부처님의 말씀'일 뿐만 아니라, '우리를 성불(成佛)케 하는 말씀'이기도 합니다.[13]

"나는 이렇게 들었습니다."

그런 까닭에 우리는 기쁜 마음으로 대승 경전의 문을 엽니다. 대승 경전이 곧 부처님의 직설이고 진리임을 믿으면서, 크나큰 수레〔大乘〕를 타고 달려갑니다.

---

13) 앞의 책, pp.10~13.

제6장 불경 공부는 어떻게 할 것인가? 341

회향발원 (초기 불경 먼저 읽으옵니다)

　자비하신 부처님.

　이제 저희 청보리들, 푸르른 부처의 씨앗들.

　먼저 초기 불경을 구하고 열심히 읽기를 발원합니다. 그동안 저희들은 소승·대승을 잘못 판단하여 초기 경전을 '소승'이라 과소 평가하면서 오로지 대승 경전에만 집착해 온 허물이 많습니다. 그러나 초기 경전이야말로 모든 불경의 뿌리이며, 부처님의 육성이 스며 있는 붓다의 원음임을 깨닫고, 초기불경을 가까이 하며 열심히 읽으옵니다. '나는 이와 같이 들었노라' 저 눈 푸른 5백 아라한들의 우렁찬 합송을 경청하며, 저희들은 이와 같이 읽으옵니다.　　　　　　－나무석가모니불－

찬불가　님의 숨결

내용익힘

1. 다음 문장을 완성해 봅니다.
   ① 물어 가로되, 여러 부처님의 경은 무엇 때문에, 처음에, (   )라는 말을 쓰는가? 대답하기를, 불법의 큰 바다는 (   )으로 능히 들어가고, (   )로써 능히 건너는 바, (   )는 곧 (   )이니라.
   ② 이 '나'는 곧 (   ) 존자로서, 그는 이 한 마디 속에서 부처님의 (   )에 대한 확고부동한 절대적 (   )를 고백하고 있습니다. 이것은 곧 (   )과 (   )에 대한 깊은 (   )의 고백입니다.
   ③ 잠시 멈추어서 생각할 것은 '불교는 (   )와 더불어, (   )과 함께 성장해 오고 있다'라는 진실입니다. 불교의 뿌리는 (   )이시고, 경전 또한 (   )으로부터 출발하고 있습니다. 그러나 불교는 (   )로만 멈추지 않고 경전 또한 땅 속에 머물러 있지만은 않습니다.

2. 다음 물음에 간결하게 답합니다.
   ④ 삼장이란 무엇인가?
   ⑤ 팔리 5부와 한역 4아함의 관계는 어떠한가?
   ⑥ 대승경전을 '불설(佛說)'로 인정하는 근거는 무엇인가?

교리탐구 『숫타니파아타』는 어떤 경전인가?

  1. 경전 구조상의 위치
  2. 경의 구성
  3. 경의 중요한 가르침

실천수행 『숫타니파아타』를 준비하고 일상으로 열심히 읽어갑니다.

1. 『숫타니파아타』를 구입한다.
2. 『숫타니파아타』를 매일 조금씩 읽어간다.
3. 『숫타니파아타』를 축하 선물로 활용한다.

3과 • 티끌 속에서 만난 금강의 섬

"부처란 육신이 아니라 깨침의 지혜다. 위없는 깨침의 영원한 지혜다. 그런 까닭에 육신은 지금 여기서 없어질지라도 위없는 깨침의 지혜는 내가 가르친 교법과 더불어 영원히 살고 있는 것이다. 그러므로 나의 육신을 볼 것이 아니라 내 교법을 아는 것이 곧 나를 보는 것이다. 내가 입멸한 뒤에는 내가 남겨 놓은 교법과 계율이 곧 너희들의 스승이니, 이 교법을 받아서, 잘 보전하여 이 길을 가도록 하라."

— 유교경 —

탐구과제
- 돌아가신 부처님을 지금 다시 뵙는 길이 무엇인가를 명상합니다.
- 한 권의 불경이 우리의 삶을 어떻게 바꿔놓을 수 있는가를 깨닫습니다.
- 어떻게 법구경 읽기를 일상화할 것인가를 관찰하고 몸소 실천합니다.

법구경 속에서 만난 부처님

25 김 선생님은 명문대학 출신의 30대 초반으로 고등학교에서 교편을 잡고 있습니다. 그는 여러 가지로 부족함이 없는 형편이었지만, 오래 전부터 심각한 정신적 갈등으로 고통을 받아 왔습니다. 그의 이러한 갈등은 멀리 고등학교 시절로까지 거슬러 올라갑니다. 고1 겨울 방학 어느 날 밤, 그는 자다가 잠이 깨어, 문득 '죽음의 공포'가 그를 엄습해 왔습니다.

'나는 어떻게 죽을까? 나도 죽어야 하는가? 이 좋은 세상을 버리고 어떻게 죽는단 말인가? 다정한 친구들, 그리운 사람들, 이들을 버리고 어떻게 죽는단 말인가? 죽음의 고통, 그 처절한 고통…… 아 나는 어떻게 죽을까?'

이 난데없는 공포로 인하여 그는 사흘 밤을 까맣게 뜬 눈으로 새웠습니다. 시간이 흐르면서 이 공포는 그럭저럭 머리를 숙였지만, 이때부터 그의 가슴 깊은 바닥에는 정체 모를 불안이 꿈틀거리고 있었습니다.

26 한때 잠잠하던 이 불안의 불씨는 대학 2학년 때 마침내 크게 타올랐습니다. 그는 서울사대 역사과에 진학하여 주변의 촉망을 받으면서 공부하고 있었지만, 2학년 봄이 되면서 정신적 불안으로 한시도 마음 편할 날이 없었습니다. 죽음의 공포는 이제 '삶의 무의미(無意味)'로 전환하여 그의 마음을 시커멓게 뒤덮어 왔습니다.

'나는 왜 살아야 하는가? 대체 이렇게 살아서 뭘 하자는 것인가? 교육자, 대학 교수, 박사, 성공, 출세, 명성…… 그렇게 하여 마침내 무엇이 되자는 것인가? 이러한 것들이 죽음 앞에 몇푼어치의 의미가 있는가? 도대체 인간은 왜 태어나는가? 인생의 목적, 인생의 가치는 무엇인가?……'

끝없고 깊이 모를 의문, 의문들이 밤낮으로 그의 삶을 무겁게 압도해 왔습니다. 사춘기 한때의 회의, 청년기 한때의 번민쯤으로 생각하고, 학업과 일상사에 열중하려 하였지만 허사였습니다. 마음이 항상 짓눌리듯 무거웠고, 그의 24시간 전체가 어둔 장막으로 덮어 씌운 듯하였습니다. 출혈(出血), 그렇습니다. 그는 온몸으로 피를 흘리고 있었습니다. 이 진한 출혈 때문에, 그는 3학년을 마치고 휴학원을 내고 말았습니다. 1년 동안 깊이 생각하면서 해결책을 찾고 싶었습니다.

그러나 이 1년도 허사였습니다. 산을 찾고, 강을 찾았습니다. 친구들과 밤새워 토론하고, 책을 읽고, 절을 찾고, 교회를 찾았지만, 그는 항상 더 큰 갈등과 어둠을 안고 돌아왔습니다. 다시 복학하고, 졸업하고, 군에 복무하고, 결혼하여 아버지가 되고, 학교로 와서 아이들 앞에 섰지만, 이 출혈은 끊임없이 계속되고 있었습니다. 끈적끈적한 검은 점액들이 그의 마음 깊은 부분에 엉겨붙어 어둔 안개를 토하고 있었습니다. 때로는 깊은 계곡에 들어가 피가 나도록 몸을 닦아 보았지만, 그렇게 해결될 일이 아예 아니었습니다.

27 1969년 어느 봄날 오후, 김 선생님은 도서관에 올라가 심심풀이로 이 책 저 책 둘러보고 있었습니다. 그러던 중 『법구경(法句經)』이라는 낯선 이름의 책이 그의 눈을 끌어 당겼습니다. 그는 먼지를 뒤집어 쓰고 있는 『법구경』을 무심코 뽑아 들었습니다. 첫 페이지를 펼쳤습니다. 순간, 번쩍하는 강렬한 섬광이 그의 전신을 강타하였습니다.

거기에는 이렇게 쓰여 있었습니다.

"마음은 모든 일의 근본이 된다.
마음은 주(主)가 되어 모든 일 시키나니
마음 속에 악한 일 생각하면
그 말과 행동도 또한 그러하리라.
그 때문에 괴로움은 그를 따르리.
마치 수레를 따르는 수레 바퀴처럼." [1]

-법구경 쌍서품-

---

[1] 이것은 '유심사상(唯心思想), 마음이 일체를 만들어 낸다〔一切唯心造〕'의 한 근거로서, 유심사상은 불교의 근본 가운데 하나이다. (김동화, 『大乘佛敎思想』 p.21)

28 "마음은 모든 일의 근본이 된다.

마음은 주(主)가 되어 모든 일 시키나니."

이 한 말씀이 그의 심장을 통렬하게 부수었습니다. 견고한 암흑의 성곽이 크게 흔들렸습니다. 밀폐된 공간의 압축 공기가 구멍을 뚫고 솟아 올랐습니다. 그는 두근거리는 가슴으로 책장을 덮고 창 너머 저편 창공을 올려 보았습니다. 한 줄기 찬란한 햇살이 3월 오후의 하늘을 높이 비상하고 있었습니다.

'아 어쩌면 여기에 희망이 있을지 몰라. 여기에 출구가 열릴지 몰라.'

이런 함성이 그의 밑바닥에서 터져 나왔습니다.

그는 『법구경』을 빌려와 떨리는 마음으로 읽기 시작하였습니다. 숨을 죽이고 한 줄 한 줄 읽어갔습니다. 깊은 밤, 이른 새벽, 한 줄 읽고 깊이 생각하고, 한 줄 읽고 또 깊이 생각하였습니다. 페이지마다 생소한 단어들이 나오고, 무슨 뜻인지 이해되지 않는 구절들 앞에 부닥치기도 했습니다. 때로는 사리에 어긋나고, '이럴 수가 있나?'라고 느껴지는 역겨운 말씀들도 만났습니다. 그러나 그는 멈추지 않았습니다. 모르면 모르는 대로, 알면 아는 대로 나아갔습니다.

29 그는 결코 서두르지 않았습니다. 하루 한 장 정도로 만족하였습니다. 읽는 시간보다 고요히 눈감고 생각하는 시간이 더 많았습니다. 머리로 하나하나 따지지 않고, 말씀 그대로, 글귀 그대로를 꿀꺽꿀꺽 삼켰습니다. '지금은 이해 안 되지만, 언젠가 알 때가 올 것이다.' 이렇게 믿으면서 한 발 한 발 나아갔습니다.

발을 옮길 때마다, 그 앞에는 전혀 새로운 세계, 놀랍고, 기쁜 신천지(新天地)가 끝없이 펼쳐지고 있었습니다. 거기에 탄식이 있고, 후회가 있고, 눈물이 있었습니다. 거기에서 환희가 솟아나고, 희망이 솟아나고, 미소가 솟아났습니다.

"잠 못드는 사람에게 밤은 길고
피곤한 나그네에게 길은 멀듯이
진리를 모르는 어리석은 사람에게
생사의 밤길은 길고 멀어라."
　　　　　　　　　　　　　　　－법구경 우암품－

이 말씀 앞에 멈추어 서서, 김 선생님은 조용히 독백하였습니다.
'그래, 난 지금까지 너무 무지했었구나. 여기 이런 진리 세계, 진리 말씀이 있는 줄 모르고, 얼마나 수많은 밤을 잠 못 이루고 방황하였던가.'

30 장을 넘길 때마다 그는 조금씩 변화해 가고 있었습니다. 자신의 깊은 밑바닥에서 미미한 변화가 서서히 진행되고 있음을 그는 직감하였습니다. 끈끈한 점막이 한 꺼풀씩 벗겨져 나가는 신선한 쾌감을 그는 감지하였습니다. 이렇게 두 달 걸려 『법구경』을 읽어 마쳤을 때, 그는 새 사람으로 바뀌어 있었습니다. 아니, 바뀌어가기 시작하였습니다. 그는 실로 오랫만에 마음 놓고 웃을 수 있었고, 편안히 잠들 수 있었습니다. 오랜 악몽에서 깨어나는 듯 했습니다.
마지막 장을 넘기던 날 밤, 그는 『법구경』을 가슴에 안고 눈물을 삼키며 중얼거렸습니다.
"부처님, 감사합니다."

31 김 선생님의 경전 공부는 그렇게 시작되었습니다. 그는 용기를 내어서, 『우리말 대장경』을[2] 빌려왔습니다. 1천 페이지의 두꺼운 불경이었지만, 조금도 두려워하지 않고 스스로 터득한 방식

---

2) 『우리말 八萬大藏經』, 國民書館, 大韓佛敎靑年會編, 1963

대로 읽어 갔습니다. 아침 출근 전 30분을 '불경 읽는 시간'으로 작정하고, 하루 1~2장씩 읽었습니다. '좋다, 나쁘다, 옳다, 틀렸다'는 생각을 일체 하지 않고, 글자 그대로, 말씀 그대로 가슴 깊이 받아들였습니다. 이러기를 계속하자, 몰랐던 것들이 하나하나 스스로 다가왔습니다. 난해한 용어나 교법들이 다가와 두터운 옷을 헤치고 속살을 드러내 보였습니다.

6개월 걸려 『우리말 대장경』을 읽어 마쳤을 때, 김 선생님은 이미 부동의 경지〔不動地〕에 굳건히 서 있었습니다. 10여 년의 어둔 장막은 자취없이 사라지고, 그의 마음의 뜨락에는 온갖 꽃들이 싱싱히 자라고 있었습니다. 그토록 괴롭히던 '죽음의 공포'도 봄날 잔설(殘雪)처럼 녹아내리고, 찾아 헤매던 '삶의 가치'는 문 손잡이처럼 손에 꽉 잡혔습니다.

가르침을 보는 것이 곧 나를 봄이니라

32 '나는 어떻게 죽을까? 어떻게 죽는단 말인가?'

벗이여, 저렇게 죽음의 공포로 인하여 잠 못 이루는 이가 어찌 저 김 선생님뿐입니까?

'나는 왜 살아야 하는가? 나는 필경 무엇이 된다는 것인가?'

벗이여, 저렇게 삶의 가치를 찾아서 불안과 번민 속에 헤매는 이가 어찌 저 김 선생님뿐입니까?

저 김 선생님은 곧 나며 당신입니다. 그러길래 우리는 해답을 갈망하고 있습니다. 해답을 들려줄 진리의 스승을 고대하고 있습니다.

33 불경이 무엇인가?

첫째로, 우리들의 스승이십니다. 그토록 찾아 헤매던 거룩한 진리의 스승이십니다.

석가모니께서는 본래로 스승이십니다. 하늘과 땅과 신(神)과 사람의 본래 스승이십니다. 그래서 석가모니를, '시아본사(是我本師), 우리들의 본래 스승' '천인사(天人師), 신과 사람의 스승' 이렇게 찬탄합니다.

벗이여, 그런데 우리들의 스승은 지금 어디 계십니까? 죽음의 공포로 내가 이렇게 떨고 있는데, 스승은 지금 어디 계십니까? 삶의 가치를 잃고 수많은 형제들이 멸망해 가고 있는데, 본래 스승이신 부처님은 지금 어디 계십니까?

34 구시나가라 사라쌍수 언덕, 세존께서 입멸하시던 밤, 제자들은 스승을 잃은 슬픔으로 푸른 숲이 하얗게 변하도록 통곡하였습니다.

이때 세존께서 제자들을 향하여 분부하셨습니다.

"제자들아, 이것이 내 최후의 시간이다. 그러나 이 죽음은 육신의 죽음임을 잊어서는 안 된다…… 부처란 육신이 아니라 깨침의 지혜다. 위없는 깨침의 영원한 지혜다. 그런 까닭에 육신은 지금 여기서 없어질지라도 위없는 깨침의 지혜는 영원히 내가 가르친 교법(敎法)과 더불어 살고 있는 것이다. 그러므로 나의 육신을 볼 것이 아니라, 내 교법을 아는 것이 곧 나를 보는 것이다. 내가 입멸한 뒤에는, 내가 남겨 놓은 교법(敎法)과 계율(戒律)이 곧 너희들의 스승이니, 이 교법을 받아서, 잘 보전하여, 이 길을 가도록 하라."

―유교경―

35 "나의 육신을 볼 것이 아니라, 내 교법을 아는 것이 곧 나를 보는 것이다."

그렇습니다. 부처님의 참몸은 법신(法身)이십니다. 진리가 부처님의 몸입니다. 그런 까닭에 부처님의 교법, 불경이야말로, 지금 우리 곁에 계시는 스승이십니다. 살아계시는 진리의 스승이십니다. 부처님의 경전(교법)을 읽고, 배우고, 생각하고, 실행하는 것이 바로 저 거룩하신 본래 스승을 친견하고, 그 육성을 듣고, 그 훈도를 받는 것입니다.

세존께서 다시 말씀하십니다.

"제자들이여, 나는 내 스스로 이 교법을 깨치고 너희들을 위하여 이 교법을 설하는 것이니, 너희들은 이 교법을 잘 지켜서 언제나 이 교법을 받들어 실행하지 않으면 아니 될 것이다. 그런 까닭에 너희들이 이와 같이 나의 교법대로 행하지 아니하면, 나를 만나더라도 나를 만난 것이 아니며, 나와 더불어 함께 있더라도 나를 멀리 여의는 것이다. 만일 나의 교법대로 행할 것 같으면, 설사 나와 더불어 멀리 있을지라도, 나와 더불어 가장 가까이 있는 것이 되느니라."

-유교경-

불경은 구원의 섬

36 불경이 무엇인가?

둘째로, 구원의 섬〔洲, dpia〕입니다. 광명의 섬입니다. 이 사바의 고해(苦海) 가운데 쌓으신 풍성한 금강(金剛)의 섬입니다. 우리 인생의 작은 배가 재난과 고뇌의 암초에 걸려 파선할 때, 놀라 울부짖는 나와 당신 앞에 어머님 손길처럼 문득 다가온 구원의 섬, 포근한 의지처입니다.

불경 속에는 나와 당신이 잠 못 이루며 갈망하던 평화와 안식이 거대한 섬〔洲〕처럼 거기 그렇게 있습니다. 이 섬의 푸르른 숲 속에는 맑은 샘물이 졸졸 흘러가고, 넓은 평원에는 사슴이 달리고 참새들이 즐거이 노래하고, 땅 밑에는 무진장의 금강이 깊이 모르게 묻혀 있고…… 광부가 흙을 파고 광석을 캐듯, 이제 나와 당신도 불경 속에서 한량없는 행복의 금강을 캡니다.

37 "마음은 모든 일의 근본이 된다.
　마음은 주(主)가 되어 모든 일 시키나니." 　　　－법구경 쌍서품－

　김 선생님은 이 한 게송으로부터 금강을 캐기 시작하여, 마침내 한량없는 금은보화를 얻었습니다. 어찌 김 선생님뿐입니까? 오늘도 수많은 광부들이 불경 광맥에서 저마다 원하는 보석들을 넘치게 캐고 있습니다.

38 우리가 원하는 모든 해답을 우리는 이 금강의 섬에서 찾을 수 있습니다. 정치하고, 사업하고, 학문하고, 예술하고, 교육하고, 근로하고…… 이 모든 삶을 가장 온전하게, 가장 창조적으로 경영할 수 있는 풍성한 재산을 한 권의 경전, 아니 한 구절의 게송에서 능히 찾을 수 있습니다.
　영산 회상에서 세존께서 경의 공덕을 찬탄하십니다.

　"숙왕화야, 이 『법화경』은 능히 일체 중생을 구원하며, 이 경은 능히 일체 중생의 모든 고뇌를 여의게 하고, 이 경은 능히 일체 중생을 크게 이익케 하여, 일체 중생의 소원을 충만케 하나니, 맑고 시원한 못이 일체의 목마른 사람들을 채워주는 것과 같으며, 추위에 떨던 사람이 불을 얻은 것과 같고, 벗은 이가 옷을 얻는 것과 같으며, 상인이 물건의 주인을 얻은 것과 같고, 자식이 어머니를 만난 것과 같으며, 어둔 밤에 등불을 만난 것과 같고, 가난한 사람이 보배를 얻은 것과 같으며, 국민들이 현명한 지도

자를 만난 것과 같고, 행상이 바다를 얻은 것과 같으며, 밝은 횃불이 어둠을 제거하여 주는 것과 같으니라."

－법화경 약왕보살본사품－

39 티끌 속에서 문득 마주친 한 권의 경.
　　이제 이 경을 가슴에 안고 김 선생님은 노래합니다.

　　　"촛불을 밝히고 향을 사르고
　　　두 손 모우고 두 무릎 꿇고
　　　오늘도 불경 앞에 앉아 보아요
　　　떨리는 손길로 열어 보아요.
　　　님의 말씀 그윽한 밀어
　　　미소 가득히 속삭여 오고
　　　님의 마음 다정한 사랑
　　　한아름 포옹으로 얼싸안아요.

　　　길 잃고 헤매다 지친 나그네
　　　눈멀어 빛을 잃고 슬픈 나그네
　　　돌아와 티끌 속에 문득 찾았네
　　　돌아와 진흙 속에 문득 찾았네.
　　　불경은 우리 스승 겨레의 스승
　　　불경은 우리 광명 만류의 광명
　　　무진장 진리광맥 캐고 또 캐니
　　　이제 우리 모두가 장자 되었네.

　　　너희는 이 불경 등불 삼아서
　　　다시는 울지 말고 슬퍼 말아라
　　　다시는 고통 말고 멸하지 말아라
　　　자애로운 그 음성 어찌 잊으랴."

　　　　　　　　　　　　　－거룩한 불경 앞에서－

회향발원　(경 속에서 부처님을 뵈옵니다)

　자비하신 부처님.

　이제 저희 청보리들, 푸르른 부처의 씨앗들.

　경 속에서 부처님 뵈옵기를 염원합니다. 거룩한 진리의 거울『법구경』을 펴 읽으면서 영원히 살아계시는 부처님의 모습 친견하기를 갈망합니다. 부처님 우러러 뵈옵고, 참 생명의 감격을 체험하기 염원합니다. 어둠과 고통으로 상처난 저희들 내면의 어둔 벽을 허물어뜨릴 생명의 빛 발견하기 염원합니다. 그리하여 저희들도 저 김선생님같이 새 생명의 삶 찾기 염원합니다. 더 이상 방황하지 않고 마음의 평화 누리기 염원합니다.

　　　　　　　　　　　　　　　　　　　　　－나무석가모니불－

찬불가　연등

내용익힘

1. 다음 문장을 완성해 봅니다.
   ① 그러므로 내 (   )을 볼 것이 아니라 내 (   )을 아는 것이 곧 나를 보는 것이다. 내가 입멸한 뒤에는 내가 남겨놓은 (   )과 (   )이 곧 너희들의 스승이니, 이 (   )을 받아서 잘 보전하여 이 길을 가도록 하라.
   ② (   )이 모든 일의 근본이 된다. 이 마음은 (   )가 되어 모든 일 시키나니, (   ) 속에 악한 일 생각하면 그 말과 (   )도 또한 그러하리라. 그 때문에 (   )은 그를 따르리. 마치 수레를 따르는 (   )처럼
   ③ 6개월에 걸쳐 (   )을 읽어 마쳤을 때, 김 선생님은 이미 (   )의 경지에 굳건히 서 있었습니다. 10여 년의 어둔 (   )은 자취없이 사라지고, 그의 (   )의 뜨락에는 온갖 (   )이 싱싱하게 자라고 있었습니다. 그토록 괴롭히던 (   )고 봄날 잔설처럼 녹아내리고, 찾아 헤매던 삶의 (   )는 문 손잡이처럼 손에 꽉 잡혔습니다.

2. 다음 물음에 간결하게 답합니다.
   ④ 무엇이 영원히 살아계시는 부처님인가?
   ⑤ 불경은 우리 인생에서 어떤 역할을 하는가?
   ⑥ 어떤 것이 불경을 읽는 바른 방법인가?

교리탐구 『법구경』은 어떤 경전인가?

   1. 경전 역사에서의 위치
   2. 경의 구성
   3. 경의 근본 가르침

실천수행 『법구경』 읽기를 일상적으로 실천합니다.

1. 『법구경』을 구입한다.
   ※ 거해 편, 『법구경』 I · II, 고려원 1992.
2. 매일 3 게송씩 읽어간다.
3. 읽어가면서 나 자신의 현실과 연관시켜 깊이 명상한다.

4과 • 기본 경전과 불경 생활

"여래가 간다 하여도 경(經)과 계(戒)는 지닐 것이요, 여래가 있다 하여도 마땅히 경과 계는 지닐 것이니라. 그리하여 세상을 건너서, 다시는 나거나 죽지 말고, 다시는 근심하고 울지 말아라. 여래의 경을 마땅히 깊이 전하게 하며, 여래가 간 뒤에도 천하의 어진 이는 마땅히 함께 경과 계를 지녀야 한다. ……불경은 마땅히 읽을 것이요, 노래할 것이요, 배울 것이요, 지닐 것이며, 생각할 것이요, 마음을 바르게 하고 뜻을 단정히 하며, 서로 전하고 전하여 가르칠 것이니라."

— 장아함경 2, 유행경 2 —

탐구과제
- 우리가 불경공부의 중심으로 삼아야 할 기본 경전이 무엇인가를 고찰합니다.
- 사찰·법회가 국민교육·사회교육을 위하여 어떤 역할을 해야 할 것인가를 깨닫습니다.
- 일상적 생활 속에서 어떻게 불경공부를 전파해 갈 것인가를 생각하고 실천해 갑니다.

네 권의 기본 경전

40 '귀의법(歸依法)
   거룩하신 가르침에 귀의합니다.'
   이제 이 서원은 불경 공부 열심히 하겠다는 맹세며 약속입니다. 불경 공부 열심히 해서, 지혜 능력을 개발하겠다는 보살의 발심입니다.
 '무슨 경(經)을 읽고, 어떤 불서(佛書)를 읽을 것인가?'
 처음 시작하는 벗들에게 이것은 상당히 곤란한 문제입니다.
 왜?
 팔만대장경은 실로 방대하여 다 읽을 수 없고, 한 권으로 된 기본 경전도 없는 것은 아니지만, 대개 초심자(初心者)들에게는 어렵기 때문입니다. 또 많은 경전이 나와 있지만, 어디로부터 시작해서 어디로 나아가는지, 그 차례와 단계가 분명하지 못하기 때문입니다. 그래서 너무 어려운 대승 경전(大乘經典)에 들어갔다가는, 용어(用語)에 막혀서 쩔쩔 매다가 도중 하차하고 마는 수가 흔합니다.

41 이제 처음 시작하는 초발심 법우들을 위하여 먼저 네 권의 기본 경전을 소개합니다.
 ※불자의 기본 경전
 『숫타니파아타』
 『법구경』
 『금강경』
 『법화경』

42 ①『숫타니파아타(sutta-nipāta, 經集)』[2]
 우리는 마땅히 이 경으로부터 시작할 것입니다. 이 경은 pāli 5부의 소부(小部) 15분(分, 경) 가운데 하나로서 1,149수(首)의 게송을 70개 경으로 정리하고, 5장으로 편집하였습니다. 70개의 짧은 경들을 모아서 하나의 경근(經群)으로 만들었기 때문에, '경집(經集), 경 모음'이라고 번역합니다. 이 경은 가장 대표적인

---

2)『숫타니파아타』, 법정 역, 正音社, pp.267~272.

원시 경전의 하나입니다.

 갖가지 꽃들을 모아 아름다운 꽃바구니를 만들 듯, 짧고 긴 말씀들이 여기에 무리지어 피어 있습니다. 가장 솔직한 부처님의 모습, 미화(美化)되지 아니한 육성, 각양 각색의 제자들. 우리는 이 '경 모음'에서 석가모니의 얼굴을 가장 가까이 뵈올 수 있습니다. 다만 한 가지, 여기 말씀은 대개 출가(出家) 수행자들에게 하신 것이기 때문에, 그 속 뜻을 알아 듣도록 유의할 것입니다.

 이제『숫타니파아타』는 이렇게 시작합니다.

 "뱀의 독이 몸에 퍼지는 것을 약으로 다스리듯, 치미는 화를 삭이는 수행자는 이 세상도 저 세상도 다 버린다. 마치 뱀이 묵은 허물을 벗어 버리듯이."

-숫타니파아타 사품/뱀-

43 ②『법구경(法句經, Dharmapāda)』[3]

 불경 가운데 보석. 역시 pāli어 장경 소부의 하나로서, 423편의 게송이 26개 장으로 정리되어 있습니다. 이 경은 pāli어 장경 중에서 금은같이 영롱한 말씀을 가려뽑아 한 꾸러미로 엮은 것입니다. 경 전체가 향기 그윽한 시집입니다.

 우리는 여기에서 부처님 교법의 진면목(眞面目)을 봅니다. 어려운 용어도 별로 없고, 복잡한 교리 체계도 없지만, 이 경을 통하여 부처님께서는 삶의 구체적인 방법을 제시하고 계십니다. 소박한 니르바나의 이상을 깨우치고 계십니다.

 『법구경』은 이렇게 노래합니다.

 "아름다운 꽃을 따서 모으기에만

---

[3]『法句經』, 김달진 역, 玄岩社, pp.1~3.
　심재열,『아함경의 축소판·법구경』, 월간「佛敎思想」2권, 1984. 1, pp.142~148.

정신이 팔려 있는 그 사람을
죽음은 삽시간에 잡아가리라
홍수가 잠든 마을을 휩쓸어 가듯."
                                              -법구경 화향품-

44 ③『금강경(金剛經, Vajracchedikā-prajñāpāramitā-sūtra)』[4]

『금강반야바라밀다경』의 약칭. 우리 한국인과 가장 친숙한 대승경의 하나로서, 이 경을 읽고 쓰고 외우고 연구함으로써 파사현정(破邪顯正)의 지혜를 달구어 왔습니다.

금강경은 초기 대승 경전인 반야부(般若部, 반야 계통의 경전군)에 속하는 것으로, 방대하고 복잡한 반야부의 사상을 간결하게 요약한 것입니다. 이것을 더욱 간추린 것이 「반야심경(般若心經)」이라고 할 수 있습니다. 예리한 칼이 줄기를 순간에 잘라버리듯, 금강경은 우리들의 온갖 고집과 집착을 잘라버리고, 공(空)의 세계, 진리의 세계를 여지없이 드러냅니다. 금강경의 공덕은 실로 신비하여, 읽고, 외워 쓰는 것만으로도 놀라운 영험을 얻습니다.

금강경은 이렇게 선언합니다.

"무릇 존재하는 바 모든 상(相, 형상·고정 관념)이 다 허망한 것이니, 만약 모든 상이 상 아님을 알면, 곧 여래를 보리라."
                                              -금강경 여래실견분-

45 ④『법화경(法華經, Saddharmapundarika-sūtra)』[5]

글자대로 대승 경전의 거룩한 꽃, 깊고 넓은 법의 바다입니다. 이 바다 속에서 우리를 구원하신 부처님〔久遠本佛-구원본불〕을

---

4) 김종오 역,『金剛經』正音社, pp.9~16.
   김동화,『大乘佛敎思想』, pp.32~34.
5) 김동화, 앞의 책, pp.97~110.

친견하고, 나와 당신이 부처님의 외딸 외아들로서 한량없는 금은 보화의 수레를 받으며, "마침내 성불(成佛)하리라" 이렇게 수기(授記, 성불하리라는 인가) 받습니다. 이 경에는 신념이 있고, 희망이 있고, 미래가 있습니다. 만일 한 권의 기본 경전을 선택하라면, 우리는 기꺼이 이 법화경(法華經)을 머리 위에 일 것입니다.

세존께서 이제 우리를 향하여 간곡히 부촉하십니다.

"나는 한량없고 가없는 백천만억 아승지 겁에 이 얻기 어려운 아뇩다라 삼먁 삼보리를 닦고 익혀, 지금 너희들에게 부촉하나니, 너희들은 이 법을 받아 지녀, 읽고, 외우며, 널리 선설(宣說)하며, 일체 중생으로 하여금 듣게 하고, 알게 할지니라."

─법화경 촉루품─

법회 법당은 국민의 학교

46 이제 우리는 시급히 불경 공부, 교리 공부에 착수할 것입니다. 큰 건물을 짓는 이가 땅을 깊이 파고 콘크리트 기초를 충실히 하듯, 우리는 불경 공부의 기초작업을 튼튼히 하려는 것입니다. 혼자서도 할 것이지만, 법회(法會)에 나가 함께 공부하는 것이 가장 중요합니다. 본래 공부는 함께 모여서 하는 대중 공부가 근본이지요. 나무도 숲 속에 함께 자라야 곧게 뻗어 오르지 않습니까.

절은 물론이고, 불자가 모인 곳은 그대로가 법회가 됩니다. 불자가 함께 모이고, 불경이 있으면, 그것으로 훌륭한 법회가 됩니다. 법사(法師)가 꼭 있어야 되는 것이 아닙니다. 둘러 앉아서 불경 읽고, 그 뜻을 서로 얘기하고, 그 말씀을 실행하는 방법을 진지하게 토론하면, 그것으로 훌륭한 법회입니다.
 이제 우리는 어디서든 함께 모여 공부할 것입니다. 학교나 공장, 회사, 사무실, 병영, 공사장, 마을, 병원…… 이 모든 곳이 곧 훌륭한 법회 도량입니다.

47 사찰은 모두 문을 크게 열고 법회를 개설할 것입니다. 이웃을 불러들이고 신자들을 모아서 교법을 가르칠 것입니다. 어린이, 학생, 청년 대학생, 주부, 근로자, 성인, 노인…… 모든 계층의 대중들을 불러서 불경을 가르칠 것입니다. 문이 닫혀 있는 절, 법회를 열지 않는 절, 신도들 불공이나 드리는 절, 초파일 때 등이나 다는 절…… 이것은 이미 절이 아닙니다. 부처님 계시는 도량이 아닙니다.
 무슨 까닭인가?
 절은 본래로 법당(法堂)이기 때문입니다. 법당은 곧 교법을 가르치고 배우는 곳입니다. 그런 까닭에 절은 백성들을 가르치는 '국민의 학교'이어야 하고, 스님들은 백성을 가르치는 '국민의 교사, 민족의 스승'이어야 합니다.
 세존의 유교가 우리 귀를 울립니다.

 "여래가 간다 하여도 경(經)과 계(戒)는 지닐 것이요, 여래가 있다 하여도, 마땅히 경과 계는 지닐 것이니라. 그리하여 세상을 건너서, 다시는 나거나 죽지 말고, 다시는 근심하고 울지 말아라. 여래의 경(經)을 마땅히 길이 전하게 하며, 여래가 간 뒤에도 천하의 어진 이는 마땅히 함께 경과 계를 지녀야 한다. ……불경을 마땅히 읽을 것이요, 노래할 것이요, 배울 것이요, 지닐 것이며, 생각할 것이요, 마음을 바르게 하고 뜻을 단정히 하여, 서로 전하고 전하여 가르칠 것이니라."

—장아함경 2, 유행경 2—

경전과 함께하는 하루

48 "부서로 전하고 전하여 가르칠 것이니라."

이 말씀 들으면서 우리는 부끄러움을 느끼고 분발하지 않으면 안 됩니다. 지금까지 우리 불자들은 이 거룩한 등불을 방치해 두고 태만히 살아 왔기 때문입니다.

벗이여, 한번 생각해 보십시오. 당신께서는 얼마나 많이 경을 읽고 있습니까? 옆 친구들에게 얼마나 많이 불경을 권유해 왔습니까? 불경을 읽지 않으면서 어찌 불자라 할 수 있습니까? 불경을 전파하지 않으면서 어찌 불자라 할 수 있습니까?

49 나는 지성으로 불경을 받아 지닙니다. 내가 사는 곳에는 항상 불경이 함께 합니다. 집에도 불경이 있고, 직장에도 함께 있습니다. 법회 때나 절에 갈 때는 항상 정결히 불경을 지니고 다닙니다. 아이들 서가에도 불경이 몇 권씩 꽂혀 있습니다. 여행이나 출장갈 때도 불경과 불서는 꼭 지니고 다닙니다. 불교신문을 구독하고, 불교잡지를 구독합니다.

서재에는 불서(佛書) 책장이 따로 있고, 그동안 모은 수백 권의 불서들이 향기를 풍기며 모여 있습니다. 아침 저녁, 이 불서들을 훑어 보면서, 부처님과 스님들과 법우들과 대화를 나눕니다. 내 마음이 우울할 때도 이분들은 항상 포근한 미소로 나를 격려해 주십니다. 바라보기만 해도, 나는 그분들의 얘기를 금세 알아들을 수 있습니다.

50 나는 어려운 살림이지만, 불경과 불서들은 꼭 주머니돈을 털어서 삽니다. 내가 열심히 일해서 번 돈으로 거룩한 불경과 불교서적을 살 수 있다는 것은 생각만 해도 기쁘고 감사한 일입니다.

제가 번 돈으로 무엇보다 먼저 불경을 사고 불서를 구입하는 것은 모든 불자들의 기본적 책무라고 나는 생각합니다. 법공양(法供養)이라고 해서 불경을 무상으로 보시하는 풍속이 옛부터 내려오고 있지만, 지금 우리는 이 풍속을 고쳐야 한다고 나는 믿습니다. 재소자(在所者)나 가난한 형제들을 위해서라면 마땅히 불경 공양(佛經供養)을 하고, 새로운 전도 전법을 위해서라면 우리 주머니를 털어 불경 불사(佛經佛事)를 할 것이지만, 우리 불자들은 마땅히 땀흘려 번 돈으로 불서를 살 것이고, 이 일 자체가 고귀한 수행이고 공덕임을 깨달을 것입니다.

우리 법회 이(李) 군은 불편한 몸으로 어렵게 취직을 했는데, 얼마 안 되는 첫 월급에서 제일 먼저 『불교성전』을 사고서는, 법회 때마다 소중한 보물인 양 가슴에 안고 다닙니다. 절에 갈 때 맨 손으로 가고, 제 돈으로 불경 살 줄 모르는 것은 불자의 수치입니다.

불경과 함께하는 하루

51 나는 불경을 읽으면서 밝게 빛나는 하루를 설계합니다. 아침 예불 기도가 끝나면 10분씩 간경(看經)합니다. 나는 욕심부리지 않습니다. 하루 한 장 정도 읽는 것으로 족합니다. 상〔經床〕 위에 경을 놓고, 합장하고 '개경게(開經偈)'를[6] 외웁니다.

나는 직장에서도 경이나 불서를 읽으면서 내 일과를 경영합니

---

6) 개경게(경을 여는 게송)
  '위없이 깊고 미묘한 부처님 진리　　「無常甚深微妙法
  백천만겁에 만나기 어려워라.　　　　百千萬劫難遭遇
  내 이제 듣고 보고 받아 지녔으니　　我今聞見得受持
  원컨대 여래의 참뜻 알지이다.'　　　願解如來眞實意.」

다. 조용한 아침시간에 매일 30분씩 불경 읽기를 일상화하고 있습니다. 일과 중 불쾌한 일이나 불안한 경우를 만나면, 나는 언제든지 경을 펴고 불서를 읽습니다. 한 줄 읽고 조용히 명상하고 있으면, 불쾌함도 불안함도 고요히 진정되고, 나는 다시 평정을 회복합니다.

손에 일이 안 잡히고, 무거운 걱정거리가 있을 때, 나는 기도하는 마음으로, 경의 말씀을 옮겨 씁니다. 1자 1줄 또박또박 사경(寫經)[7]해 가면, 해결의 길을 암시하시는 부처님의 목소리가 들려 옵니다. 말씀이 아니 계시면, 나는 옮겨 쓰면서 묵묵히 기다리고 있습니다. 부처님께서는 반드시 응답해 주십니다. 아마 불경광명(佛經光明)으로 깨어난 내 불성(佛性)의 소리인지 모를 일입니다.

이제 불경은 내 마음의 구체적인 등불이고, 내 모든 삶의 반려입니다. 나는 불경과 함께 가면서, 더할 수 없는 안식과 지혜를 얻습니다. 문제 해결의 가장 분명한 해답을 발견합니다.

불경과 함께라면, 나는 어디라도 무소의 뿔처럼 홀로 갈 수 있습니다. 나는 이승에서도 불경과 함께 가고, 또 저승에서도 불경과 함께 갈 것입니다. 『법구경』 『숫타니파아타』 『법화경』 내 존중 공경하는 불경과 함께 무소의 뿔처럼 나아갈 것입니다.

52 집에서 아이들과 함께 법담(法談)을 나눕니다. 법담이란 부처님 교법에 관하여 나누는 대화이지요. 직장에서도 동료들과 조그

---

[7] 사경(寫經)은 경을 옮겨 쓰는 것, 또는 옮겨 쓴 경. 호국안민과 조상천도, 보살수행으로 옛부터 널리 권면되어 왔고, 피로 쓰는 혈사경(血寫經)도 있다. 사경의 공덕은 실로 무한하다.
"만일 어떤 사람이 이 법화경을 듣고 스스로 쓰거나, 만일 다른 사람을 시켜 쓰면, 그 얻는 공덕은 부처님의 지혜로 그 많고 적음을 헤아려도 그 끝을 알 수 없느니라." 『법화경』「약왕보살본사품」

마한 법회를 만들어 일주일에 한 번씩 교법을 함께 공부합니다. 동료들과 함께 수련회도 가고, 강습회나 절 법회에 나가도록 권유합니다.

전도 전법(傳道傳法)은 스님이나 자격 있는 법사의 책무만은 아닙니다. 모든 불자들의 긴급하고도 성스러운 책무이고 부처님의 부촉입니다. '내가 뭘 알아야지.' 벗이여, 행여 이렇게 말하지 마십시오. 하나를 알면 하나를 설하고, 둘을 알면 둘을 전할 것입니다. 부처님 이름 하나 알려 주는 것도 훌륭한 전법입니다.

세존께서 우리를 위하여 찬탄하십니다.

"어떤 사람이 법을 강(講)하는 곳에 앉아 있다가 다른 사람이 오면 권하여 앉아 듣게 하며, 자리를 나누어 앉게 하면, 이 사람의 공덕은 몸을 바꾸어 태어날 때, 제석천이 앉는 자리거나, 혹은 범천왕(천신)이 앉는 자리거나, 혹은 전륜성왕(轉輪聖王, 대정복 군주)이 앉는 자리에 앉게 되리라."

— 법화경 수희공덕품 —

53 부처님 얘기를 전할 때, 나는 혼자가 아닙니다. 거룩하신 불보살님께서 우리를 둘러 싸고, 부처님께서는 우리를 님의 어깨 위에 올려 앉히십니다. 부처님 교법을 말할 때, 우리는 미약한 한갓 중생이 아닙니다. 부처님의 권능이 우리에게 부어지고, 우리는 여래(如來)의 사자(使者), 여래사(如來使)가 되는 것이니, 아무도 우리를 방해하지 못합니다.

세존께서 말씀하십니다.

"만일 이런 선남자·선여인이 내가 멸도한 후 은밀히 한 사람을 위해서라도 법화경의 한 구절을 말해 주면, 너는 반드시 알라. 이런 사람은 곧 여래께서 보낸 사자(使者)로 여래의 일을 행하는 것이니, 하물며 큰 대중 가운데 많은 인간을 위해 설법함이야 말할 것이 있느냐."

-법화경 법사품-

54 이제 보리자는 두 손으로 경을 받들고, 고요히 노래합니다.
  "번뇌로 잠 못 이루는 밤
  님의 음성이 그리운 길목에서
  나는 사모하는 마음으로
  『숫타니파아타』를 가슴에 안습니다.
  님의 육성을 그윽히 듣고 있습니다.

  인생이 무의미하고
  울컥 죽음이 생각되는 순간
  나는 목마름으로
  『법구경』을 읽습니다.
  님의 감로수를 가득히 마십니다.

  교만이 나를 지배하고
  욕심이 나를 손짓할 때
  나는 살을 에이는 아픔으로
  『금강경』을 한 자 한 자 옮겨 씁니다.
  님의 엄한 눈빛을 가만히 바라봅니다.

  내 육신이 병들고
  가정이 평정을 잃고 허덕일 때,
  이 세상의 의(義)를 버리고
  나라가 정도(正道)를 상실할 때,
  고요히 향을 사르고
  나는 희망으로
  『법화경』을 머리에 입니다.

비처럼 쏟아지는 은혜에
온 몸을 적십니다.

다시는 근심하지 않고
다시는 울지 않는 삶을 위하여
나는 오늘도
경을 품고 거리로 나섭니다."

-경(經)이 그리울 때-

회향발원　(나아가 불경을 널리 전파합니다)

　자비하신 부처님.
　이제 저희 청보리들, 푸르른 부처의 씨앗들.
　저 거리와 마을로 나아가 부처님의 경을 널리 전파하옵니다. 여래께서 보낸 여래의 사자로서 불경 전파를 여래의 일로 삼아 열심히 실천하였습니다. 학교와 직장과 마을에서 작은 법회를 결집하고 불경을 함께 공부하며 수행하옵니다. 부모, 친척, 형제, 자매들에게 좋은 기회를 만들어 불경을 전하며 한 마디 말씀이라도 해설하옵니다. 그리하여 다시는 나거나 죽지 않는, 다시는 근심하고 울지 않는 부처의 길, 보살의 길로 나아가옵니다.

－나무석가모니불－

찬불가　감로법을 전하자

내용익힘

1. 다음 문장을 완성해 봅니다.
   ① 여래가 간다 하여도 (   )과 (   )는 지닐 것이요, 여래가 있다 하여도 마땅히 (   )과 (   )는 지닐 것이니라. 그리하여 세상을 건너서, 다시는 (   ) (   ) 말고, 다시는 근심하고 (   ) 말아라. 여래의 (   )은 마땅히 길이 전하게 하며, 여래가 간 후에도 천하의 어진 이는 마땅히 함께 (   )과 (   )를 지녀야 한다.
   ② 만일 이런 선남자·선여인이 내가 멸도한 뒤 은밀히 한 사람을 위하여서라도 (   )의 한 구절을 말해주면, 너는 반드시 알라. 이런 사람은 곧 (   )께서 보낸 (   )로 (   )의 일을 행하는 것이니, 하물며 큰 (   ) 가운데 많은 인간을 위하여 설법함이야 말할 것이 있느냐.
   ③ 이제 불경은 내 마음의 구체적인 (   )이고, 내 모든 삶의 (   )입니다. 나는 (   )과 함께 가면서, 더할 수 없는 (   )과 (   )를 얻습니다. (   ) 해결의 가장 분명한 해답을 발견합니다.

2. 다음 물음에 간결하게 답합니다.
   ④ 불자 공통의 기본 경전 4권은 무엇인가?
   ⑤ 불경을 지닌다는 것은 마땅히 어떻게 한다는 것인가?
   ⑥ 사찰·법회는 어떤 역할을 해야 하는가?

교리탐구   여래의 사자〔如來使〕가 어떤 사람인가?

   1. 『법화경』「법사품」에서 원문을 찾아본다.
   2. 여래사의 의미
   3. 전법하는 이들의 자세

실천수행 학교·직장·마을에서 작은 '불경 공부 모임'을 만들어서 함께 공부해 갑니다.

1. 친불자(親佛子)들을 파악한다.
2. 대화의 자리를 마련하고 인간적인 유대를 깊이 한다.
3. 실천 가능한 계획을 세우고 불경을 함께 구입해서 조그맣게 착수한다.

단원정리

● **합송** 불경 말씀을 온 국민 속으로

법사 선남 선녀들이여, 지금 부처님은 어디 계십니까?
대중 우리 부처님은 가장 먼저 불경 속에 계십니다. 불경 말씀 속에 계십니다. 불경은 부처님의 몸이며 눈빛이며 진신 사리입니다. 그런 까닭에 불경을 보는 것이 곧 부처님을 뵈옵는 것이고, 불경을 받들어 지니는 것이 부처님을 존중하여 받들어 섬기는 것입니다.
법사 선남 선녀들이여, 그대들은 불경 속에서 무엇을 봅니까?
대중 구원의 등불을 봅니다. 어둠 속에서 항로 잃고 방황할 때, 병과 실패와 불화로 침몰해 갈 때, 문득 빛을 발하며 우리 앞에 나타난 구원의 등불, 저희는 저 등불을 보며 새로 살아납니다. 건강을 얻고, 평화를 얻고, 새롭게 빛나는 내일을 발견합니다.
법사 선남 선녀들이여, 이 등불 이제 어찌하렵니까?
대중 나아가 알리고 전파하겠습니다. 빛나는 불경 손에 받들고 나아가, 직장과 마을과 저자거리로 나아가, '여기 불경이 있소. 당신을 새롭게 해탈케 할 구원의 등불 있소.' 이렇게 외치며 나아가겠습니다.
다함께 벗이여, 선남 선녀들이여, 모두 떨치고 일어나시오. 저마다 불경을 들고 전파하러 나아가시오. 우리는 여래사, 거룩한 여래의 사자, 여래의 옷을 입고 여래의 어깨에 앉아, 소리 높이 불경 말씀을 전파하여요. 제 길 잃고 우왕좌왕하는 이 민족, 7천만 민족 앞에 등불을 밝혀 들어요.

● **창작** 경전 말씀으로 낱말 맞춰 넣기 게임을 합니다.

● **법담(法談)의 시간**
1. 주제 : 불경 말씀의 국민적 확산 방안에 관하여

2. 주요내용 : ① 지금까지 불경 말씀이 국민생활과 언어에 어떤 영향을 끼쳐 왔는가?
② 현재 불경에 대한 접근이 잘 안 되는 장애 요인은 무엇인가?
③ 가정에서 어떻게 불경 말씀을 일상화할 것인가?
④ 직장과 마을에서 어떻게 불경 말씀을 일상화할 것인가?
⑤ 청소년들이 불경 말씀에 쉽게 접근할 수 있는 길은 무엇인가?

부록

독송

예불문

반야심경

나의 기원

불자 하루송(頌) - 아침기도

평화를 위한 발원 - 저녁기도

예불문

계향 정향 혜향 해탈향 해탈지견향
戒香 定香 慧香 解脫香 解脫知見香

광명운대 주변법계 공양시방 무량불법승
光明雲臺 周邊法界 供養十方 無量佛法僧

헌향진언　　　'옴 바아라 도비야 훔'(3번)
獻香眞言

지심귀명례 삼계도사 사생자부 시아본사 석가모니불
至心歸命禮 三界導師 四生慈父 是我本師 釋迦牟尼佛

지심귀명례 시방삼세 제망찰해 상주일체 불타야중
至心歸命禮 十方三世 帝網刹海 常住一切 佛陀耶衆

지심귀명례 시방삼세 제망찰해 상주일체 달마야중
至心歸命禮 十方三世 帝網刹海 常住一切 達摩耶衆

지심귀명례 대지문수 사리보살 대행보현보살
至心歸命禮 大智文殊 舍利菩薩 大行普賢菩薩

대비관세음보살 대원본존 지장보살마하살
大悲觀世音菩薩 大願本尊 地藏菩薩摩訶薩

지심귀명례 영산당시 수불부촉 십대제자 십륙성 오백성
至心歸命禮 靈山當時 受佛付囑 十大弟子 十六聖 五百聖

독수성 내지 천이백 제대아라한 무량자비성중
獨修聖 乃至 千二百 諸大阿羅漢 無量慈悲聖衆

지심귀명례 서건동진 급아해동 역대전등 제대조사
至心歸命禮 西乾東震 及我海東 歷代傳燈 諸大祖師

천하종사 일체미진수 제대선지식
天下宗師 一切微塵數 諸大善知識

지심귀명례 시방삼세 제망찰해 상주일체 승가야중
至心歸命禮 十方三世 帝網刹海 常住一切 僧伽耶衆

유원무진삼보 대자대비 수아정례 명훈가피력
唯願無盡三寶 大慈大悲 受我頂禮 冥熏加被力

원공법계 제중생 자타일시 성불도
願共法界 諸衆生 自他一時 成佛道

예불문

계향 정향 혜향 해탈향 해탈지견향

참마음의 깨끗한 향 살아 올리니
맑은 구름 온누리 두루하여서
시방세계 한량없는 삼보님 전에
빠짐없이 모두 공양하여지이다.

헌향진언 '옴 바아라 도비야 훔' (3번)

삼계 모든 중생들의 길잡이시고
사생의 자비로운 아버지이신
우리 스승 석가모니 부처님께
지극한 마음으로 절하옵니다.

온누리 항상 계신 불보님께
지극한 마음으로 절하옵니다.

온누리 항상 계신 법보님께
지극한 마음으로 절하옵니다.

지혜 크신 문수보살
행원 크신 보현보살
사랑 깊은 관세음보살

원력 크신 지장보살 높은 성인께
지극한 마음으로 절하옵니다.

영산회상 부처님의 부촉받으신
여러 거룩한 제자들께
지극한 마음으로 절하옵니다.

부처님의 뒤를 이어 진리 깨치사
이 세상에 마음등불 환히 밝히신
선지식 스님들과 바른 스승께
지극한 마음으로 절하옵니다.
온누리 항상 계신 승보님께
지극한 마음으로 절하옵니다.

바라오니 다함없는 삼보님이여
대자비로 저희 절을 받으시옵고
그윽한 가피력을 내리시어서
온누리 모든 중생들이 모두 함께
부처님의 위없는 도를 이뤄지이다.

반야심경(般若心經)

마하반야바라밀다심경 관자재보살 행심반야바라밀다시 조견
摩訶般若波羅蜜多心經 觀自在菩薩 行深般若波羅蜜多時 照見

오온개공 도일체고액 사리자 색불이공 공불이색 색즉시공
五蘊皆空 度一切苦厄 舍利子 色不異空 空不異色 色卽是空

공즉시색 수상행식 역부여시 사리자 시제법공상 불생불멸
空卽是色 受想行識 亦復如是 舍利子 是諸法空相 不生不滅

불구부정 부증불감 시고 공중무색 무수상행식 무안이비설신의
不垢不淨 不增不減 是故 空中無色 無受想行識 無眼耳鼻舌身意

무색성향미촉법 무안계 내지 무의식계 무무명 역무무명진
無色聲香味觸法 無眼界 乃至 無意識界 無無明 亦無無明盡

내지 무노사 역무노사진 무고집멸도 무지역무득 이무소득고
乃至 無老死 亦無老死盡 無苦集滅道 無智亦無得 以無所得故

보리살타 의반야바라밀다고 심무가애 무가애고 무유공포
菩提薩埵 依般若波羅蜜多故 心無罣碍 無罣碍故 無有恐怖

원리전도몽상 구경열반 삼세제불 의반야바라밀다 고득아뇩다라
遠離顚倒夢想 究竟涅槃 三世諸佛 依般若波羅蜜多 故得阿耨多羅

삼먁삼보리 고지반야바라밀다 시대신주 시대명주 시무상주
三藐三菩提 故知般若波羅蜜多 是大神呪 是大明呪 是無上呪

시무등등주 능제일체고 진실불허 고설 반야바라밀다주 즉설주왈
是無等等呪 能除一切苦 眞實不虛 故說 般若波羅蜜多呪 卽說呪曰

'아제 아제 바라아제 바라승아제 도지사바하'(3번)
 揭諦 揭諦 波羅揭諦 波羅僧揭諦 菩提娑婆訶

지혜의 완성

관자재 보살이 지혜의 완성을 실천할 때
존재의 다섯 가지 구성요소에 실체가 없음을 보고
중생의 모든 괴로움과 재난을 건졌다.
사리자여, 물질적 현상은 공과 다르지 않고
공은 물질적 현상과 다르지 않다. 그러므로 물질이 곧 공이요,
공이 곧 물질이며, 느낌과 생각과 의지작용과 의식도
그와 같이 실체가 없다.
사리자여, 이 모든 존재의 실체가 없음은
나지도 않고 없어지지도 않으며 늘지도 줄지도 않는다.
그러므로 공에는 물질도 없고 느낌과 생각과 의지작용과 의식도 없다.
눈과 귀와 코와 혀와 몸과 의식도 없으며,
형체와 소리와 냄새와 맛과 감촉과 의식의 대상도 없으며,
눈의 영역도 없고 의식의 영역까지도 없다.
무명도 없고 무명이 다함도 없으며, 늙음과 죽음도 없고
늙음과 죽음이 다함까지도 없으며, 괴로움과 괴로움의 원인과
괴로움을 없앰과 괴로움을 없애는 길도 없으며,
지혜도 없고 얻음도 없다.
얻을 것이 없으므로 보살은 지혜의 완성에 의지하여
마음에 걸림이 없다. 걸림이 없으므로 두려움이 없고
뒤바뀐 생각을 버리고 영원한 열반에 들어간 것이다.
과거 현재 미래의 모든 부처님도 이 지혜의 완성에 의지하여 최상의
깨달음을 얻는다. 그러므로 지혜의 완성은 가장 신비한 진언이며
가장 밝고 가장 높고 무엇에도 견줄 수 없는 진언이다.
그것은 온갖 괴로움을 없애고 거짓이 없으므로
진실한 것임을 알아라.
진언은 지혜이 완성에서 다음과 같이 말해진다.
가테 가테 파라가테 파라상가테 보디스바하
(가는 이여, 가는 이여, 피안으로 가는 이여, 피안으로 온전히 가는
이여, 까달아지이다).

나의 기원

항상 함께 하시는 자비하신 부처님,
저희가 지극한 정성으로 부처님께 귀의하옵고
부처님의 정법 배우고 전하기 위하여
온갖 고난 참고 이기오며
굳센 신념으로
맹세코 큰 불사 성취하겠나이다.
저희에게 큰 지혜와 용기를 베푸소서.

나무석가모니불
나무석가모니불
나무시아본사 석가모니불.

불자 하루송·아침기도

나는 거룩하신 부처님의 자식, 맑고 깨끗한 청(靑)보리
오늘 하루의 삶을 기뻐하고 찬탄합니다.
내 속에서 미소하시는 불보살님의 무한한 자비가
나와 가족과 우리 형제들의 앞길을
항상 광명과 행복과 건강으로 인도하심을 믿습니다.

나는 내가 하는 일이
나와 이웃과 사회를 위하여
진실로 보람찬 창조작업임을 믿기 때문에
정성과 능력을 다하여 일하고
또 약속을 지킵니다.

나는 항상 쾌활하게 웃고 콧노래를 부르며
우울한 얼굴을 하거나 불평하지 않습니다.
나는 이웃을 찬양하고 축복하며
결코 비방하거나 부정하지 않습니다.

내 앞에 닥친 고난과 실패는
그것이 어두웠던 내 마음의 그림자인 줄 아는 까닭에,
그것이 나를 일깨우고
더 크게 성취시키려는
불보살님의 숨은 자비인 줄 아는 까닭에
오히려 기쁜 마음으로
더 한층 굳세게 전진합니다.

언제 어디서나
부처님을 생각하고 그 이름을 부릅니다.
아침 햇살처럼 쏟아지는 불보살님의 은혜와
형제들의 사랑 앞에 감사드리며,
나는 오늘 하루도 유쾌하게 노래 부르면서
일하며, 전하며, 또 실증해 갑니다.
나무마하반야바라밀〈바라밀 염송으로 들어간다〉

평화를 위한 발원 · 저녁기도

자비하신 부처님,
오늘 하루
저희에게 베풀어 주신
님의 풍성한 은혜에 감사하옵고
알게 모르게 지은
저희들의 지난 허물들
진심으로 참회하나이다.

자비하신 부처님,
오늘 하루의 삶을 회향하면서
저희들은 스스로 묻고 있습니다.
'오늘 하루, 나는 땀 흘려 일하였는가?
정성껏 부처님께 공양 올렸는가?
힘껏 형제들과 함께 나누었는가?'

자비하신 부처님,
이제 모든 번뇌를 쉬고
님의 품속으로 돌아가
내일 아침
찬란하게 솟아오를
정토의 태양을 예비하나이다.
부처님
저희를 평화로 인도하소서.

나무석가모니불
나무석가모니불
나무시아본사 석가모니불.

찬불가

꽃공양
은혜 속의 주인일세
아름다운 사바여
부처의 씨앗일레
우리의 기도
염불
보디스바하
무소의 뿔처럼
예불가
보현행원
대비관세음을 배우고저
뉘우치오니
헌화의 노래
자비방생의 노래
오라, 친구여
부처님 마음일세
부처님께 기원합니다
밝은 태양
나는 태양
진리행진곡
오, 이 기쁨
님의 숨결
연등
감로법을 전하자

꽃공양

한상림 작사
서창업 작곡

부처의 씨앗일레

김재영 작사
원 명 작곡

부록 391

우리의 기도

무 원 작사
김 성근 작곡

염불

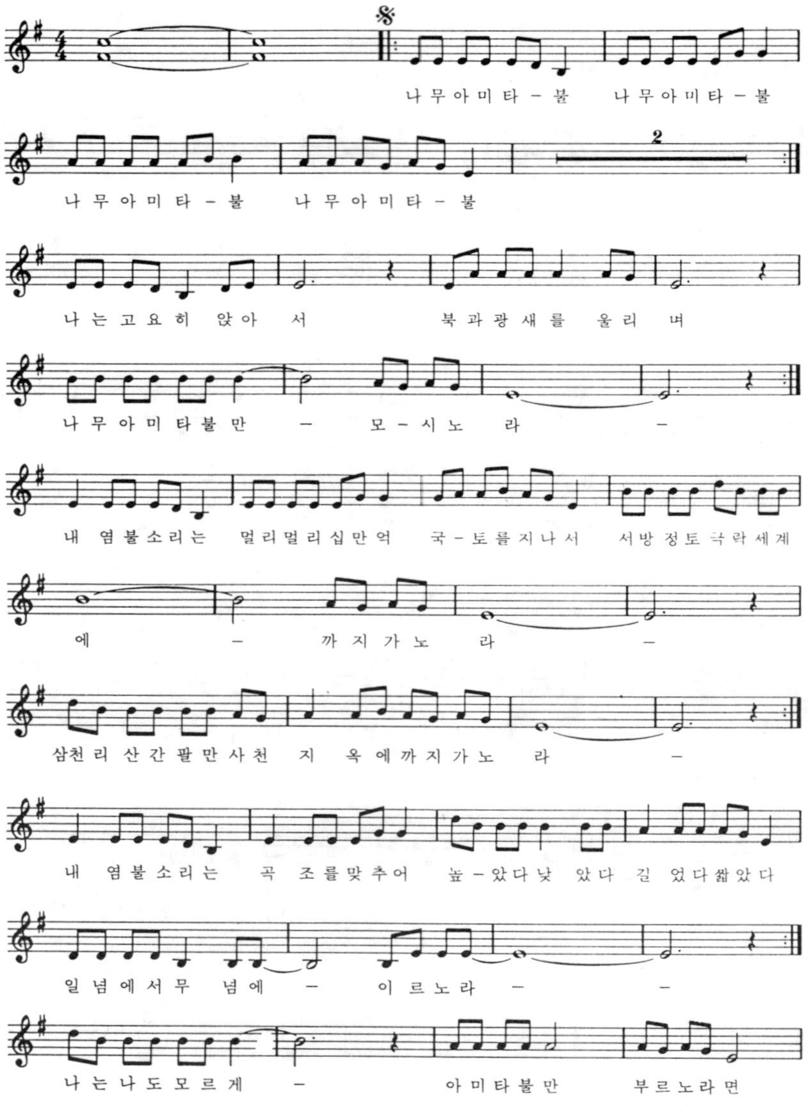
나 무 아 미 타 - 불 나 무 아 미 타 - 불
나 무 아 미 타 - 불 나 무 아 미 타 - 불
2
나 는 고 요 히 앉 아 서 북 과 광 새 를 울 리 며
나 무 아 미 타 불 만 - 모 - 시 노 라 -
내 염 불 소 리 는 멀 리 멀 리 십 만 억 국 - 토 를 지 나 서 서 방 정 토 극 락 세 계
에 - 까 지 가 노 라 -
삼 천 리 산 간 팔 만 사 천 지 옥 에 까 지 가 노 라 -
내 염 불 소 리 는 곡 조 를 맞 추 어 높 - 았 다 낮 았 다 길 었 다 짧 았 다
일 념 에 서 무 념 에 - 이 르 노 라 - -
나 는 나 도 모 르 게 - 아 미 타 불 만 부 르 노 라 면

보현행원

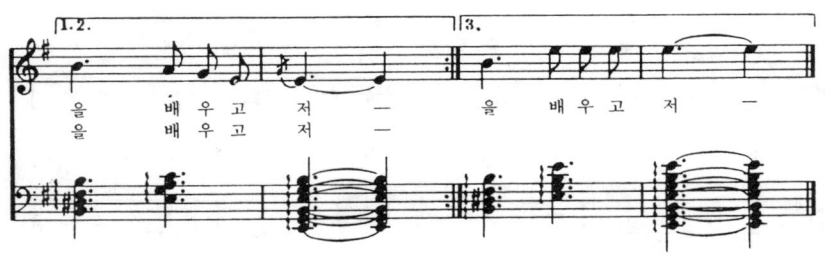

뉘우치오니

오라, 친구여

부록 409

부처님께 기원합니다

밝은 태양

나는 태양

부록 415

진리행진곡

님의 숨결

부록 419

연등

김재영

1938년 경남 마산에서 출생
서울대학교 사범대학 역사과와 동국대 대학원
불교학과를 졸업했다.
한국외국어대학교 강사를 역임했으며,
현재 동덕여고 교사 및, 청보리회 상주법사를 맡고 있다.
저서에「은혜속의 주인일세」「365일 부처님과 함께」
「우리도 부처님같이」「민족정토론 Ⅰ」
「내 아픔이 꽃이 되어」「이 기쁜 만남」
「나는 빛이요, 불멸이라」
「룸비니에서 구시나가라까지」등이 있다.

무소의 뿔처럼 · 상

1995년 3월 3일 초판인쇄
1995년 3월 8일 초판발행

지은이/김재영
펴낸이/고병완
펴낸곳/불광출판부

138·190 서울 송파구 석촌동 160-1
대표전화 420·3200
편 집 부 420·3300
팩시밀리 420·3400
등록번호 제1-183호 (1979. 10. 10)
ISBN 89-7479-024-6

※ 잘못된 책은 바꾸어 드립니다.
값 6,500원